电子商务系统分析与设计

主　编　刘珊慧　鲁燕飞　陈　洪
副主编　万　韵　饶晓俊　包　琳
参　编　杨　乐　彭　媛　齐海燕　沈俊鑫

北京理工大学出版社
BEIJING INSTITUTE OF TECHNOLOGY PRESS

内 容 简 介

本书系统地介绍了电子商务系统的结构化系统开发的方法和面向对象开发的方法，特别介绍了 UML 基础和电子商务网站的设计。全书内容包括电子商务系统从规划、分析到设计的思路和方法，还包括电子商务系统概述、系统开发技术与模式、系统实施、运行维护等内容。本书注重基本概念、基本理论、基本技术的详细介绍，并且根据作者在教学实践中发现的问题，分别采用结构化系统开发和面向对象开发两种方法进行系统分析与设计，并且增加了采用这两种方法进行系统分析设计的说明和规范。

本书可作为高等院校电子商务、信息管理、计算机应用等专业本科生的教材，也可作为相关专业的研究生以及电子商务信息系统开发人员和研究人员的参考用书。

图书在版编目（CIP）数据

电子商务系统分析与设计 / 刘珊慧，鲁燕飞，陈洪
主编. --北京：北京理工大学出版社，2022.7
ISBN 978-7-5763-1456-4

Ⅰ．①电… Ⅱ．①刘… ②鲁… ③陈… Ⅲ．①电子商
务-系统分析-高等学校-教材 ②电子商务-系统设计-
高等学校-教材 Ⅳ．①F713.36

中国版本图书馆 CIP 数据核字（2022）第 114157 号

出版发行 / 北京理工大学出版社有限责任公司
社　　址 / 北京市海淀区中关村南大街 5 号
邮　　编 / 100081
电　　话 / （010）68914775（总编室）
　　　　　（010）82562903（教材售后服务热线）
　　　　　（010）68944723（其他图书服务热线）
网　　址 / http：//www.bitpress.com.cn
经　　销 / 全国各地新华书店
印　　刷 / 北京广达印刷有限公司
开　　本 / 787 毫米×1092 毫米　1/16
印　　张 / 17　　　　　　　　　　　　　　责任编辑 / 武丽娟
字　　数 / 396 千字　　　　　　　　　　　文案编辑 / 武丽娟
版　　次 / 2022 年 7 月第 1 版　2022 年 7 月第 1 次印刷　　责任校对 / 刘亚男
定　　价 / 89.00 元　　　　　　　　　　　责任印制 / 李志强

　　企业、组织与消费者是 Internet 网上市场交易主体，他们是进行网上交易的基础。由于 Internet 本身的特点及加入 Internet 网民的增长趋势，使 Internet 成为非常具有吸引力的新兴市场。企业上网开展网上交易，必须系统地规划并建设好自己的电子商务系统。

　　本书主要介绍系统的基本概念、系统开发过程与方法，掌握面向对象系统分析和设计的建模标准语言 UML，以电子商务系统为例进行系统分析和设计。

　　本书根据作者多年的教学实践心得总结而成，具体特色如下。

　　（1）以创新创业为导向，以培养创新创业人才为需求，内容上注重专业技能的训练和学习。

　　（2）重要章节将结构化系统开发和面向对象开发两种方法安排在一起，对照学习系统分析与设计结果上的区别。

　　（3）增加课程思政栏目，在进行专业知识教育的同时，加强对学生的思想政治教育。

　　通过本书的学习，对掌握的知识、内容及掌握的程度要求如下。

　　（1）学生理解面向对象的信息系统的开发过程、系统分析和设计的原则和方法。

　　（2）学生掌握 UML 的基础知识，以及 UML 在面向对象的软件系统分析和设计中的应用，并能使用 UML 工具建立系统模型。

　　（3）学生掌握运用 UML 工具进行电子商务系统规划分析与设计。

　　（4）通过案例教学，提高学生在应用结构化系统开发技术和面向对象技术开发电子商务系统的分析和解决问题的能力，并鼓励学生创新。

　　本书由江西农业大学的刘珊慧、鲁燕飞、万韵、杨乐、彭媛、齐海燕，宜春职业技术学院的陈洪和大连海洋大学的包琳、江西应用科技学院的饶晓俊以及昆明理工大学的沈俊鑫共同编写。刘珊慧、鲁燕飞、陈洪任主编，全书由陈洪、沈俊鑫提出框架，包琳负责统稿，饶晓俊负责材料整理。第 1 章由齐海燕、彭媛共同编写，第 2、9、10 章由万韵编写，第 3、6、7 章由刘珊慧编写，第 4、5 章由鲁燕飞编写，第 8、11 章由杨乐编写。在本书的编写过程中，获得了昆明理工大学等兄弟院校的许多老师的帮助，在此表示衷心感谢；同时，还要感谢提供网络资源的网友。

　　本书也是 2019 年度江西省教育科学规划课题《创新创业项目驱动下的高校导师投入现状及影响机制的研究》（20YB035）、2021 年度中华农业科教基金课程教材建设研究项

目《基于计算思维的地方农业院校计算机类专业 MOOC 课程模式构建研究与实践》、2021
年度江西省高等学校教学改革研究重点课题《"互联网+教育"背景下与区域经济发展相衔
接的知识可迁移技能体系的构建——以江西农业大学大数据专业为例》（JXJG-21-3-1）的
部分研究成果。

由于编者水平有限，书中不妥和疏漏之处在所难免，恳请同行及广大读者批评指正。

编 者

2022 年 2 月

目 录

第1章 电子商务系统概述 ·· (001)

1.1 电子商务概述 ·· (002)

1.2 电子商务系统 ·· (007)

第2章 电子商务系统开发 ·· (017)

2.1 电子商务系统的生命周期 ································· (018)

2.2 电子商务系统的开发方法 ································· (019)

2.3 电子商务系统的开发方式 ································· (025)

第3章 统一建模语言（UML） ·· (028)

3.1 UML 概述 ·· (029)

3.2 用例图 ·· (033)

3.3 类图 ·· (037)

3.4 状态图 ·· (044)

3.5 活动图 ·· (047)

3.6 顺序图 ·· (049)

3.7 协作图 ·· (052)

3.8 组件图 ·· (053)

3.9 配置图 ·· (055)

3.10 包图 ·· (056)

第4章 电子商务系统开发基础 ·· (061)

4.1 电子商务系统的开发模式 ································· (062)

4.2 电子商务系统的开发平台 ································· (069)

4.3 电子商务系统的开发技术和开发工具 ·················· (074)

第5章 电子商务系统规划 ·· (082)

5.1 电子商务系统规划概述 ····································· (083)

5.2 初步调查 ·· (086)

5.3 电子商务系统规划常用方法 ································ (087)

5.4 确定电子商务模式 ·· (097)

5.5 确定电子商务模型 ·· (099)

5.6 可行性分析 ·· (100)

5.7 电子商务系统规划报告 ···································· (106)

第6章 电子商务系统分析 ······································ (108)

6.1 电子商务系统分析概述 ···································· (109)

6.2 电子商务系统的需求 ······································ (110)

6.3 电子商务系统详细调查 ···································· (111)

6.4 结构化系统分析 ··· (114)

6.5 面向对象的系统分析 ······································ (126)

6.6 电子商务系统分析报告 ···································· (134)

第7章 电子商务系统设计 ······································ (137)

7.1 电子商务系统设计原则 ···································· (138)

7.2 电子商务系统设计内容 ···································· (139)

7.3 电子商务系统总体结构设计 ································ (139)

7.4 电子商务系统运行平台设计 ································ (141)

7.5 电子商务应用系统设计 ···································· (147)

7.6 电子商务系统设计报告 ···································· (175)

第8章 电子商务网站设计 ······································ (178)

8.1 网站功能和内容设计 ······································ (179)

8.2 网站页面结构设计 ·· (183)

8.3 网站页面可视化设计 ······································ (186)

第9章 电子商务系统实施 ······································ (196)

9.1 电子商务系统实施概述 ···································· (196)

9.2 应用系统的开发和集成 ···································· (197)

9.3 系统测试 ·· (204)

9.4 系统发布 ·· (209)

9.5 系统切换 ·· (211)

第10章 电子商务系统的运行维护 ······························ (213)

10.1 电子商务系统运行维护的作用 ···························· (214)

10.2 电子商务系统的管理 ····································· (214)

10.3 电子商务系统运行维护的内容 ···························· (218)

10.4 电子商务系统的评价 ····································· (219)

第 11 章 案例——在线购物网站的设计与实现 ……………………………… (227)

11.1 电子商务网站开发流程 ………………………………………… (227)

11.2 系统规划 ………………………………………………………… (230)

11.3 系统分析 ………………………………………………………… (232)

11.4 系统设计 ………………………………………………………… (239)

11.5 系统实现 ………………………………………………………… (247)

11.6 系统测试 ………………………………………………………… (253)

附录 电子商务系统规划报告 ……………………………………………… (258)

参考文献 ……………………………………………………………………… (262)

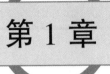

第1章 电子商务系统概述

学习目标

- 熟悉电子商务概念、电子商务运作模式。
- 掌握电子商务系统基本概念和特点，电子商务系统发展过程、体系结构。
- 熟悉电子商务系统相关的法律法规。

知识导入

信息技术引领信息社会，信息社会基于信息化建设，而信息化建设离不开信息系统。对信息及其相关活动因素进行科学的计划、组织、控制和协调，实现信息资源的充分开发、合理配置和有效利用，是管理活动的必然要求。与信息技术和信息系统相关的管理环节构成了现代组织管理领域中最创新的部分。本章介绍电子商务系统基本概念及相关内容，为学生对本课程后续内容的学习奠定基础。

案例导入

商务部　中央网信办　发展改革委联合印发《"十四五"电子商务发展规划》

"十三五"期间，电子商务交易额保持快速增长，2020年达到37.2万亿元，比2015年增长70.8%；网上零售额达到11.8万亿元，年均增速达21.7%。网络购物成为居民消费的重要渠道，实物商品网上零售额对社会消费品零售总额增长贡献率持续提升，带动相关市场的快速发展。

传统零售企业数字化转型加快，全国连锁百强企业线上销售规模占比达到23.3%。服务业数字化进程加快，在线展会、远程办公、电子签约日益普及，在线餐饮、智慧家居、共享出行便利了居民生活。

规划要求立足电子商务连接线上线下、衔接供需两端、对接国内国外市场的重要定位，通过数字技术和数据要素双轮驱动，提升电子商务企业核心竞争力，做大、做强、做优电子商务产业，深化电子商务在各领域融合创新发展，赋能经济社会数字化转型，推进现代流通体系建设，促进形成强大的国内市场，加强电子商务国际合作，推动更高水平对外开放，不断为全面建设社会主义现代化国家提供新动能。

（编者整理，资料来源：http：//topic. mofcom. gov. cn/article/syxwfb/202110/20211003211759. shtml）

思考：十四五规划当中提到我们要做大、做强、做优电子商务产业，那么电子商务产业包含哪些内容呢？

1.1 电子商务概述

1.1.1 电子商务的概念

一般认为，电子商务是以信息技术为基础，从事以产品和服务交易为中心的各种活动的总称，包括生产、流通、分配、交换和消费各环节中连接生产及消费的所有活动的电子信息化处理。

电子商务（Electronic Commerce），是以信息网络技术为手段、以商品交换为中心的商务活动，也可理解为在互联网（Internet）、企业内部网（Intranet）和增值网（Value Added Network，VAN）上以电子交易方式进行交易活动和相关服务的活动，是传统商业活动各环节的电子化、网络化、信息化，以互联网为媒介的商业行为均属于电子商务的范畴。自电子商务诞生以来，各国政府、学者、企业界人士给出了许多不同的定义。

（1）世界电子商务会议关于电子商务的定义

1997 年 11 月 6 日至 7 日国际商会在法国首都巴黎举行了世界电子商务会议，给出了关于电子商务权威的概念阐述，即电子商务是对整个贸易活动实现电子化。从涵盖范围方面可以定义为，交易各方以电子交易方式而不是通过当面交换或直接面谈方式进行的任何形式的商业交易；从技术方面可以定义为，电子商务是一种多技术的集合体，包括交换数据（如电子数据交换、电子邮件）、获得数据（共享数据库、电子公告牌）以及自动捕获数据（条形码）等。

（2）电子商务欧洲议会关于电子商务的定义

电子商务是通过数字方式进行的商务活动，通过数字方式处理和传递数据，包括文本、声音和图像。电子商务涉及许多方面的活动，包括货物电子贸易和服务、在线数据传递、电子资金划拨、电子证券交易、电子货运单证、商业拍卖、合作设计和工程、在线资料、公共产品获得，还包括产品和服务（如信息服务、金融和法律服务）、传统活动（如健身、体育）以及新型活动（如虚拟购物、虚拟训练）。

（3）权威学者关于电子商务的定义

美国学者瑞维·卡拉克塔和安德鲁·B·惠斯顿在他们的专著《电子商务的前沿》中提出："广义地讲，电子商务是一种现代商业方法。这种方法通过改善产品和服务质量、提高服务传递速度来满足政府组织、厂商和消费者降低成本的需求。这一概念也用于通过计算机网络寻找信息以支持决策。一般地讲，今天的电子商务通过计算机网络将买方和卖方的信息、产品和服务器联系起来，而未来的电子商务者通过构成信息高速公路的无数计算机网络中的一条将买方和卖方联系起来。"

（4）IT 行业关于电子商务的定义

IT（信息技术）行业是电子商务的直接设计者和设备的直接制造者。很多公司都根据自己的技术特点给出了电子商务的定义。虽然差别很大，但总的来说，无论是国际商会的观点，还是惠普公司的 E-world、IBM 公司的 E-business，都认同电子商务是利用现有的计算机硬件设备、软件设备和网络基础设施，通过由一定的协议连接起来的电子网络环境进行的各种各样的商务活动。

总而言之，从宏观上讲，电子商务是计算机网络的又一次革命，是通过电子手段建立起的一种新的经济秩序。它不仅涉及电子技术和商业交易本身，而且涉及诸如金融、税务、教育等社会其他层面。从微观角度来讲，电子商务是指各种具有商业活动能力的实体（生产企业、商贸企业、金融机构、政府机构、个人消费者等）利用网络和先进的数字化传媒技术进行的各种商业贸易活动。

《"十四五"电子商务发展规划》中提到，至 2020 年，中国固定宽带家庭普及率达到 96%，网民规模接近 10 亿，互联网普及率超过 70%。电子商务交易额保持快速增长，2020 年达到 37.2 万亿元，比 2015 年增长 70.8%；网上零售额达到 11.8 万亿元，年均增速高达 21.7%。网络购物成为居民消费重要渠道，实物商品网上零售额对社会消费品零售总额增长贡献率持续提升，带动相关市场加快发展。截至 2020 年 12 月我国市场 APP 分类占比如图 1-1 所示。

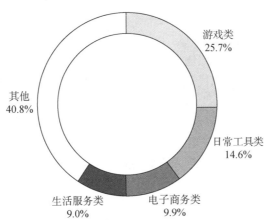

图 1-1　截至 2020 年 12 月我国市场 APP 分类占比

1.1.2　电子商务的发展历程

电子商务的发展根据其使用技术的不同，可分为 4 个阶段：基于电子数据交换的电子商务，基于互联网的电子商务，基于 3G、4G、5G 的移动电子商务（移动电商），基于新兴技术的智慧电子商务。

（1）基于电子数据交换的电子商务

从技术的角度来看，人们利用电子通信的方式进行贸易活动已有几十年的历史了。早在 20 世纪 60 年代，人们就开始利用电报报文发送商务文件。20 世纪 70 年代，人们又普遍采用更方便、快捷的传真来替代电报。由于传真是将信息经各类信道传送至目的地，在接收端获得与发送原稿相似记录副本的通信方式，它不能将信息直接传入信息系统，所以，利用电报、传真等技术进行的商务活动还不是严格意义上的电子商务。后来人们开发了电子数据交换（Electronic Data Interchange，EDI）技术，在互联网普及之前，它是最主要的电子商务应用技术。

（2）基于互联网的电子商务

20 世纪 90 年代中期，互联网迅速从大学、科研机构走向企业和家庭。1991 年，一直被排斥在互联网之外的商业贸易活动正式进入互联网的世界，电子商务成为互联网应用的最大热点。电子商务起源于 1995 年，它的先驱是一些互联网零售公司，如亚马逊（Amazon）。2010 年之后，像沃尔玛（Walmart）这样的传统跨国零售商也建立了自己的网上商店。2014 年之后，电子商务出现了许多新的发展趋势，如与政府的管理和采购行为相结合的电子政务服务、与个人手机通信相结合的移动电商均得到了很好的发展，跨境电商也成为电子商务发展的一个新的突破口。

（3）基于 3G、4G、5G 的移动电子商务（移动电商）

随着移动通信技术的发展，手机上网已经成为一种重要的上网方式。在 3G 和 4G 时代，智能手机、平板电脑的普及使移动电商的发展极为迅速，改变了很多基于互联网的电子商务的"规则"。2018 年，我国三大电信运营商开始投入 5G 网络建设，2019 年 5G 正式商用。在 5G 时代，电子商务可能会有更深层次的变化。

（4）基于新兴技术的智慧电子商务

2015 年，政府工作报告中提出了"互联网+"行动计划，电子商务是"互联网+"行动计划的一项重要内容，也是核心内容之一。"互联网+"不仅是一场技术变革，还是一场思维变革。站在"互联网+"的风口上，O2O、新零售、互联网金融、智能制造、智慧城市等细分领域的创新应用和实践遍地开花。移动互联网、云计算、大数据、物联网、人工智能、区块链等新兴技术与现代制造业结合，促进了电子商务、工业互联网和互联网金融的快速发展。

2016 年，阿里巴巴董事长马云提出了"五新"，即新零售、新制造、新金融、新技术、新能源。"五新"的提出，将电子商务企业（电商企业）从纯电商领域扩展至跨越行业界限的技术平台，推动电子商务进入智慧电商阶段。构建虚拟商业与实体商业空间融合的智慧商圈，创建高融合度的一流消费环境，这是电子商务发展的趋势。互联网与传统产业的融合发展不但推动了经济稳步增长，促进了产业结构创新升级，还加快了国家综合竞争新优势的形成，为我国在新一轮全球竞争中能脱颖而出创造了机会。

1.1.3　电子商务的运作模式

电子商务的运作模式按照交易对象、商务活动形态的不同可以分为不同的类型。

（1）按交易对象的性质分类

按照交易对象可把电子商务分为 6 类：B2C、B2B、C2C、B2G、C2G、G2G。B、C、G 分别代表企业（Business）、个人消费者（Consumer）和政府（Government）3 个交易主体。

①企业与消费者之间的电子商务，称为 B to C（Business to Consumer），又称为 B2C。这是目前最为活跃的电子商务形式，顾客直接与产品销售商家或生产企业联系进行商品买卖，其实质是电子零售业务。对于大中型企业来说，这是企业了解客户需求、掌握市场和产品信息、提供与最终客户交流的最直接的方式；对于中小型企业或单一的网上企业来说，它是盈利的重要途径；对于消费者来说，以相对低廉的价格获得自己所需要的商品，

同时获得便捷购物的体验。B2C 模式主要基于 Internet 环境，利用国际互联网提供的浏览服务、邮件和搜索引擎等实现贸易。互联网上可以提供大量的商品信息，从汽车、电脑、服装、玩具到鲜花、游戏光盘、图书和 MP3 等，在互联网上每天都在发生大量的这类交易。例如，我国的京东商城（http：//www.jd.com）就是典型的 B2C 型电子商务企业。图1-2 所示是京东商城的网站主页。

图 1-2　京东商城的网站主页

②企业与企业之间的电子商务，称为 B to B（Business to Business），又称为 B2B。电子商务贸易额主要是通过 B2B 方式完成的。企业与企业之间的电子商务通常会通过相对固定的贸易伙伴完成，由于涉及的交易金额较大，业务相对固定，B2B 电子商务一般都是通过专用的计算机网络来完成。例如，电子数据交换（EDI）就是典型的 B2B 模式，它通过增值网络（VAN）将供应商、生产商、银行、海关、港口等多个企业或机构连接，实现贸易。随着国际互联网技术的安全性得到进一步加强，基于成本和覆盖面的原因，B2B 电子商务正逐渐向 Internet 平台转移。我国著名的阿里巴巴最开始发展的就是 B2B 模式（图 1-3 为阿里巴巴的 B2B 网站页面）。

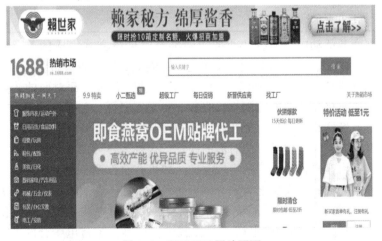

图 1-3　阿里巴巴网站页面

③消费者与消费者之间的电子商务，称为 C to C（Customer to Customer），又称为 C2C。这是 Internet 广泛普及的结果，它在消费者之间完成商品的交换和买卖，也称为电子拍卖。例如，国内的易趣网就是典型的 C2C 网站。

④企业与政府之间的电子商务，称为 B to G（Business to Government），又称为 B2G。随着政府职能的转变和政府强化效能建设，政府部门和企业的关系日益紧密，政府招标采购、企业税收征缴、报关业务等都属于 B2G 模式，网上办公、网上申报等逐渐普及。

⑤消费者与政府之间的电子商务，称为 C to G（Customer to Government），又称为 C2G。目前我国基本实现了各级政府均有自己的网站，公众可以查询其机构构成、政策条文、国务院公告等信息。此外，C2G 的应用还主要致力于电子福利支付、个人税收征收及电子身份认证等方面的服务。政府运用电子资料交换、磁卡、智能卡等技术，处理政府各种社会福利作业，直接将政府的各种社会福利交付受益人。

由于 C2G 模式不具备完整的贸易特征和商业职能，而且通常归于电子政务，其总体的交易量和交易额较小，不是主流的电子商务类型，故本书不做重点介绍。

（2）按商务活动的形式分类

按照商务形态可把电子商务分为两类：完全电子商务（Pure EC）和不完全电子商务（Partial EC）。在分别介绍这两类电子商务之前，我们先来分析一个典型的商务过程，如表 1-1 所示。

表 1-1　典型的商务过程

步骤	买方活动	卖方活动
1	确定需要	进行市场调查，确定顾客需要
2	寻找能满足这种需要的产品或服务	创造满足客户所需求的产品或服务
3	选择供应商	推广产品或服务
4	采购谈判，包括交货条款、验货、测试和收货条款	销售谈判，包括交货、验货、测试和收货
5	支付货款	接受货款
6		产品运输和提供发票
7	日常维修并要求质量担保	售后服务

如果在全部商务活动中，所有的业务步骤都是以传统方式完成的，则称之为传统商务。例如，在表 1-1 中，对买方来说，在确定了需要后，通过查看报纸广告、企业黄页及朋友推荐等方式寻找产品或服务和供应商，然后与供应商进行面对面的谈判，并付清货款，提取货物，最后接受企业的定期维修服务。对卖方来说，首先以问卷方式或人员咨询等传统方式进行市场调查，制造有形产品，再通过刊登报纸广告、企业黄页等途径进行产品宣传，当有客户购买时与之进行面对面的谈判，接受客户当面支付的货款，手工开发票给客户，最后定期为客户提供上门的售后服务。如果在全部商务活动中，所有的业务步骤都是以数字化方式完成的，则称之为完全电子商务。例如，在表 1-1 中，买方在确定了需要后，通过 Internet 搜索到所需产品或服务的信息，并通过在线比较选定了供应商，双方通过 E-mail 或实时沟通（如视讯电话）等方式进行谈判，签订电子合同，买方完成在线支付，卖方通过网上银行查知货款支付情况，并允许客户以下载等方式获得所需产品，当

然目前能以在线方式获得的只能是数字化产品（如音乐、电影、数字化信息服务、文献资料等）。在整个交易过程中，双方根本无须见面，甚至可以足不出户，这就是我们理想中的电子商务。

但是，现实生活中还存在着相当一部分介于两者之间的商务形态，即并非商务活动的所有环节都以传统方式或电子方式开展，而是两者兼有之。一部分业务过程是通过传统方式完成的，另外一部分则应用了 IT 手段。这种在全部商务活动中，至少有一个或一个以上的业务环节应用了 IT 手段的商务形态，称为不完全电子商务。

1.2　电子商务系统

1.2.1　电子商务系统概述

所谓电子商务系统，广义上讲是支持商务活动的电子技术手段的集合；狭义上讲是指在互联网和其他网络的基础上，以实现企业电子活动为目标，满足企业生产、销售、服务等生产和管理的需要，支持企业的对外业务协作，从运作、管理和决策等层次全面提高企业信息化水平，为企业提供商业智能的计算机系统。从构成要素方面看，电子商务系统由社会基础设施，与互联网连接的企业内部网、企业外部网，电子商务应用系统 3 部分组成。从商务角度看，电子商务系统由企业内部、企业间及企业与消费者组成。从系统功能上看，电子商务系统不仅支持企业内部的生产与管理，如企业资源规划（Enterprise Resource Planning，ERP）、供应链管理（Supply Chain Management，SCM）和客户关系管理（Customer Relationship Management，CRM），而且还支持企业通过互联网进行的商务活动，如企业形象宣传、网络订单管理、网络支付管理等。

从信息系统服务的范围及对象上看，传统信息系统主要服务于企业内部特定的客户，如管理信息系统（Management Information System，MIS）主要用于满足企业管理人员管理的需要，但是电子商务系统服务的对象不仅包括企业内部管理人员，还包括企业的客户和合作伙伴。

从技术角度看，电子商务系统基本上是一种基于 Web 的浏览器/服务器（Browser/Server，B/S）结构的系统，其构造技术还包括一些原有信息系统未曾使用的新技术，如多层结构、站点动态负荷均衡技术、安全与认证技术等。通过以上分析可以总结出，电子商务系统是在网络基础上，利用现代 IT 手段支持企业电子商务活动的技术平台。这一平台服务于企业内部用户、企业客户及企业的合作伙伴，支持企业生产、销售、管理等整个环节，其目的是利用 IT 手段整合企业的商务流程，帮助企业实现新的商务技术。

电子商务系统是支撑企业商务活动的技术平台，这一平台与传统的企业管理信息系统、决策支持系统等信息系统既有联系又有许多不同之处，具有较为鲜明的特征。

（1）电子商务系统是支持企业商务活动整个过程的技术平台

从企业内部管理的角度看，企业的活动包括日常的操作、管理和决策 3 个层面，电子商务系统依托企业内部网络，支持企业内部的事务，如企业日常操作层面的库存、订单、结算等事务，而且也可以利用商务智能（Business Intelligent，BI）的手段为企业决策提供支持。从企业之间、企业与客户之间的商务活动来看，可以利用电子商务系统平台实现供应链管理、客户关系管理，使企业之间构成紧密、动态的商务协作关系，能够快速地响应市场需求的动态变化，并更好地为用户提供各种服务。因此，无论是企业内部的生产、销售，还是企业外部的市场活动，都可以依托电子商务系统这一平台，充分支持企业商务活动的各个环节，这是电子商务系统与其他信息系统不同的地方。

（2）电子商务系统是一个在分布式网络环境中提供服务的系统

电子商务系统依托网络，提供基于 Web 的分布式服务，以 TCP/IP 为基础的网络环境包括互联网、内部网、外部网等，是所有电子商务系统的共同基础。从电子商务系统的软件体系结构看，电子商务系统大部分是基于 B/S 结构的 Web 系统，系统的核心软、硬件都集中在应用服务器或 Web 服务器，而客户端只需要浏览器，大大方便了用户的使用，这是电子商务系统的一个突出的技术特点。

（3）电子商务系统在安全方面有较高的要求

电子商务系统在安全性方面，相对于其他信息系统来讲要求更高，这主要是由以下原因造成的：首先，电子商务系统一般处理的是与企业交易活动相关的数据，由于业务数据涉及企业的敏感数据，因此对安全等级的要求很高；其次，电子商务系统依托于网络，尤其是互联网，一般是在一种开放的、公共的网络环境中运行，而 TCP/IP 本身就存在漏洞，这种开放环境相对于封闭系统而言，存在着一些不安全因素，所以需要确保环境安全以降低风险；最后，电子商务系统需要采取各种措施保证交易的安全，包括交易的真实性、保密性、完整性和不可抵赖性。

（4）电子商务系统的技术特点

电子商务系统涉及的技术比较多，包括网络技术、数据库技术、安全技术、应用集成技术等。从技术角度看其具有如下特征。

①基于 TCP/IP。

②采用流行的 B/S 结构，通过浏览器与客户进行交互。

③以 Web 为基础，利用标准协议（如 HTML、DHTML、XML）组织和表达数据。

④分布式事务处理系统。

⑤可以利用多种工具开发，目前主流的有以 Java 语言为核心的 J2EE 平台和 Microsoft 基于 C#语言的 . NET 平台。

电子商务系统所涉及的技术仍处于不断发展中，在确定技术方案时要综合考虑技术的先进性和成熟性。

（5）电子商务系统大多是依托企业既有信息资源运行的系统

电子商务是企业为了适应新竞争形势所应用的一种商务模式，即利用互联网实现所有商务活动。业务流程的电子化，不仅包括面向外部的商务活动，如网络营销、电子支付、物流配送等，还包括企业运营的业务流程，如企业资源规划、人力资源管理、财务管理等。企业在实施电子商务之前，都或多或少地存在各种内部信息系统。因此，企业的电子商务系统基本上是依托既有信息资源建立的，并且与企业现有信息系统之间存在密切的接口，这一方面是为了保证企业既有信息化建设的投资不被浪费，另一方面也是企业信息化得以可持续发展的必然要求。

1.2.2　电子商务系统发展历程

电子商务系统的发展过程是一个渐进的过程，它的发展与 IT 手段和互联网在企业商务中的应用密切相关，从企业商务活动信息化的角度来看，可以将电子商务系统的发展划分为以下 4 个主要阶段。

（1）第一阶段：信息发布阶段

在这一阶段，人们对商务系统的认识主要集中在如何采集、处理和加工企业内部商务过程的数据，IT 手段一般被认为是用于辅助生产和管理的，它本身并不能直接产生效益，因而企业全面利用现代信息技术（如数据库、计算机网络、信息处理、数据自动识别及人工智能等）建立内部的生产及管理系统。同时，随着互联网和 Web 技术的出现，企业利用 Web 技术开发采用 B/S 体系结构、以通用的浏览器作为客户端、以超文本传送协议（Hyper Text Transfer Protocol，HTTP）为主要网络通信协议的网站，将企业的相关信息利用超文本标记语言（Hyper Text Markup Language，HTML）表示为网页，利用万维网（World Wide Web，WWW）服务器进行发布。

该阶段的主要特点是企业利用网站作为企业形象宣传和信息发布的工具，网站所发布的信息是"静态"的，与企业信息系统没有直接联系，通常这些网站被认为是电子商务系统的雏形。

（2）第二阶段：事务处理阶段

企业将互联网和 Web 定位于一个新的商务活动中，着重于 B2C 的应用。随着互联网技术的进一步发展以及各种 Web 动态编程技术（如 JSP、ASP、PHP 等）的出现，客户可以通过互联网直接访问电子商务应用系统并进行相应的操作，如网上购物、订单查询等。该阶段的电子商务系统通常采用"表达层—应用层—数据层"的逻辑结构，其中表达层是终端用户和系统程序的接口，通过与应用层的交互，将用户需要的信息以合适的格式输出；应用层主要是对数据进行分析和计算，同时控制整个程序的运作；数据层的基础是数据库管理系统（Database Management System，DBMS），主要负责数据的组织并向应用层提供接口。

由于这一阶段的核心业务并没有完全转移到互联网上，电子商务系统与企业内部信息系统的联系不多，与企业已建立的信息系统的互联问题没有得到很好的解决，因此不能为企业的整个商务过程提供支持，同时企业已经具有的各种资源不能发挥整体效益。这一阶段的电子商务系统是不完整的，可以看作是初级的电子商务系统。

（3）第三阶段：系统集成阶段

随着电子商务的普及，传统的生产企业逐渐意识到电子商务的重要性，于是都不同程度地开展了电子商务活动。这一阶段的电子商务系统实现了与企业原有系统集成以及合作伙伴系统的集成，着重于 B2B 应用。一方面，电子商务系统与企业内部信息系统连接成为一个整体，支持企业的整个生产及管理过程，企业内部生产过程的数据采集、客户信息反馈、售前售后支持都可以通过互联网进行，这促使企业内部信息系统的服务对象发生了变化，使原来的 EDP、MIS 无论从形式还是内容上都产生了很大的变化。另一方面，企业也加强了与合作伙伴及用户的联系，通过供应链管理、客户关系管理和商业智能系统的集成，将企业和市场乃至整个行业联系起来，建立价值网络。因此，该阶段的电子商务系统所覆盖的业务趋于完整，这也是电子商务系统从萌芽走向发展的重要标志。

（4）第四阶段：下一代电子商务

下一代电子商务系统将会突破目前以消费互联网为核心的电子商务模式，传统产业将以数字化赋能的形式实现传统业务流程的创新和改造，实现全供应链整合程度的提升以及端到端效率的提高，进而实现智能商业的"端—网—云"生态架构。人工智能技术和通信技术的进一步发展，推动行业间的跨界与整合，传统的电子商务互联网平台企业将与传统产业相结合形成生态共同体，而产业互联网也会拥抱电子商务的基础架构，在数字化转型浪潮中勇立潮头。

1.2.3　电子商务系统体系结构

为了更好地理解电子商务环境下的技术结构，图1-4给出了一个简单的电子商务系统的一般技术框架，用来描述这个环境中的主要因素。

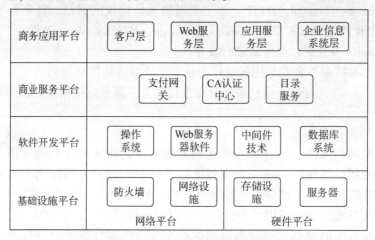

图1-4　电子商务系统的一般技术框架

（1）基础设施平台

电子商务当中，参与交易的各方，如买卖双方、银行或金融机构以及其他合作伙伴，都必须通过互联网、企业内部网以及外部网紧密结合起来。网络基础设施平台是实现电子商务的最底层的基础设施，由网络平台和硬件平台组成，其中网络平台由防火墙和网络设施组成，硬件平台由存储设施和服务器组成。

（2）软件开发平台

软件开发平台由操作系统、Web服务器软件、中间件技术、数据库系统等组成。其中操作系统是使网络上的计算机能方便而有效地共享资源，为网络用户提供所需的各种服务的软件和有关规程的集合。Web服务器软件的主要功能涉及与后端服务器的集成、管理、信息的开发、平台可靠性和安全性等方面。中间件技术是作为前端客户机和后端服务器之间的一个中间层，为应用程序处理提供帮助。数据库系统由关系数据库和多媒体数据库组成。

（3）商业服务平台

商业服务平台由支付网关、CA认证中心和目录服务组成。支付网关在整个电子商务活动中起着非常关键的作用：一方面支持业务单位和商家通过互联网进行安全的网上交易；另一方面又通过安全通道保证与维护金融网络的工作安全，是连接商家和金融网络的通信和交易桥梁。CA认证中心是电子商务交易中受法律承认的第三方权威机构，负责发放和管理电子证书，使网上交易的双方能够相互确认身份。目录服务对于网络的作用就像黄页对于电话系统的作用一样，目录服务将有关现实世界中的事务的信息存储为具有描述性属性的对象，人们可以使用该服务按名称查找对象，或者像使用黄页一样，可使用它们查找服务。

（4）商务应用平台

商务应用平台由客户层、Web 服务层、应用服务层和企业信息系统层组成，其工作流程如图 1-5 所示。

图 1-5 商务应用平台工作流程

知识拓展

某大型 B2C 电子商务系统总体架构剖析

电子商务系统总体架构由基础层、数据服务层、基础框架层、应用支撑层、核心业务层、接入层组成，通过统一的标准规范及统一的安全管理对整个系统架构进行标准化安全管理，如图 1-6 所示。

基础层由基本的网络设备组成，主要是网络设备、服务器设备、存储设备等硬件设备。其中配以备份设备、安全设备及 USB Key 等安全备份硬件设备，提供整个系统的安全访问管理。

数据服务层由数据业务库及数据仓库组成。数据业务库的主要功能是存储客户数据、电子商务数据、订单数据、物流数据等；数据仓库的主要功能是对营销数据、销售数据、客户行为数据进行存储，为客户关系管理（CRM）、订单管理、进销存（PSI）管理提供有效的数据支持。

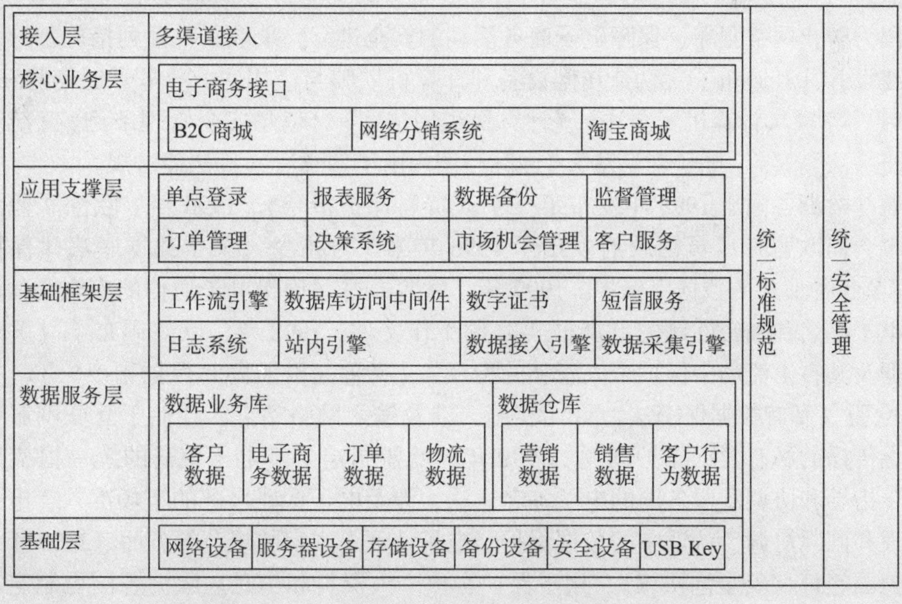

接入层	多渠道接入					统一标准规范	统一安全管理
核心业务层	电子商务接口						
	B2C商城		网络分销系统		淘宝商城		
应用支撑层	单点登录	报表服务		数据备份	监督管理		
	订单管理	决策系统		市场机会管理	客户服务		
基础框架层	工作流引擎	数据库访问中间件		数字证书	短信服务		
	日志系统	站内引擎		数据接入引擎	数据采集引擎		
数据服务层	数据业务库			数据仓库			
	客户数据	电子商务数据	订单数据	物流数据	营销数据	销售数据	客户行为数据
基础层	网络设备	服务器设备	存储设备	备份设备	安全设备	USB Key	

图 1-6 某大型 B2C 电子商务系统总体架构

基础框架层有工作流引擎、数据库访问中间件、数字证书、短信服务、日志系统、站内引擎、数据接入引擎、数据采集引擎等功能。其中工作流引擎、数据库访问中间件为系统提供了有效的数据访问；数字证书、日志系统为系统的访问安全性提供了有利的条件；站内引擎、短信服务为用户提供了良好的用户体验；数据接入引擎及数据采集引擎为 CRM、PSI 管理提供了有效的数据采集及数据接入支持。

应用支撑层主要为用户访问提供了有效的功能支持。通过单点登录、订单管理、客户服务为消费人群提供了良好的应用环境；通过报表服务、监督管理、数据备份、决策系统、市场机会管理为系统管理人员提供了数据管理、数据分析、行为分析等应用。

核心业务层由 B2C 商城、网络分销系统及淘宝商城组成，是用户提供数据访问、用户体验的直接入口。

接入层的主要功能是通过定制本系统接口，对多渠道的系统应用可扩展性提供了有效的环境。

1.2.4 电子商务系统相关法律

一方面，电子商务的迅猛发展拉动了消费、促进了社会就业、推动了产业结构升级，为社会经济发展注入了新的活力。另一方面，电子商务系统以及平台的爆炸性增长，给用户个人隐私以及财产安全保障、消费者权益保护和市场监管等方面带来了一定的困难。国内外对于电子商务的立法管理也加快了脚步。

欧盟、美国、日本、韩国是较早制定电子商务法且实施较为成功的国家和地区，他们通过增加交易透明度、最低限度要求消费者输入个人数据等来保护消费者在网上购物中的合法权益。

美国为防止网络犯罪、保障电子商务活动的安全进行，采取了一系列措施加速信息基础设施建设，并且颁布了《伪造访问设备和计算机欺骗与滥用法》《电子通信隐私法案》《信用卡欺诈法》《计算机安全法》《计算机滥用法案》《信息安全管理条例》《统一计算机信息交易法》《统一电子交易法》《国际与国内电子签章法》等法律法规。

欧盟与欧洲各国于 1995 年发布了《个人资料保护指令》。1996 年，欧洲联盟议会和部长理事会向欧盟各成员国政府发出了 1996 年第 9 号指令《关于数据库法律保护的指令》，涉及各种形式的数据库保护。1997 年，欧盟通过《确保电子通信的安全和信任：建立有关电子签名和加密问题的欧洲框架》的工作文件。1998 年，欧盟颁布了《关于处理个人数据及其自由流动中保护个人隐私的指令》（又称《欧盟隐私保护指令》）。1998 年11 月，欧盟《私有数据保密法》开始实施，涉及输入网络站点、存储于互联网服务器及内联网上传播的私有数据保护问题。1999 年，欧盟制定了《电子签名的统一框架指令》，主要用于指导和协调欧盟各国的电子签名立法，涉及电子认证服务的市场准入、电子认证服务管理和国际协调、认证中的数据保护、电子认证书内容的规范等方面。2000 年，欧盟批准和美国签订《安全港协议》，用于保护客户个人资料和信息。欧洲各国也制定了一系列法律来保护电子商务的安全。英国于 1984 年制定了《数据保护法》，规定链接服务提供商必须为诽谤性内容承担法律责任。2000 年 3 月起生效的《1998 年数据保护法》，取代了

《1984 年数据保护法》，主要强调个人数据传送的隐私权保护。德国于 1997 年制定了《数据保护法》，此后还制定了《电子签名法》。1996 年意大利通过了第 675/96 号立法文件，对个人数据保护进行了规定；此外意大利将计算机犯罪与刑法联系起来，修改了有关条款，加大了对计算机犯罪分子的打击力度。

新加坡于 1993 年出台了《滥用计算机法》（1998 年修订），制定该法的目的是应对日益严重的计算机犯罪及其造成的严重后果，以适应电子商务发展的需要。与该法配套的是，新加坡政府制定了《信息安全指南》（1999 年）和《电子认证安全指南》。1998 年，韩国通过了《电子签名法》，1999 年通过了《电子商务基本法》，这两部法律均于 1999 年 7 月起生效。此外，韩国还制定了《计算机软件保护法》等法律。

日本于 2000 年将商业计算机软件等信息产品规定为"信息财产"并予以法律保护，同年，还制定了《电子签名认证法》。1988 年，澳大利亚在《隐私权法》中对个人信息的保护进行了具体的规定。

加拿大于 1997 年开始在电子商务管理中健全公共密钥基础设施保密系统，对网上出现的不良信息加强管理，并且在技术上使用防暴力晶片，以阻止暴力和色情信息进入家庭和学校；此外，加拿大在 2001 年 1 月起实施《个人隐私法》，用以保护电子商务中的个人隐私。

随着电子商务在我国的快速发展，国内也不断加快电子商务相关法律的立法进程，科学立法，严格电子商务相关执法力度，公正司法过程，提高相关从业者的守法意识。2000 年 12 月，全国人民代表大会常务委员会审议通过了《关于维护互联网安全的决定》；2004 年 8 月通过了《中华人民共和国电子签名法》；2012 年 12 月，通过了《关于加强网络信息保护的决定》。2013 年 12 月 7 日，全国人民代表大会常务委员会召开了《中华人民共和国电子商务法》（简称《电子商务法》）第一次起草组的会议，正式启动了《电子商务法》的立法进程。12 月 27 日，全国人民代表大会财政经济委员会在人民大会堂召开了《电子商务法》起草组成立暨第一次全体会议，正式启动了《电子商务法》立法工作。根据十二届全国人民代表大会常务委员会立法规划，《电子商务法》被列入第二类立法项目，即需要抓紧工作，条件成熟时提请常委会审议的法律草案。

2014 年 11 月 24 日，全国人民代表大会常务委员会召开了《电子商务法》起草组第二次全体会议，将就电子商务重大问题和立法大纲进行研讨。起草组已经明确提出，《电子商务法》要以促进发展、规范秩序、维护权益为立法的指导思想。2015 年 1 月至 2016 年 6 月，开展并完成了《电子商务法（草案）》起草。2016 年 12 月 19 日，在十二届全国人民代表大会常务委员会第二十五次会议上，全国人民代表大会财政经济委员会提请审议《电子商务法（草案）》。2016 年 12 月 27 日至 2017 年 1 月 26 日，《电子商务法》在中国人大网向全国公开电子商务立法征求意见。2018 年 6 月 19 日，《电子商务法（草案）》三审稿提请十三届全国人民代表大会常务委员会第三次会议审议。2018 年 8 月 31 日，中华人民共和国主席习近平签署中华人民共和国主席令（第七号），《中华人民共和国电子商务法》已由中华人民共和国第十三届全国人民代表大会常务委员会第五次会议于 2018 年 8 月 31 日通过，自 2019 年 1 月 1 日起正式施行。2021 年 8 月 31 日，国家市场监管总局起草了《关于修改〈中华人民共和国电子商务法〉的决定（征求意见稿）》，向社会公开征求意见。

我国的《电子商务法》第 2 条将电子商务界定为"通过互联网等信息网络销售商品或

者提供服务的经营活动"，具体从电子商务所依托的技术、电子商务交易行为和法律属性3个维度界定。《电子商务法》针对平台经营者在电子商务活动中的地位和发挥的作用，规定了一系列具体的法律义务。

（1）平台内经营者主体身份的管理义务

平台经营者建构一个网络交易空间，让其他经营者入驻，成为平台内的经营者，并且独立开展交易活动。针对这一特点，《电子商务法》第27条要求平台经营者把好入门关。对进入平台开展经营活动的主体的真实身份信息进行核验登记，建立登记档案并且定期核验更新。

（2）信息保存和报送义务

电子商务平台是各种交易发生的场所，一旦当事人因此产生争议，或者平台内经营者的行为侵害了消费者的权益或者涉嫌违法，在这种情况下，唯有平台保存各种交易数据信息，才能够帮助还原事情的真相。《电子商务法》第31条要求平台经营者完整保留交易数据信息。这一规定相当于要求平台经营者在平台内安装"摄像头"，对于解决纠纷、避免争吵以及监督执法具有非常重要的意义。同时，《电子商务法》第28条要求平台经营者必须向市场监督管理部门报送平台内进行经营活动的主体信息，向税收管理部门报送平台内发生的涉税信息。这种信息报送，是平台经营者配合主管部门履行监督和管理职责的表现。

（3）维护平台安全稳定义务

由于大型的电子商务平台在生活中日益发挥重要作用，甚至对国民经济的稳定运行产生重大影响，因此《电子商务法》第30条要求平台经营者确保平台安全稳定运行，防范网络犯罪活动，有效应对网络安全事件。针对特殊的事件，要建立安全事件应急预案，一旦发生紧急事件要迅速采取措施，并且向有关部门报告。这一要求与平台在社会经济生活中发挥的重要作用相适应，也与《中华人民共和国网络安全法》的规定相联系。

（4）安全保障义务

电子商务平台经营者通过建构和开启一个网络交往的空间，供他人独立开展活动。对此《电子商务法》第38条要求平台经营者对于通过电子商务平台来获取商品或者服务的当事人承担相应的安全保障义务。

《电子商务法》重视平台经营者与平台内经营者之间所存在的结构性的差别，规定了一系列的制度，来限制平台经营者不滥用其影响力侵害平台内经营者的经营自主权，并且保护消费者的合法权益。平台经营者在确定交易规则与服务协议的过程中享有巨大的影响力，并且可能会利用自身的影响力，通过交易规则和服务协议，设置不合理的交易条件。为此，《电子商务法》通过一系列的规则（第32～36条）要求平台经营者基于公开、公平、公正的原则来确定服务协议和交易规则的内容，并在醒目位置公示，在修改时公开征求意见。平台经营者不得利用服务协议与交易规则，不当限制平台内经营者的经营自主权，特别是不得不正当地限制平台内经营者与其他经营者进行交易（第35条）。这一条就是针对现实中屡禁不止的大型平台搞"二选一"，逼迫平台内经营者只与自己独家合作的行为。

除了确定服务协议与交易规则，平台经营者还会对平台内经营者开展信用评价，进行信用管理。对此《电子商务法》第39条也要求平台内经营者必须建立、健全信用评价制度，公示信用评价规则，以确保消费者能够对相关的商品或者服务进行评价。

竞价排名一直是很多大型电子商务平台经营者利润的主要来源。《电子商务法》第40条明确要求，如果电子商务平台经营者通过竞价排名的方式来决定搜索结果，那么必须将相应的搜索结果显著标明为"广告"。这是一个重要的立法层面上的发展。对于未来的互联网搜索服务的规范化会起到巨大的影响。此外该条还要求电子商务平台经营者必须依据商品的销量、价格、信用等多种方式，向消费者展示搜索结果。这也在一定程度上约束了平台经营者利用提供的搜索服务来垄断和控制信息展示渠道。

目前电子商务法仍然需要进一步增强关于电子商务安全的内容。

> 💡 **思政栏目**
>
> 互联网经济向传统实体经济渗透以及传统工业的数字化转型，促进了我们国家的产业数字融合，助力大国经济发展和腾飞。而电子商务是互联网经济最核心、最前沿的阵地，在时代浪潮当中，在深刻理解电子商务本质，学习电子商务系统，为以后投身社会主义现代化建设做好知识储备的同时，也要学习并遵守国家电子商务相关的法律法规。

🚗 本 章 小 结 ▶▶ ▶

本章作为全书的首章，主要是对电子商务和电子商务系统进行概念梳理。首先介绍了电子商务的相关概念。虽然电子商务的概念从不同角度各有阐述，但是一般认为，电子商务是以信息技术为基础，从事以产品和服务交易为中心的各种活动的总称，包括生产、流通、分配、交换和消费各环节中连接生产及消费的所有活动的电子信息化处理。从技术发展驱动电子商务发展的角度来看，电子商务的发展历程经历了4个阶段，目前我国已经进入智慧电子商务发展的新阶段。然后概述了电子商务的运作模式。随后通过对信息系统等重要概念的阐述，引出了电子商务系统，介绍了电子商务系统的发展历程、体系结构和相关的法律法规。

🚗 思考与练习 ▶▶ ▶

一、填空题

1. 电子商务是以_____为基础，从事以_____为中心的各种活动的总称。

2. 系统一般由5个基本部分组成，分别是：输入、_____、_____、_____和_____。

3. 在_____阶段，电子商务系统实现了与企业原有信息系统以及合作伙伴系统的集成。

4. 电子商务系统的4层主体：基础设施层、_____、_____和_____。

二、选择题

1. 以下不是电子商务按照交易对象分类的是（   ）。

A. B2B   B. B2C   C. 完全电子商务   D. C2C

2. 欧盟在（　　）发布了《个人资料保护指令》。

A. 1995 年 　　　　 B. 2005 年 　　　　 C. 1980 年 　　　　 D. 2020 年

3. 《中华人民共和国电子商务法》于（　　）正式实施。

A. 2021 年 　　　　 B. 2019 年 　　　　 C. 2018 年 　　　　 D. 2017 年

三、简答题

1. 什么是电子商务系统？

2. 电子商务的运作模式有哪些？

3. 简述电子商务系统与其他信息系统间的区别和联系。

4. 简述电子商务系统的体系结构。

5. 思考分析电子商务系统与电子商务信息系统的关系。

6. 简述电子商务系统与管理信息系统的区别与联系。

第2章 电子商务系统开发

学习目标

- 熟悉电子商务系统生命周期各阶段的主要任务。
- 熟悉电子商务系统开发方法的核心思想和基本思路。
- 掌握系统开发方法的开发步骤及过程。
- 了解电子商务系统的开发方式及其优缺点。

知识导入

电子商务系统的开发，是随着电子商务的发展而逐渐形成的一个发展趋势。开发一个电子商务系统可以按照系统规划、系统分析、系统设计、系统实施、系统运行维护来进行。电子商务系统是基于 Web 的信息系统，与其他类型的信息系统一样，电子商务系统需要有符合自己特点的开发方法，目前常用的是结构化开发方法、面向对象开发方法和原型法，这些方法各有各自的优缺点和适用情况，开发者可以根据自身的实际情况进行选择。

案例导入

案例1 亚马逊网上书店系统的创建

1995 年正式运营的亚马逊书店（amazon.com）是在互联网及网络经济高速发展的时期建立的。2000 年其营业额超过了 18 亿美元。在这一书店创建之初，就设计开发了高度自动化、高效率的电子商务系统，系统涵盖销售、支付、客户关系管理等各部分功能，保障了其业务的飞速发展。

案例2 美国联合包裹公司（UPS）电子商务的发展

UPS 公司是全球最大的包裹快速公司，创建于 1907 年。自创建以来，UPS 公司能够向客户提供包裹追踪、查询等服务。1995 年之前，UPS 的客户服务一直通过电话进行。1995 年 UPS 在 Internet 上建立了页面进行形象宣传。1996—1997 年，也就是当其竞争对手联邦快递（FedEx）建立 FedEx Ship 后，UPS 建立了属于自己的一套完备的电子商务系统，该系统在亚特兰大、纽约配置有 SUN 公司的应用服务器及 Web 服务器，并和公司原有的一套基于 IBM AS/400 的系统联机，向顾客提供服务。

（编者整理，资料来源：https：//www.docin.com/p-492726793.html）

思考：通过以上案例，这些公司所选用的电子商务系统的实现方式有哪些不同？

2.1 电子商务系统的生命周期

任何一个系统都有其产生、发展和消亡的过程，这个过程被称为系统的生命周期。同样，电子商务系统作为一类信息系统，也存在着一定的生命周期。

对于一个电子商务系统而言，其生命周期被划分为系统规划、系统分析、系统设计、系统实施、系统运行维护这 5 个阶段，如图 2-1 所示。

图 2-1　电子商务系统的生命周期

2.1.1　系统规划阶段

系统规划是系统开发的重要阶段，是物流企业战略规划的组成部分。系统规划一般包括以下两方面的内容。

①确定系统总目标：给出系统的功能、结构、性能、可靠性及所需接口等方面的设想，对系统的可靠性进行分析，探讨解决问题的方案。

②制订开发实施计划：预测系统开发可供使用的资源（如软件、人力资源等）、成本、效益开发进度安排等，合理制订计划，确保计划的实施。

2.1.2　系统分析阶段

系统分析阶段的基本任务有两个：摸清现状和确定目标系统应具有的功能。通常系统分析阶段包含以下两个方面。

①可行性研究：此部分的中心任务是要探讨所需解决的问题是否可行。具体而言，开发者需要进行简化的系统分析、设计，列出系统的高层逻辑模型，并制订粗略的开发计划，最终完成可行性研究报告或软件项目计划书，提交管理部门审查。总之，可行性研究需要研究的是解决问题的思路。

②需求分析：此部分的中心任务是要确定"目标系统必须做什么"的问题。因此，开发者需要通过深入的调研，围绕系统规划阶段提出的系统总目标，明确和细化用户的需求。另外，开发者还需结合可行性研究所确定的路线、计划及其他约束条件，对各种需求进行权衡、取舍，进而确定关于目标系统所要满足的各项功能及性能需求，并以书面的形式记录在软件需求说明书、系统功能说明书等文档中。

2.1.3　系统设计阶段

此阶段是根据系统分析阶段形成的结果来确定系统的设计方案，主要包括系统环境和设计工具的选择（通常指选择系统运行的软硬件及网络环境、开发工具、数据库等）、系统功能模块的设计、数据的组织（即数据库的设计，包括设计表的结构、表间约束关系、表的索引、字段约束关系、字段间的约束关系等）和系统界面的设计。因此，系统设计阶段又可划分为总体设计和详细设计两个子阶段，具体说明如下。

①总体设计阶段：通常对系统的模块层次结构进行设计，确定系统的组成（即模块划分），并确定每个模块的功能及模块间的逻辑关系。

②详细设计阶段：在系统总体设计的基础上，一般通过自顶向下、逐步求精的方法进行详细设计，对每个模块要完成的工作进行具体的描述，从而为源程序编写打下基础。

系统设计阶段的成果是系统的设计说明书，包括概要设计说明书和详细设计说明书。

2.1.4　系统实施阶段

此阶段的主要工作是将系统分析阶段及系统设计阶段的工作成果转换为计算机所能接受的程序代码，具体包括建立数据库和表，对各个模块的功能和结构进行测试，以确保其符合设计要求，之后还需要进行集成测试，以测试各个模块之间的结构是否正确，以及整个系统是否满足用户的功能、性能需求。由于系统产生过程的特殊性，故这一阶段中的编码与测试两种活动通常是交替进行的。

2.1.5　系统运行维护阶段

系统交付给用户正式使用后便进入了系统运行维护阶段。在此阶段，根据用户使用的实际情况，还需要通过进行各种维护，不断完善系统，从而使系统更能符合用户的使用环境。对每项维护活动都应进行记录，并作为文档资料加以保存；同时编制用户手册和操作指南，与用户共同对系统的目标、功能、性能及效益等方面进行评价。

> **思政栏目**
>
> 　　任何一个电子商务系统都会经历孕育、诞生、成长、成熟、衰亡的生存过程，就像人的生命周期一样，当一个电子商务系统进入衰亡阶段，也就意味着这个系统已被彻底淘汰弃用，这是必然的。因此，在整个电子商务系统的生命周期中，如何减缓系统进入衰亡的速度，是开发人员需要研究及思考的问题。

2.2　电子商务系统的开发方法

在电子商务系统的开发建设中，除考虑软件的开发建设外，还需对相关的硬件设备、网络环境进行建设，并对人员、机构等进行组织和培训。随着信息技术的发展，电子商务系统的应用越来越广泛，其开发建设所使用的方法、技术、工具等也随之得到了丰富和完善。

从电子商务系统的开发建设方法上看，目前居主流地位的有结构化开发方法、面向对象开发方法和原型法3种方法。

2.2.1 结构化开发方法

结构化开发方法（Structured System Development Methodologies，SSDM），简称结构化方法，是一种相对传统的系统开发方法。它引入了被称为"系统开发生命周期（System Development Life Cycle，SDLC）"的概念，将系统的开发过程划分为若干阶段，这与人们解决复杂问题时常常按照解决问题的时间顺序对问题进行分解，并依次解决的思路相吻合。因此，这种方法易于理解，尽管结构化方法最早产生于20世纪60年代，但时至今日，它依然在众多的项目实践中应用。由于结构化方法主要是利用一些过程模型来描述信息系统，即它所关注的焦点在于如何通过执行相关处理功能，实现数据的流动，以及将各种原始数据转换为对用户有用的信息这一过程，因此，结构化方法又被称为是面向过程的方法。

1. 结构化方法的基本思想

结构化方法的基本思想是用系统的思想、系统工程的方法，按用户至上的原则，结构化、模块化、自顶向下对信息系统进行分析与设计。也就是先将整个信息系统开发过程划分为若干个相对独立的阶段，如系统规划、系统分析、系统设计、系统实施等。在前3个阶段坚持自顶向下地对系统进行分析设计。在系统调查时，应从最顶层的管理业务入手，逐步深入到最底层。在系统设计时，先考虑系统总体的设计，然后考虑局部的详细设计。在系统实施阶段，则要坚持自底向上的逐步实施方法。

结构化方法通常具有以下5个特点。

（1）建立面向用户的观点

结构化方法认为用户是整个系统开发的起源和最终归宿，即用户的参与程度和满意程度是系统成功的关键。

（2）严格区分工作阶段

结构化方法认为整个系统的开发过程分为若干个阶段，每个阶段都有其明确的任务和目标以及预期要达到的阶段成果。一般每个阶段的顺序不可打乱或者颠倒。

（3）自顶向下进行开发

通常，在分析问题时，应首先站在整体的角度，将各项具体的业务和组织放到整体中加以考察。自顶向下分析设计，是一种自顶向下逐层分解、由粗到细、由复杂到简单的求解方法。"分解"是结构化方法中解决复杂问题的一种基本手段。首先确保全局的正确，再逐层地深入考虑和处理局部的问题。

系统实施阶段需要采用自底向上的方法，在系统具体实现过程中，首先分别对每个模块进行实现、调试，然后将几个模块（即子系统）进行联调，最后将整个系统进行联调。

（4）模块化处理

所谓模块化指的是在系统设计阶段把整个系统根据功能划分为若干个模块，每个模块完成一个功能。实现时，将这些模块汇总起来就构成一个系统的整体，即可完成指定的功能。模块化的目的是降低开发工作的复杂度，使软件设计、调试和维护等工作变得简易。

（5）工作文档的标准化原则

系统开发的每个阶段的成果都需要形成文档。文档要采用标准化的格式、术语和图表等形式来建立，便于开发人员和用户之间的交流。

2. 结构化方法的优缺点

（1）结构化方法的优点

结构化方法之所以得以广泛应用，是因为它具有以下5个优点。

①结构化分析方法简单、清晰，易于学习、掌握和使用。

②注重系统开发过程的整体性和全局性。在开发策略上强调采用"自顶向下"的原则来分析和设计系统，首先解决全局问题，强调在系统整体优化的前提下，考虑具体的解决方案。

③严格区分工作阶段。整个开发过程阶段和步骤清楚，每一阶段和步骤均有明确的成果，并作为下一步工作的依据。

④立足全局，步步为营，减少返工，有利于提高开发质量，加快开发进度。

⑤目标明确，阶段性强，开发过程易于控制。

（2）结构化方法的缺点

在实践过程中也暴露出结构化方法的一些缺点，具体如下。

①结构化方法是一种预先定义需求的方法，基本前提是必须能够在早期就确定用户的需求，只适于可以在早期阶段就完全明确用户需求的项目。然而在实际操作中要做到这一点往往是不现实的，用户很难一次性准确陈述其需求。

②结构化方法的开发周期长，难以适应环境变化。它只适用于一些组织相对稳定、业务处理过程规范、需求明确且在一定时期内不会发生大的变化的大型复杂的系统开发。

2.2.2 面向对象开发方法

面向对象（Object Oriented，OO）开发方法，简称面向对象方法，是一种把数据和过程包装成对象，以对象为基础对系统进行分析与设计的方法。面向对象开发方法为认识事物提供了一种全新的思路和办法，是一种综合性的开发方法。

1. 面向对象方法的基本思路

客观世界中存在着各种各样的对象，每种对象都有各自的内部状态和运动规律，不同对象之间的联系和相互作用构成了各种不同的系统。对象是在原事物基础上抽象的结果。任何复杂的事物都可以由相对简单的对象以某种组合结构构成。

对象通常包含了其属性和方法两个部分。属性用于反映对象的信息特征，如特点、状态等，而方法则是用来定义改变属性状态的各种操作。

对象之间的联系主要通过传递消息来实现，传递的方式则是通过消息和方法所定义的操作来完成。

对象可按其属性进行归类，类（Class）有一定的结构，类往上可以有超类（Super-class），类往下可以有子类（Subclass）。类之间的层次结构靠继承性来维系。对象作为一个被严格模块化的实体具有封装性，因此对象能满足软件工程的一切要求，并可直接被面向对象的程序设计语言所接受。

2. 面向对象方法的开发过程

面向对象的开发过程通常可分为获取需求、系统分析、系统设计、程序实现 4 个过程。

（1）获取需求

获取需求指的是对系统将要面临的具体业务问题以及用户对系统开发的需求进行调查研究，即先弄清楚要干什么。

（2）系统分析

系统分析指的是在繁杂的问题域中抽象地识别对象以及其属性、方法等，一般称之为面向对象的分析（Object Oriented Analysis，OOA）。

（3）系统设计

系统设计指的是考虑各种技术条件，对分析的结果进行进一步的抽象、归类、整理，并最终以模型的形式确定下来，一般称之为面向对象的设计（Object Oriented Design，OOD）。

（4）程序实现

程序实现指的是用面向对象的程序设计语言将上一步建立的模型直接映射为应用软件，一般称之为面向对象的编程（Object Oriented Programming，OOP）。

3. 面向对象方法的优缺点

（1）面向对象方法的优点

面向对象方法具有以下 5 个优点。

①与人们习惯的思维方式一致。面向对象的设计方法把系统看成是各种对象的集合，这样更为接近人类的自然思维方式，也解决了结构化方法中客观世界描述工具与系统结构不一致的问题。

②稳定性强。面向对象方法是基于构造问题域的对象模型，以对象为中心构造系统。它的基本做法是对象模拟问题域中的实体，以对象间的联系体现实体间的联系。因为面向对象的系统的结构是根据问题域的模型建立起来的，而不是基于对系统应完成的功能的分解，所以，当系统的功能需求变化时并不会引起系统结构的整体变化，而仅需要做一些局部性的修改。例如，从已有类派生出一些新的子类以实现功能的扩充或修改，增加或删除某些对象等。总之，由于系统需求的变动往往是功能的变化，而用于实现功能的对象一般不会有大的变化，因此，以对象为中心构造的系统结构也是相对稳定的。

③可重用性高。传统的软件重用技术通常使用标准函数库中的函数来构造新的软件系统。但是，标准函数不能适应不同应用场合的不同需要，并不是理想的可重用的软件技术。在开发过程中，通常许多函数都是需要开发人员自己重新进行编写的。

面向对象方法能较好地解决软件重用问题。其对象的封装性和数据隐藏性能够使对象内部实现与外界隔离，具有较强的独立性。

面向对象开发技术有两种方法可以重复使用：一是创建该类的实例，从而直接使用它；另一种是从它派生出一个满足当前需要的新类。对象的继承性使子类不仅可以重用其父类的属性和方法，还可以在父类方法的基础上进行方便的修改和扩充，且这种修改并不会影响对父类的使用。

④可维护性好。采用传统方法和面向过程语言所开发出来的软件很难维护，而面向对

象方法由于其稳定性和易修改性所以良好地解决了软件维护难的问题。

由于类具有良好的独立性，因此，修改一个类通常很少会牵涉其他类。如果只需要修改一个类的内部实现部分（私有属性或方法），而不修改该类的对外接口，则可以完全不影响软件的其他部分。

面向对象方法中的继承性，使软件的修改和扩充变得非常容易，通常只需从已有类中派生出一些新类即可，而不需要修改软件原有部分。

面向对象中的多态性使当扩充软件功能时对原有代码所需做的修改进一步减少，需要增加的新代码也比较少。

⑤开发过程简便。由于减少了从系统分析、设计到软件模块结构之间多次转换映射的繁杂过程，从而大大减少了后续软件开发量，缩短了开发周期。

（2）面向对象方法的缺点

在实践过程中也暴露出面向对象方法的一些缺点，具体如下。

①面向对象开发方法必须依靠一定的软件工具支持。

②总体设计步骤中还是需要以结构化方法的自顶向下的整体性系统的原则和分析作为基础，否则系统同样会存在结构不合理、关系不协调的问题。

③学习和掌握面向对象方法与掌握结构化方法及原型法相比有一定的难度。

2.2.3 原型法

原型法（Prototyping Method）是 20 世纪 80 年代随着计算机技术的发展，特别是在关系数据库系统（Relational Database System，RDBS）、第四代程序生成语言和各种系统开发生成环境产生的基础上，提出的一种设计思想、根据、手段都全新的系统开发方法。

原型法的基本思想是在获取一组基本的需求定义后，利用高级软件工具可视化的开发环境，用最经济的方法快速地建立一个可实际运行的系统模型，然后交给用户使用，用户在使用原型系统后对其进行评价并提出修改意见，开发人员修改原型系统得到新系统后，再交给用户试用，用户再次进行评价并提出修改意见，评价修改的过程反复进行，直到用户对系统完全满意为止。原型法的核心思想就是快速建立系统，用交互式的原型取代形式的、不允许被修改的大部分规定说明，通过让用户在计算机上反复试用原型系统来收集修改意见，从而逐步形成完善的系统。

1. 原型法开发过程的主要步骤

原型法开发过程可分为以下 4 步。

（1）确定用户的基本需求

首先用户提出对新系统的基本要求，其中包括功能、界面的基本形式、所需的数据、应用范围、运行环境等，开发者根据用户的这些要求对开发该系统所需费用进行估算，并建立简要的系统模型。

（2）构造初始原型

开发人员在明确了系统的基本要求和功能的基础上，依据计算机模型，以尽可能快的速度和尽可能多的开发工具来建造一个初始原型。在这一过程中，可能会使用一些相关的软件工具和原型制造工具。

（3）运行、评价、修改原型

初始原型建造完成后，要将系统交给用户投入试运行，各类人员需对其进行使用并检查、分析效果。由于原型法强调的是快速，省略了许多细节方面的设计，必定存在不合理的地方，因此在试用期间开发人员需要充分与用户进行沟通，尤其对用户提出的不满意的地方进行认真细致的修改及完善，直至用户满意为止。

（4）形成最终系统

通过开发者和用户的充分沟通及改良，如果用户对系统原型比较满意，则可以将其改为正式模型。经过双方进一步细致的工作，把开发原型过程中的许多细节问题逐个补充、完善、求精，最终形成一个适用系统。

2. 原型法的优缺点

（1）原型法的优点

原型法具有以下 3 个优点。

①原型法采用的"自底向上"的开发策略符合人们认识事物的规律，容易被用户接受。

②系统开发的过程是循序渐进、反复修改的，因此能确保获得较好的用户满意度。

③由于用户的直接参与，系统会更加贴近实际，且开发周期短、费用相对低、应变能力强，因此原型法非常适合开发处理过程明确、简单、涉及面窄的小型系统。

（2）原型法的缺点

在实践过程中也暴露出原型法的一些缺点，具体如下。

①由于原型法的开发过程是反复地进行"修改—评价—再修改"，缺乏规范化的文档资料，因此对整个开发过程管理要求很高，不适用于大型、复杂的系统开发。

②如果最初的原型构建不合理，则会影响整个开发进程，且当用户过早看到系统原型时，会误认为原型即系统本身，容易对系统失去兴趣。

③对于运算量大、逻辑性较强的程序模块，原型法也很难构造出比较完整的原型提供给用户。

以上 3 种开发方法优、缺点及适用环境的对比如表 2-1 所示。

表 2-1   3 种开发方法优、缺点及适用环境的对比

开发方法	结构化开发方法	面向对象开发方法	原型法
优点	①整体性强 ②开发过程规范	①稳定性强 ②易维护 ③可重用性高	①用户易接受 ②应变能力强
缺点	①开发周期长 ②稳定性差 ③难维护 ④可重用性低	①前期要求高 ②初学者难上手	开发过程不规范
适用环境	大型系统	中小型系统	小型且简单的系统

通过对比可以发现以上 3 种方法各有优、缺点，但是在实际开发过程中，此 3 种方法可以交叉使用，即用结构化开发方法开发系统的时候，也可以部分采用原型法；用面向对象开发方法开发系统时，也可以采用结构化开发方法来进行内容分析。

通常，电子商务系统使用较多的开发方法是结构化开发方法和面向对象开发方法。对于同一个系统的开发过程来说，如果采用的是结构化开发方法，其思路是先对问题进行调

查，然后从功能和流程的角度来进行分析、了解和优化问题，最后实现系统；而如果采用的是面向对象开发方法，则是先对问题进行调查，然后从抽象对象和信息模板的角度来分析问题，将问题按其性质和属性划分成各种不同的对象和类，在确定它们之间的联系后用面向对象的软件工具来实现系统。

2.3 电子商务系统的开发方式

随着电子商务的飞速发展，电子商务的主体从电子商务服务商转向了传统企业，越来越多的传统企业开始构建自己的电子商务系统以从事电子商务活动。由于开发电子商务系统需要投入大量的人力、物力且涉及的技术领域众多，所以每个企业需要根据自身的情况以及特点来选择合适的开发方式。目前，电子商务系统的开发方式主要有3种：自主开发、外包和租用。

2.3.1 自主开发

自主开发方式也称为内包方式，指的是企业根据自身目前的业务状况，由企业内部自有的信息主管部门或技术人员来开发电子商务系统。

（1）自主开发的主要优点如下。

①企业内部信息技术人员对企业自身的需求比较了解，对企业电子商务系统的迫切需要有切身体会，所以在建造过程中比较容易把握系统的重点。同时，电子商务系统并非一个独立的系统，它需要与企业内部其他信息系统有紧密的联系，而自主开发能很好地设计与企业内部信息系统的接口，使用起来比较方便。

②企业自主开发的系统和其他企业的系统相比较，一般具有独创性和差异性，而这种独创性或者差异性使其他企业难以模仿，从而保证企业在竞争中易于保持差异化的竞争优势。

③企业拥有自主开发的电子商务系统的全部知识产权，易于升级和管理。

（2）自主开发建造电子商务系统，对于企业而言也存在缺点，主要表现为以下2点。

①要求企业拥有实力较强的开发队伍，对企业人员的素质要求较高。

②自主开发与外包方式相比，建造及维护的成本更高，时间投入可能更长，对企业来说风险性更大。

需要说明的是，这种开发方式并不意味着系统中的所有内容全部从零开始，开发者可以将系统的部分功能或者部分电子商务软件组件进行外包或者租用，只不过强调的是整个系统的建造过程完全是由企业自主控制的。

2.3.2 外包

外包方式也就是所谓的"交钥匙工程"，是指电子商务系统的建造完全交给专业化的技术企业，由专业化的公司根据企业的需求，完成电子商务系统建造的整个过程。

外包方式对于规模较小或者IT实力较弱且需控制开发成本的企业而言，是一种比较好的选择。

（1）外包方式的优势主要体现在以下 4 个方面。

①负责系统建设的专业化企业一般具有较强的技术实力，同时可能具备较为成型的产品和相关行业的成功经验，因此企业风险低。

②外包企业在项目管理上一般会有经验，而且与实施电子商务的企业之间的义务和责任很清晰，所以项目的进度易于控制。

③外包可以削减开支、控制成本、重构系统预算，从而省去一部分的人力和物力，对于一些无法投入大量资金、人力及硬件基础设施的企业而言，外包可以弥补企业在这方面的欠缺。

④将电子商务系统外包给专业公司来开发，企业可以专注于自己的核心竞争力。

（2）外包方式也存在一些风险，具体表现在以下 3 个方面。

①外包企业对需求的了解相对于自主开发而言，可能会产生一些遗漏或者偏差，所以当最终的系统投入运行后，可能需要进行一些改动。

②采用外包方式，常常会涉及产品的版权或者知识产权问题，所以在某些情况下，需要与外包企业签署相关的备忘录或者知识产权协议，从而保证建造的电子商务系统不会被竞争对手模仿或者复制。电子商务系统建造的外包企业要讲究诚信，一旦签署了对知识产权保护的条例或协议，就有必要对企业的商业数据、机密数据和电子商务系统软件进行保护。

③与自主开发方式相比，企业在系统投入运行之后的培训、维护方面的成本会有所增加。

由于现在电子商务活动中的分工越来越细，电子商务系统的建设、维护和管理的复杂性日益增加，成本日益增大，加上外包方式的开发速度快、投资风险低、总体拥有成本低等优势，因此外包方式已经成为电子商务系统开发的主要手段之一。

2.3.3 租用

与其他信息系统相比，通过租用方式建造企业的电子商务系统，可能是电子商务企业建造其技术平台的一大特色。

租用方式指的是开展电子商务的企业并不拥有或者并不完全拥有相关的技术设备、应用软件，而是通过向应用服务提供商租用设备、软件的使用权，开展自己的电子商务活动。应用服务提供商集中为企业提供搭建电子商务所需要的所有网络基础设施及软件、硬件运行平台，并负责所有前期的实施、后期的维护等一系列服务，使企业无须购买软硬件、建设机房、招聘 IT 人员，只需前期支付一次性的项目实施费和定期的服务费，就可以通过互联网享用电子商务系统，实施电子商务。随着国内电子商务的迅猛发展，应用服务提供商越来越多，如面向 B2B 的阿里巴巴、面向 B2C 的天猫商城、面向在线支付的支付宝等。

（1）租用方式的优点主要有以下两点。

①企业可以不必进行电子商务系统构造的一次性大规模投资，可以通过租用和试用的方式，积累企业实施电子商务的经验，从而为后续的投资做好前期准备。

②与前两种方式相比，租用方式的成本最低，且时间花费最少，对于亟须开展电子商

务活动而又缺少该方面资金的企业来讲，租用方式是最合算的一种方式。

（2）租用方式的缺点表现在以下两个方面。

①提供租用服务的设备和应用软件一般只具有某种类型电子商务所需的基本功能，缺乏针对性，因此，租用方式虽然可以满足企业的大部分需求，但企业的特色服务很难得到全面满足。

②采用租用方式时，企业电子商务的服务特色、效率等会受到服务商的能力、环境和服务质量的限制，当租用者出现问题（如主机上软硬件或维护方面的问题）时，企业的电子商务活动也可能受到影响。

本章小结

本章主要介绍了电子商务系统开发的方法和方式。目前居主流地位的电子商务系统的开发方法有结构化开发方法、面向对象开发方法和原型法 3 种。以上 3 种方法各有优缺点，但是在实际开发过程中，此 3 种方法是可以交叉使用的，即用结构化开发方法开发系统的时候，也可以部分采用原型法；用面向对象开发方法开发系统时，也可以采用结构化开发方法来进行内容分析。目前电子商务系统的开发方式主要有自主开发、外包和租用，企业可以根据自身的情况以及特点来选择合适的开发方式。

思考与练习

一、填空题

1. 常见的电子商务系统开发方法有_____、_____和_____ 3 种。

2. 电子商务系统的生命周期包括_____、_____、_____、_____和_____等阶段。

3. 面向对象开发方法是一种把_____和_____包装成对象，以对象为基础对系统进行分析与设计的方法。

4. 电子商务系统的自主开发方式指的是企业根据自身目前的业务状况，由企业内部自有的_____或_____来开发电子商务系统。

二、简答题

1. 简述结构化开发方法的基本思想和开发过程。

2. 简述面向对象开发方法的基本思想和开发过程。

3. 简述原型法的基本思想和开发过程。

4. 简述电子商务系统的 3 种开发方法的优、缺点。

5. 简述使用租用方式开发电子商务系统的优、缺点。

6. 为什么外包方式已经成为电子商务系统开发的主要手段之一？

7. 如果让你选择，你会选择什么开发方法来完成毕业论文中的电子商务系统？

第 3 章 统一建模语言 （UML）

学习目标

- 了解 UML 基本概念。
- 熟练掌握用例图、静态图（类图、对象图、包图）、行为图（状态图、活动图）、交互图（顺序图、协作图）和实现图（组件图、配置图）的组成、建立的步骤等。

知识导入

UML（Unified Modeling Language，统一建模语言），又称标准建模语言，是用来对软件密集系统进行可视化建模的一种语言。UML 以面向对象图的方式来描述任何类型的系统，具有很宽的应用领域。其中最常用的是建立软件系统的模型，但它同样可以用于描述非软件领域的系统。总之，UML 是一种通用的标准建模语言，可以对任何具有静态结构和动态行为的系统进行建模，而且适用于系统开发的不同阶段，从需求规格描述直至系统完成后的测试和维护。

案例导入

要理解 UML 首先要理解它的起源。公认的面向对象建模语言出现于 20 世纪 70 年代中期。从 1989 年到 1994 年，其数量从不到 10 种增加到了 50 多种。在众多的建模语言中，语言的创造者努力推崇自己的产品，并在实践中不断完善。但是，面向对象方法的用户并不了解不同建模语言的优缺点及相互之间的差异，因而很难根据应用特点选择合适的建模语言，于是爆发了一场"方法大战"。20 世纪 90 年代中期，一批新方法出现了，其中最引人注目的是 Booch 1993、OOSE 和 OMT-2 等。Booch 是面向对象方法最早的倡导者之一，他提出了面向对象软件工程的概念。1991 年，他将以前面向 Ada 的工作扩展到整个面向对象设计领域。Booch 1993 比较适合于系统的设计和构造。Rumbaugh 等人提出了面向对象的建模技术（Object Modeling Technology，OMT）方法，采用了面向对象的概念，并引入各种独立于语言的表示符。这种方法用对象模型、动态模型、功能模型和用例模型，共同完成对整个系统的建模，所定义的概念和符号可用于软件开发的分析、设计和实现的全过程，软件开发人员不必在开发过程的不同阶段进行概念和符号的转换。OMT-2特别适用于分析和描述以数据为中心的信息系统。

Jacobson于1994年提出了OOSE（面向对象的软件工程）方法，其最大的特点是面向用例（Use-Case），并在用例的描述中引入了外部角色的概念。用例的概念是精确描述需求的重要武器，但用例贯穿于整个开发过程，包括对系统的测试和验证。OOSE比较适合支持商业工程和需求分析。此外，还有Coad/Yourdon方法，即著名的OOA/OOD（面向对象分析/面向对象设计），它是最早的面向对象的分析和设计方法之一。该方法简单、易学，适合于面向对象技术的初学者使用，但由于该方法在处理能力方面的局限，目前已很少使用。

总的来说，首先，面对众多的建模语言，用户由于没有能力区别不同语言之间的差别，所以很难找到一种比较适合其应用特点的语言；其次，众多的建模语言实际上各有千秋；最后，虽然不同的建模语言大多类同，但仍存在某些细微的差别，极大地妨碍了用户之间的交流。因此在客观上，极有必要在精心比较不同的建模语言优缺点及总结面向对象技术应用实践的基础上，组织联合设计小组，根据应用需求，取其精华，去其糟粕，求同存异，统一建模语言。1994年10月，Grady Booch和Jim Rumbaugh开始致力于这一工作。他们首先将Booch 1993和OMT-2统一起来，并于1995年10月发布了第一个公开版本，称之为统一方法UM 0.8（Unified Method）。1995年秋，OOSE的创始人Ivar Jacobson加入这一工作中。经过Booch、Rumbaugh和Jacobson三人的共同努力，于1996年6月和10月分别发布了两个新的版本，即UML 0.9和UML 0.91，并将UM重新命名为UML。

1996年，一些机构将UML作为其商业策略已日趋明显。UML的开发者得到了来自公众的正面反应，并倡议成立了UML成员协会，以完善、加强和促进UML的定义工作。当时的成员有DEC、HP、I-Logix、Itellicorp、IBM、ICON Computing、MCI Systemhouse、Microsoft、Oracle、Rational Software、TI以及Unisys。协会对UML 1.0（1997年1月）及UML 1.1（1997年11月17日）的定义和发布起到了重要的促进作用。

在美国，截至1996年10月，UML获得了工业界、科技界和应用界的广泛支持，已有700多个公司表示支持采用UML作为建模语言。1996年年底，UML已稳占面向对象技术市场85%的份额，成为可视化建模语言事实上的工业标准。1997年11月17日，OMG采纳UML 1.1作为基于面向对象技术的标准建模语言。UML代表了面向对象方法的软件开发技术的发展方向，具有巨大的市场前景，也具有重大的经济价值和国防价值。

（编者整理，资料来源 http://www.360doc.com/content/21/1117/11/75489038_1004533482.shtml）

思考：通过以上案例材料，UML在软件及开发中的作用是什么？

3.1 UML概述

UML又称标准建模语言，是用来对软件密集系统进行可视化建模的一种语言。UML是在开发阶段，说明、可视化、构建和书写一个面向对象软件密集系统的制品的开放方法。其最佳的应用是工程实践，对大规模、复杂系统，特别是在软件架构层次上，已经被验证有效。

3.1.1 UML 简介

UML 为面向对象软件设计提供统一的、标准的、可视化的建模语言，适用于描述以用例为驱动，以体系结构为中心的软件设计的全过程。

UML 的定义包括 UML 语义和 UML 表示法两个部分。

（1）UML 语义

UML 对语义的描述使开发者能在语义上取得一致认识，消除了因人而异的表达方法所造成的影响。

（2）UML 表示法

UML 表示法是定义 UML 符号的表示法，为开发者或开发工具使用这些图形符号和文本语法为系统建模提供了标准。

3.1.2 UML 特点

UML 具有以下 3 个特点。

（1）UML 是一种运用建模语言

UML 统一了各种方法对不同类型的系统、不同开发阶段以及不同内部概念的不同观点，从而有效地消除了各种建模语言之间不必要的差异。它实际上是一种通用的建模语言，可以为许多面向对象建模方法的用户广泛使用。

（2）UML 建模能力比其他面向对象建模方法更强

它不仅适合于一般系统的开发，而且对并行、分布式系统的建模尤为适宜。

（3）UML 是一种建模语言，而不是一个开发过程

UML 不是可视化的编程语言，但用 UML 描述的模型与各种编程语言相连，可以将模型映射成编程语言，也可由编程语言代码重新构造 UML 模型。

3.1.3 UML 构成

UML 模型图有 3 种构成成分：元素、关系、图，如图 3-1 所示。

其中，元素是 UML 模型图中最基本的构成元素，是具有代表性的成分的抽象；关系把元素紧密联系在一起；图是元素和关系的可视化表示。

1. UML 元素

UML 包含 4 种元素：构件元素、行为元素、分组元素、注释元素。

（1）构件元素

UML 模型的静态部分，描述概念或物理元素。构件元素包括以下 7 种。

①类：具有相同属性、相同操作、相同关系、

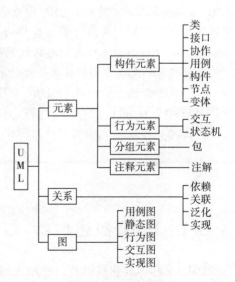

图 3-1 UML 构成

相同语义的对象的描述。

②接口：描述元素的外部可见行为，即服务集合的定义说明。

③协作：描述一组元素间的相互作用的集合。

④用例：代表一个系统或系统的一部分行为，是一组动作序列的集合。

⑤构件：系统中的物理存在，可替换的部件，构件又称为组件。

⑥节点：运行时存在的物理元素。

⑦另外，参与者、信号应用、文档库、页表等都是上述基本元素的变体。

（2）行为元素

UML模型图的动态部分，描述跨越空间和时间的行为，主要包括以下两种。

①交互：实现某功能的一组构件元素之间的消息的集合，涉及消息、动作序列、链接。

②状态机：描述元素或交互在生命周期内响应事件所经历的状态序列。

（3）分组元素

UML模型图的组织部分，描述元素的组织结构。分组元素中的包是指把元素组织成组的机制。

（4）注释元素

UML模型图的解释部分，用来对模型中的元素进行说明、解释。注释元素中的注解是指对元素进行约束或解释的简单符号。

2. UML 关系

（1）依赖

依赖（Dependency）是两个元素之间的语义关系，其中一个元素（独立元素）发生变化，会影响到另一个元素（依赖元素）的语义。

（2）关联

关联（Association）是一种结构关系，指明一个元素的对象与另一个元素对象间的联系。

（3）泛化

泛化（Generalization）是一种特殊/一般的关系，也可以看作是常说的继承关系。

（4）实现

实现（Realization）是类元之间的语义关系，其中的一个类元指定了由另一个类元保证执行的契约。

3. UML 图

图是由一组元素和关系组成的连通图，包括用例图、静态图、行为图、交互图和实现图。

（1）用例图

用例图从用户的角度展示系统的功能，描述角色以及角色与用例之间的连接关系。它说明的是谁要使用系统，以及他们使用该系统可以做些什么。一个用例图包含了多个模型元素，如系统、参与者和用例，并且显示了这些元素之间的各种关系，如泛化、关联和依赖。

（2）静态图

静态图采用对象、属性、操作、关联等概念展示系统的结构和基础，包括类图、对象图和包图。

①类图：描述系统中类的静态结构。类图是描述系统中的类，以及各个类之间的关系的静态视图，能够让我们在正确编写代码之前对系统有一个全面的认识。类图是一种静态模型。类图表示类、接口和它们之间的协作关系。

②对象图：系统中的多个对象在某一时刻的状态。与类图极为相似，它是类图的实例，对象图显示类的多个对象实例，而不是实际的类。它描述的不是类之间的关系，而是对象之间的关系。

③包图：对构成系统的模型元素进行分组整理的图。包图用于描述系统的分层结构，由包或类组成，表示包与包之间的关系。

（3）行为图

行为图用于描述系统的动态模型和对象间的交互关系，包括状态图和活动图。

①状态图：描述状态到状态控制流，常用于动态特性建模。描述类的对象的所有可能的状态，以及事件发生时状态的转移条件，可以捕获对象、子系统和系统的生命周期。它们可以告知一个对象可以拥有的状态，并且事件（如消息的接收、时间的流逝、错误、条件变为真等）会怎么随着时间的推移来影响这些状态。一个状态图应该连接到所有具有清晰的可标识状态和复杂行为的类。该图可以确定类的行为，以及该行为如何根据当前的状态变化，也可以展示哪些事件将会改变类的对象的状态。状态图是对类图的补充。

②活动图：描述业务实现用例的工作流程。描述用例要求所要进行的活动，以及活动间的约束关系，有利于识别并行活动；能够演示出系统中哪些地方存在功能，以及这些功能和系统中其他组件的功能如何共同满足前面使用用例图建模的商务需求。

（4）交互图

交互图用于描述对象间的交互关系，包括顺序图和协作图。

①顺序图：对象之间的动态合作关系，强调对象发送消息的顺序，同时显示对象之间的交互。顺序图是用来显示参与者如何以一系列顺序的步骤与系统的对象交互的模型。顺序图可以用来展示对象之间是如何进行交互的。顺序图将显示的重点放在消息序列上，即强调消息是如何在对象之间被发送和接收的。

②协作图：描述对象之间的协助关系。它和顺序图相似，显示对象间的动态合作关系，可以看成是类图和顺序图的交集。协作图建模对象或者角色，以及它们彼此之间是如何通信的。如果强调时间和顺序，则使用顺序图；如果强调上下级关系，则选择协作图。

（5）实现图

实现图用于描述系统的物理实现，包括组件图和配置图。

①组件图：一种特殊的 UML 图，用来描述系统的静态实现视图。组件图又称为构件图，用于描述代码构件的物理结构以及各种构件之间的依赖关系，是用来建模软件的组件及其相互之间的关系，这些图由构件标记符和构件之间的关系构成。在组件图中，构件是软件单个的组成部分，可以是一个文件、产品、可执行文件和脚本等。

②配置图：定义系统中软硬件的物理体系结构。配置图又称为部署图，是用来建模系统的物理部署，如计算机和设备，以及它们之间是如何连接的。配置图的使用者是开发人员、系统集成人员和测试人员。配置图用于表示一组物理节点的集合及节点间的相互关

系，从而建立系统物理层面的模型。

3.2 用例图

　　用例图（Use Case Diagram）是从用户角度描述系统功能，并指出各功能的参与者，被称为参与者的外部用户所能观察到的系统功能的模型图。用例图的主要目的是帮助开发团队以一种可视化的方式来理解系统的功能需求。图3-2所示是某信用卡消费系统用例图。

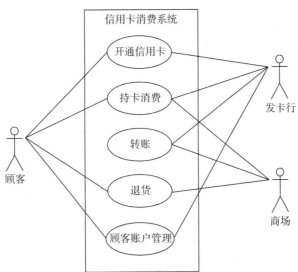

图3-2　某信用卡消费系统用例图

3.2.1 用例图元素

　　用例图列出系统中的用例（功能）和系统外的参与者，并显示哪个参与者参与了哪个用例的执行。用例图中的元素及解释如表3-1所示。

表3-1　用例图中的元素及解释

元素	解释	图例
参与者（Actor）	在系统外部与系统直接交互的人或事物（如另一个计算机系统或一些可运行的进程）	Actor1
用例（Use Case）	系统外部可见的一个系统功能单元。系统的功能由系统单元所提供，并通过一系列系统单元与一个或多个参与者之间交换的消息所表达	Use Case1

1. 参与者

系统参与者又称角色，代表了参与者在与系统交互的过程中所扮演的角色，是与系统直接交互的参与者，在识别和提取角色时，需要在用户的帮助下进行标识和描述。

在系统的实际运作中，一个实际用户可能对应系统的多个参与者。不同的用户也可以只对应一个参与者，从而代表同一参与者的不同实例。

参与者作为外部用户（而不是内部）与系统发生交互作用，这是它的主要特征。

我们可以通过用户回答一些问题的答案来识别执行者。参与者一般包括以下7种：

①系统操作的主要使用者和系统信息的使用者。

②系统信息的来源。

③系统管理和维护的参与者。

④与其交互的应用系统。

⑤系统使用涉及的硬件。

⑥使用者的类型和细节功能。

⑦系统使用的外部环境，如地点、用户数量、可选设备等。

2. 用例

系统的功能是指系统所提供的加工、分析和处理用户请求的方法和过程，表现在人们如何使用系统和系统提供哪些功能两个方面。系统的功能可以利用 UML 建模技术中用例图的用例来描述。

用例通常用动词或短语命名，描述客户看到的最终结果；同时关注系统外的用户。每个用例应表示用户与系统间的一个完整的功能，为用户提供一定价值，使系统的功能更真实、更准确。

找出系统的用例，我们可以从参与者入手，对每个参与者提出一些问题，然后从参与者对这些问题的回答中获取用例。可以参考以下3个问题。

①执行者要求系统提供哪些功能（执行者需要做什么）？

②执行者需要读、产生、修改、删除或者存储系统中的信息有哪些类型？

③执行者必须提醒的系统事件有哪些？

3.2.2　用例图关系

建立用例图的一个关键步骤是描述关系。关系包括参与者与用例之间的关系、用例之间的关系、参与者之间的关系。这些关系具体表现为关联关系、泛化关系、包含关系和扩展关系，具体如表3-2所示。

表3-2　用例图关系及解释

关系		解释	图标
参与者与用例之间的关系	关联	表示参与者与用例之间的交互，通信途径。关联有时候也用带箭头的实线来表示，这样的表示能够显著地表明发起用例的是参与者	——
用例之间的关系	包含	箭头指向的用例为被包含的用例，称为包含用例；箭头出发的用例为基本用例。包含用例是必选的，如果缺少包含用例，则基本用例就不完整；包含用例必须被执行，不需要满足某种条件；其执行并不会改变基本用例的行为	<<include>> - - - - - - ->
	扩展	箭头指向的用例为被扩展的用例，称为扩展用例；箭头出发的用例为基本用例。扩展用例是可选的，如果缺少扩展用例，则不会影响基本用例的完整性；扩展用例只有在一定条件下才会执行，并且其执行会改变基本用例的行为	<<extend>> - - - - - - ->
参与者之间、用例之间的关系	泛化	发出箭头的事物"is a"箭头指向的事物，其含义是发出箭头的事物是箭头指向事物其中的一个成员。泛化关系指的是一般和特殊关系，发出箭头的一方代表特殊方，箭头指向的一方代表一般方。特殊方继承了一般方的特性并增加了新的特性	——▷

关联关系是用例图中最基本的关系。如图3-3所示是参与者"用户"与用例"注册"之间的关系。

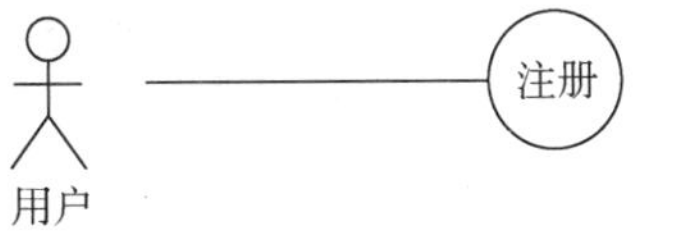

而泛化关系表示一般与特殊的关系，可分为用例泛化和参与者泛化。用例泛化是从子用例发出，指向父用例，如图3-4所示；参与者泛化是指子参与者指向父参与者，如图3-5所示。

图3-3　关联关系

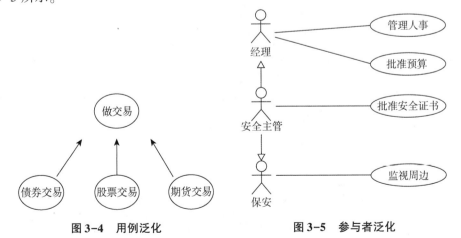

图3-4　用例泛化　　　　　图3-5　参与者泛化

包含关系和扩展关系如图3-6所示。

3.2.3 用例文档

用例文档是指通过文字描述一个用例的行为，说明用例的逻辑流程，主要用于技术开发与测试，用于讲解某个环节的功能逻辑，如用户注册、活动报名等功能都是需要用例辅助说明的。一些存在较多异常情况（不是每一个）的用例更需要通过用例文档进行描述。

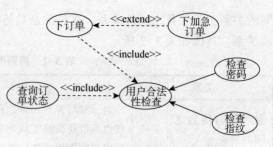

图3-6 包含关系和扩展关系

用例文档一般包括用例名、用例编号、参与者、简要说明、前置条件、后置条件、基本路径、扩展点等。

①用例名：此功能环节的名称。

②用例编号：在此产品中该用例的编号。

③参与者：参与或操作（执行）该功能的角色。

④简要说明：用最少的文字描述该用例的需求。

⑤前置条件：参与或操作（执行）此功能的前提条件。

⑥后置条件：执行完毕后的结果条件。

⑦基本路径：用例执行过程的描述。

⑧扩展点：对过程的进一步细化。

图3-7所示是一个"购物"用例的用例文档。

UC4：购物

用例描述

　　会员购买某种零件

参与者

　　会员

前置条件

　　会员已经登录

后置条件

　　所选购零件进入订单

基本路径

1. 会员检索零件

2. 会员请求购买某种零件

3. 系统显示会员订单列表，请求会员输入购买数量

4. 会员输入购买数量，选择以下动作：

　　添加到新订单

　　添加到已有订单

5. 系统显示当前订单

扩展点

4a. 会员请求将所选购零件添加到新订单：

　　4a1. 会员输入送货地址

　　4a2. 系统生成新订单，并加入新的订单项

4b. 会员请求将所选购零件添加到已有订单：

　　4b1. 会员选中订单，请求添加订单项

　　4b2. 系统添加订单项

补充说明

4b2. 添加到已有订单时，系统要检查和合并有相同零件的订单项

图3-7 "购物"用例的用例文档

3.2.4　建立用例图的步骤

一般来说，建立用例图的步骤如下。

①确定系统的参与者有哪些以及参与者之间的关系。

②根据参与者确定系统的用例有哪些以及用例之间的关系。

③确定用例与参与者之间的关联关系。

④绘制用例图并优化。

⑤编写用例文档。

3.3　类　图

在面向对象的方法中，系统中的任何事物都被看成是对象，通过对象间的交互实现系统的功能，而类是创建对象的模板，找出系统中的类是系统运行的重要前提。在面向对象建模中，类图（Class Diagram）是最常用的 UML 图，显示出类、接口以及它们之间的静态结构和关系，描述软件系统的结构，是一种静态建模方法，其由许多（静态）说明性的模型元素（如类、包和它们之间的关系，这些元素和它们的内容互相连接）组成。

类图主要用在面向对象软件开发的分析和设计阶段，用于描述系统的静态结构。类图中包含从用户的客观世界模型中抽象出来的类、类的内部结构和类与类之间的关系。它是构建其他设计模型的基础，没有类图，就没有对象图、状态图、协作图等其他 UML 动态模型图，也就无法表示系统的动态行为。同时类图也是面向对象编程的起点和依据。

在类图中，类的图标（Icon）是一个长方形，垂直地分出 3 个框，分别包含类的名称、属性、操作。如图 3-8 所示是"用户"类，包含了用户姓名（username）和密码（password）属性，以及登录（login）、退出（logout）操作。

```
┌─────────────────────────┐
│           User           │
├─────────────────────────┤
│ +username: String       │
│ +password: String       │
├─────────────────────────┤
│ +login(): boolead       │
│ +logout(): boolead      │
└─────────────────────────┘
```

图 3-8　"用户"类的结构

其中类名框中包含一个类的名称，类名用一个字符串表示，类名的首字母要大写，置于框的中央。

如图 3-9 所示是一个完整的某医院挂号预约系统类图。

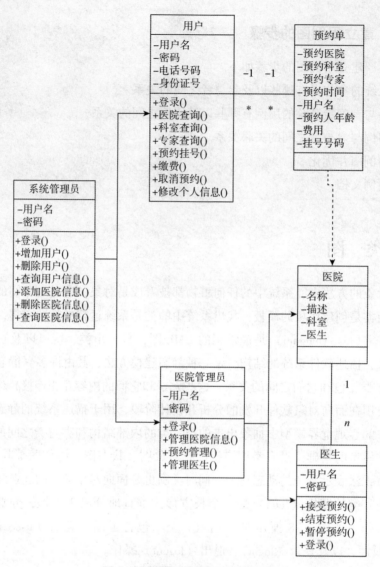

图 3-9　某医院挂号预约系统类图

3.3.1　类

类是一组具有相同属性、操作、关系和语义的对象的集合。类包含 3 个组成部分，第一个是类名；第二个是属性（Attributes）；第三个是该类提供的方法。类名部分是不能省略的，其他组成部分可以省略。类如果有属性，则每一个属性都必须有一个名字，另外还可以有其他的描述信息，如可见性、数据类型、默认值等；类如果有操作，则每一个操作也都必须有一个名字，其他可选的信息包括可见性、参数的名字、参数类型、参数默认值和操作的返回值的类型等。

根据在用例实现中所起的作用，将系统中的类分为以下 3 种类型。

1. 实体类

实体类是系统表示客观事物的抽象要素。实体类一般来源于业务分析中所确定的实体，一般都对应着在业务领域中的某个客观事物，或是具有较稳定信息内容的系统元素。通常可以从业务领域模型中找到这些实体类。

2. 边界类

边界类是描述系统与使用者之间交互的抽象要素。边界类只对系统与使用者之间的交互进行建模，并不描述交互的具体内容及交互界面的具体形式。每一个使用者应该至少拥有一个边界类，以表示它与系统的交互处理。但如果当某个使用者与系统交互内容比较频繁，而且各交互内容之间也不存在较密切的关系时，便需要为这个使用者设置一个新的边界类。

一般来说，可以从两个方面查找边界类：一方面是根据每个用例主要使用者至少有一个边界类的原则来获取用户界面边界类；另一方面是考虑外部设备或系统与新系统通信之间的接口，根据这些接口可以获得边界类。

3. 控制类

控制类是描述系统对其他对象协调控制、处理逻辑运算的抽象要素。一般来说，一个较复杂的用例一般都需要一个或多个控制类来协调被协调中各个对象的行为。控制类有一个非常大的好处，它可以有效地把边界对象与实体对象区分开，使系统对其边界内发生的变更具有适应性。同时，这些控制类还可以把用例所特有的行为与实体对象区分开，从而提高实体对象在用例和系统中的复用性。

图3-10所示是"购物车添加商品"用例类图。其中"购物车界面"是边界类，"添加商品"是控制类，"商品"是实体类。

图3-10　"购物车添加商品"用例类图

3.3.2　类的属性

属性描述了类的所有对象所共有的特征，一个类可以有一个或多个属性。每一个属性都必须有一个名字，另外还可以有其他的描述信息，如可见性、数据类型、初始值等。

在UML中，描述类属性的完整语法格式：［可见性］属性名［：类型］［＝初始值］［约束特性］，其中［ ］部分的内容是可选的。格式中各参数含义如下。

可见性表明属性是否可以被其他类使用，常见的可见性分为以下3种。

①公用的（Public）：任何外部类都可以使用该属性，用"＋"表示。

②私有的（Private）：只有所属类本身可以使用该属性，用"－"表示。

③受保护的（Protected）：所属类及其子孙类可以使用该属性，用"＃"表示。

类型表示属性的数据类型，可以是基本数据类型，如整型、实数型、布尔型、字符串型，也可以是用户自定义的数据类型。

初始值是新建该类对象时属性的默认取值，可以没有。

约束特性表示用户对该属性性质的约束说明，如"ReadOnly"说明该属性是只读的。

属性描述了该类对象所具有的静态特征和性质。任何一个类的属性可以有几十个甚至几百个，但在一个电子商务系统中具体使用哪些属性则要根据系统的性质来确定。属性名一般以小写字母开头。

3.3.3 类的操作

操作是类的所有对象共有的行为，是实现类的服务功能所发生的某种操作。一个类可以有任何数量的操作，它们只可以被作用到该类的对象上。

在 UML 中，描述类操作的完整语法格式：［可见性］操作名（［参数列表］）［：返回类型］［特性串］，其中［ ］部分的内容是可选的。格式中各参数含义如下。

可见性表明操作是否可以被其他类使用，其类型、意义及表示方法与属性相同。

参数列表是操作在执行过程中需要的一个或多个数据，定义方式是"名称：类型"，如果有多个参数，则用逗号分开。

返回类型规定了当该操作完成返回时的返回值的类型，其取值范围同属性的类型。

特性串是一个文字串，说明该操作在预定义元素之外的信息。

图 3-11 所示的 Warehouse 类定义了 5 个操作，其中 getHouseID( ) 操作返回的是字符串型数据，其他 4 个操作返回的都是空值。

Warehouse
+getHouseID():String
+setHouseID(String newhouseID):void
+initWarehouse():void
+removeWarehouse():void
+addhouseRecord(String houseID,String city):void

图 3-11 类的操作

类的操作需要注意以下 3 点。

①一个类可以有多个操作，也可以没有一个操作。

②操作在类图标的操作分隔框中用文字串说明。

③操作有在本类中唯一的操作名或标识符。

在面向对象方法中，一个类可能含有以下 4 种不同类型的操作。

①访问设置属性的操作。类的属性通常是私有或受保护的，其他类必须通过访问该类的操作来访问其属性，通常以"get+属性名"表示获取属性值操作，以"set+属性名"表示设置属性值操作。

②创建和删除对象的操作。访问类的属性和操作前必须先将类实例化，即创建该类的对象，当不再使用时，可删除相应对象。

③实现功能的操作。根据用户需求从功能实现过程中获取的方法。

④辅助一个类完成自身任务的操作。通常是用于完善类自身的操作，是类私有的。

3.3.4 类之间的关系

类之间的关系主要包括 6 种：依赖关系、关联关系、聚合关系、组合关系、泛化关系、实现关系。

1. 依赖关系

依赖（Dependency）关系是一种使用关系，是对象之间耦合度最弱的一种关联方式，是临时性的关联。在代码中，某个类的方法通过局部变量、方法的参数或者对静态方法的调用来访问另一个类（被依赖类）中的某些方法来完成一些职责。

在 UML 类图中，依赖关系使用带箭头的虚线来表示，箭头从使用类指向被依赖的类。图 3-12 所示是依赖关系的实例，这张人与手机的关系图表示人通过手机的语音传送方式打电话。

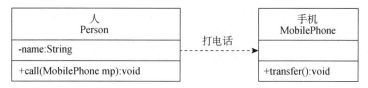

图 3-12　依赖关系的实例

2. 关联关系

关联（Association）关系是对象之间的一种引用关系，用于表示一类对象与另一类对象之间的联系，如老师和学生、师傅和徒弟、丈夫和妻子等。关联关系是类与类之间最常用的一种关系，分为一般关联关系、聚合关系和组合关系。我们先介绍一般关联关系。

关联可以是双向的，也可以是单向的。在 UML 类图中，双向的关联可以用带两个箭头或者没有箭头的实线来表示，单向的关联用带一个箭头的实线来表示，箭头从使用类指向被关联的类。也可以在关联线的两端标注角色名，代表两种不同的角色。

在代码中通常将一类对象作为另一类成员变量来实现关联关系。图 3-13 所示是关联关系的实例，这个老师和学生的关系图表示每个老师可以教多个学生，每个学生也可跟着多个老师学习，他们是双向关联的关系。

图 3-13　关联关系的实例

3. 聚合关系

聚合（Aggregation）关系是关联关系的一种，是强关联关系，是整体和部分之间的关系，是 has-a 关系。

聚合关系也是通过成员对象来实现的，其中成员对象是整体对象的一部分，但是成员对象可以脱离整体对象而独立存在。例如，学校与老师的关系，学校包含老师，但如果学校停办了，老师依然存在。

在 UML 类图中，聚合关系可以用带空心菱形的实线来表示，菱形指向整体。图 3-14 所示是聚合关系的实例，这是大学和教师的关系图。

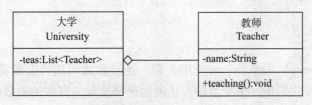

图 3-14　聚合关系的实例

4. 组合关系

组合（Composition）关系也是关联关系的一种，也表示类之间整体与部分的关系，但它是一种更强烈的聚合关系，是 contains-a 关系。

在组合关系中，整体对象可以控制部分对象的生命周期，一旦整体对象不存在，部分对象也将不存在，即部分对象不能脱离整体对象而存在。例如，头和嘴的关系，没有了头，嘴也就不存在了。

在 UML 类图中，组合关系用带实心菱形的实线来表示，菱形指向整体。图 3-15 所示的是组合关系的实例，这是头和嘴的关系图。

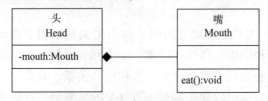

图 3-15　组合关系的实例

5. 泛化关系

泛化（Generalization）关系是对象之间耦合度最大的一种关系，表示一般与特殊的关系，是父类与子类之间的关系，是一种继承关系，是 is-a 关系。

在 UML 类图中，泛化关系用带空心三角箭头的实线来表示，箭头从子类指向父类。在代码实现时，使用面向对象的继承机制来实现泛化关系。例如，Student 类和 Teacher 类都是 Person 类的子类，泛化关系的实例如图 3-16 所示。

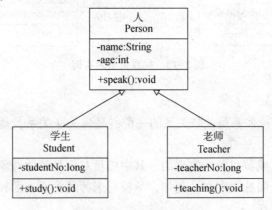

图 3-16　泛化关系的实例

6. 实现关系

实现（Realization）关系是接口与实现类之间的关系。在这种关系中，类实现了接口，类中的操作实现了接口中所声明的所有的抽象操作。

在 UML 类图中，实现关系使用带空心三角箭头的虚线来表示，箭头从实现类指向接口。例如，汽车和船实现了交通工具，实现关系的实例如图 3-17 所示。

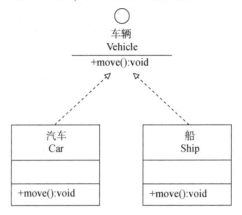

图 3-17　实现关系的实例

3.3.5　类图的作用

根据组成结构及用途可将类图分为分析类图、边界类图和实体类图，具体说明如下。

①分析类图：由边界类、控制类和实体类 3 种类组成，用于在系统分析阶段描述用例执行过程。

②边界类图：指明系统中所有边界类及其之间的关系，可展现系统各界面之间的连接及跳转过程。

③实体类图：指明系统中的各实体类及其之间的关系，用于在系统设计阶段描述系统数据库结构。

3.3.6　建立类图的步骤

在电子商务系统分析与设计阶段，建立类图的步骤如下。

①根据系统需求识别系统中的类。

②根据系统性质确定各个类的属性。

③结合类的属性及系统功能识别类的操作。

④确定类之间的关系。

⑤绘制并优化类图。

3.3.7　对象图

对象（Object）是类的实例（Instance），用于模型化特定的实体。对象是唯一的、可以标识的。每个对象都是不同的，即使它们具有相同的属性。

对象图（Object Diagram）显示了在某一时刻上一组对象以及它们之间的关系。

对象图实质上是类图的实例, 如图 3-18 所示。

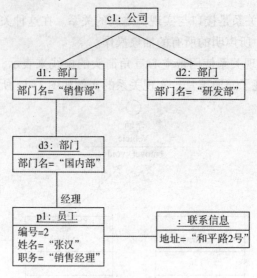

图 3-18 对象图

对象图有如下一些特点。

①对象图中给出了具体的对象名。

②对象图中对象的属性给出了当前值。

③对象图中的类名与对象名之间用冒号分隔。

④对象图中的类名与对象名下面加下划线。

3.4 状态图

状态图 (State Diagram) 用于描述一个特定对象在其生存期间基于事件反应的动态行为, 说明对象在它的生命期中响应事件所经历的状态序列, 以及它们对那些事件的响应。通常只有对于一些具有复杂行为或处于不同状态对应不同处理的对象, 才有必要用状态图描述它的状态转移过程。

3.4.1 状态图的组成

状态图中一般包含状态、转移、活动、事件等元素。

1. 状态

对象的状态是指在这个对象的生命期中的一个条件或状况, 在此期间对象将满足某些条件、执行某些活动或等待某些事件。对象的状态主要分为 3 种: 初态、终态和中间状态。

2. 转移

转移是由一种状态到另一种状态的迁移。这种转移由被建模实体内部或外部事件触发。

对一个类来说，转移通常是调用了一个可以引起状态发生重要变化的操作的结果。状态和转移的具体解释如表 3-3 所示。

表 3-3　状态和转移的具体解释

元素	解释	图例
中间状态	上格放置名称，下格说明处于该状态时，系统或对象要做的工作	Enter Password entry/set echo to star,password,reset() exit/set echo normal digit/handle character clear/password,reset() help/displat help
初态	状态图的起始点，只能有一个初态	●
终态	状态图的终点，可以有多个，也可没有终态	◉
转移	转移上标出触发转移的事件表达式。如果转移上未标明事件，则表示在源状态的内部活动执行完毕后自动触发转移	消息（属性）[条件]/动作 →

3. 活动

活动表示对象处于某种中间状态时系统要执行的事件和动作，包括入口动作、出口动作、内部转移、活动等。具体说明如下。

① 入口和出口动作表示进入和退出某个状态所执行的动作。入口动作的语法：entry/执行的动作。出口动作的语法：exit/执行的动作。如果有多个执行动作，则用逗号分隔。

② 内部转移描述的是一个事件触发了对象的某个响应，但并不改变对象的状态。内部转移的语法：事件/动作表达式。

③ 活动是在一个状态内执行的处理过程。在 UML 中还用 do 转移来描述在入口动作之后执行的内部的一个活动序列。

图 3-19 描述了用户对象输入密码的状态。

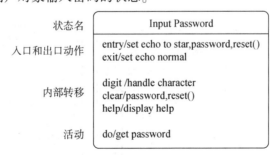

图 3-19　用户对象输入密码的状态

4. 事件

事件是在某种特定时间、特定地点发生的事情，引起对象做出动作从源状态向目标状态转移。UML 中定义了以下 4 种主要事件类型。

① 消息事件：由外界传递的简单信号或消息，对象收到后发生状态转移。消息事件的格式：[消息或信号]。图 3-20（a）中的"[断电]"信号为消息事件。

②调用事件：外界传递的要求使对象调用执行某个操作并发生状态转移的请求。调用事件的格式：事件名（参数列表）。图 3-20（b）中的"Startautopilot（normal）"信号为调用事件。

③时间事件：根据某时间表达式的满足情况决定对象状态转移的事件。时间事件用关键字"after"表示，时间事件的格式：after（时间表达式）。图 3-20（c）中的"after（2 second）"为时间事件。

④变化事件：根据某特定条件的满足情况决定对象状态转移的事件。变化事件的格式：［when（条件表达式）］。图 3-20（d）中的"when（temperature>120）/alarm"为变化事件。

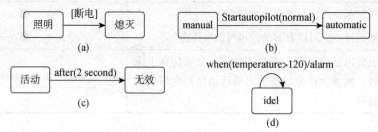

图 3-20　事件类型

（a）消息事件；（b）调用事件；（c）时间事件；（d）变化事件

根据状态图的组成成分的说明，可以绘制如图 3-21 所示的订单状态图。

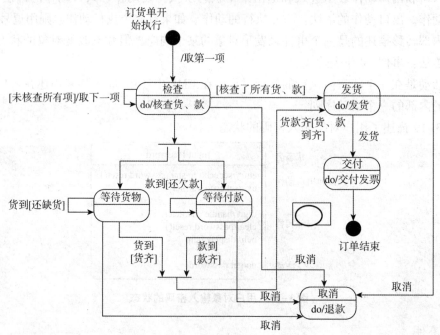

图 3-21　订单状态图

3.4.2　建立状态图的步骤

在电子商务系统的分析与设计阶段，建立状态图的步骤如下：

①确定要描述的对象。

②确定对象要描述的问题。

③确定对象的初态和终态。

④从对象的各种状态中找出对问题有意义的状态。

⑤确定某个状态可能转移到哪些状态。

⑥分析触发各个转移的事件。

⑦为各个状态或转移添加必要的动作。

⑧分析状态的并发情况。

⑨绘制状态图。

3.5 活动图

活动图（Activity Diagram）描述了系统的动态行为，包含活动状态（Action State）。活动状态是指业务用例的一个执行步骤或一个操作，不是普通对象的状态。

活动图类似于传统意义上的流程图，适合描述在没有外部事件触发的情况下的系统内部的逻辑执行过程。活动图主要在系统分析建模时，用于详述业务用例，描述一项业务的执行过程；同时在系统设计时，描述操作的流程。

在 UML 中，构成活动图的主要模型元素有活动，转移，泳道，分支、分叉和汇合，对象流。

3.5.1 活动

活动是构成活动图的核心元素，表示在用例工作流程中执行的某个动作或步骤。在活动图中，一个活动结束后立即进入下一个活动。活动也有初始活动、结束活动和中间活动，如图 3-22 所示。

图 3-22　活动的基本图标

3.5.2 转移

当一个活动结束时，控制流立刻会传递并开始下一个活动。通常用转移说明这个流，显示从一个活动到下一个活动的路径。转移用一条带箭头的实线来表示。图 3-23 中的箭头就代表转移。

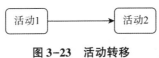

图 3-23　活动转移

3.5.3 泳道

泳道（Swimlance）把活动图中的活动划分为若干组，每组是一个泳道，将对象名置于泳道顶部，表示泳道中的活动由该对象负责，因此，泳道关心的是对象的职责。

活动图中的泳道用垂直实线划出，垂直线分隔的区域就是泳道。在泳道上方给出泳道的名称或对象名称，该对象负责泳道内的全部活动。每一个活动只能属于一个泳道。泳道没有顺序，不同泳道中的活动可以按顺序进行，也可以是并发进行的，允许转移跨越泳道分隔线。

图 3-24 所示是学生注册的活动图，包含学生（Student）和系统所包含的注册（Register）两个对象负责的两个泳道。

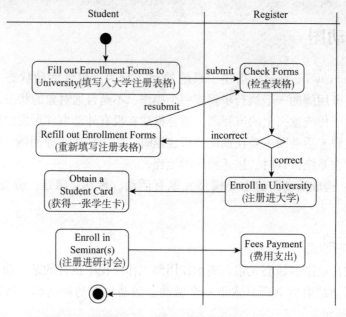

图 3-24　学生注册活动图

3.5.4 分支、分叉和汇合

分支是指某活动完成后，根据条件的不同转移到相应的不同活动。分叉指一个源活动被分为两个或两个以上的目标活动。汇合则指两个以上的源活动连接为一个目标活动。

活动图中分支、分叉和汇合 3 个元素的图标如表 3-4 所示。

表 3-4　分支、分叉和汇合图标说明

元素	解释	图标
分支	根据条件，控制执行方向	◇↓
分叉	以下的活动可并发执行	─┼─
汇合	以上的并发活动在此结合	─┼─

3.5.5 对象流

对象流（Object Flow）是指活动的执行过程中会创建、更新或使用到的一些相关对象，用于描述活动与对象之间的关系。

活动图中的对象流用带箭头的虚线表示，如果其是从活动出发指向对象，表示该活动创建或更新了对象流所指向的对象，则此对象是活动的输出。如果带箭头的虚线是从对象出发指向活动，表示该活动使用了该对象，则此对象是活动的输入。

图3-25所示是"用户注册"的活动图，用户"填写快速注册信息"活动完成后会创建"新用户"对象，系统"转到用户信息界面"活动要读取"新用户"对象的信息，"提示添加成功"活动完成后又会对"新用户"对象的信息进行更新。

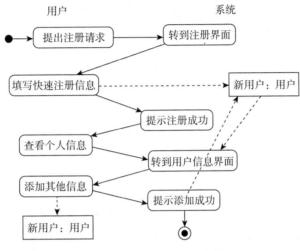

图3-25 "用户注册"活动图

3.5.6 建立活动图的步骤

在电子商务系统分析与设计阶段，建立活动图的步骤如下所示。

①确定活动图的任务。
②找出进行活动的对象。
③确定活动图的初始活动和结束活动。
④添加活动。
⑤添加动作之间的转移。
⑥添加判断点。
⑦添加分支、分叉和汇合。

3.6 顺序图

顺序图（Sequence Diagram）描述了用例相关的多个对象及其之间的动态交互关系，通常用于解释系统用例的实现过程，顺序图强调了对象之间传送消息的时间顺序。当执行一个用例行为时，顺序图中的每条消息对应了一个类操作或状态机中引起转换的事件。因此，顺序图的重点在消息序列上，也就是说，描述消息是如何在对象间发送和接收的。浏览顺序图的方法是从上到下查看对象间交换的消息。

顺序图属于动态建模，展示了对象之间的交互，这些交互是在场景或用例的事件流中发生的。顺序图与静态模型中的用例图和类图的关系如图 3-26 所示。

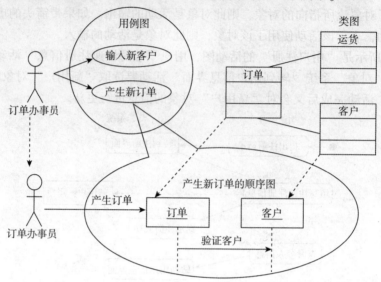

图 3-26　顺序图与静态模型中的用例图和类图的关系

一个顺序图由参与者、对象、生命线、激活和消息 5 类图形元素构成。其中参与者就是用例的执行者，和用例图一样用人形符号来表示，如图 3-27 所示。

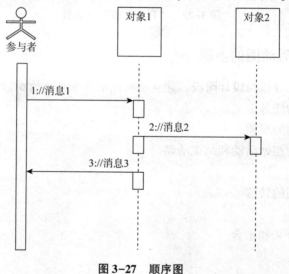

图 3-27　顺序图

3.6.1　对象

顺序图中的对象指参与交互的对象。在顺序图中，对象用矩形框图标表示，它们代表参与交互的对象。

对象的矩形框图标一般位于顺序图的顶部，通常应把交互频繁的对象尽可能地靠拢，把初始化整个交互活动的对象放置在最左边。

在交互过程中产生的对象的矩形框图标应放置在产生该对象的时间点处。

3.6.2 生命线

生命线（Lifeline）表示对象存在的时间，在顺序图中生命线表示为从对象图标向下延伸的一条虚线。

生命线从对象创建时开始到对象销毁时终止，对象存在的时间有多长，表示对象的生命线的虚线就有多长。

3.6.3 激活

激活（Activation）又称控制焦点（Focus of Control），表示对象执行一个动作的持续时间，即对象激活的时间段。

在顺序图中，激活由位于生命线上的一个窄矩形条表示。激活期窄矩形条的上端与动作的开始时间齐平，下端与动作的完成时间齐平。

3.6.4 消息

消息（Message）表示对象间的通信。在面向对象的编程中，两个对象之间的交互表现为一个对象给另一个对象发送一条消息。

UML 中定义的消息包括 4 种类型，如图 3-28 所示。

①简单消息：表示普通的控制流，仅表示控制是如何从一个对象传给另一个对象的。

②调用消息：传递了要求接收对象执行某种操作或调用某个方法的请求。发送对象发出消息后必须等待消息返回，只有处理消息的操作执行完毕后，发送对象才可以继续执行下一步操作。调用消息的一般格式：操作（参数列表）。

③返回消息：指当调用消息中的操作完成后，返回给调用消息发送对象的回应消息。调用消息一般都对应一条返回消息。

④异步消息：一种不需等待返回消息的特殊调用消息。异步消息主要用于描述实时系统中的并发行为，发送对象发出消息后可立刻进行下一步操作。

(a)　　　　　　　　　　　(b)

(c)　　　　　　　　　　　(d)

图 3-28　消息类型

（a）简单消息；（b）调用消息；（c）返回消息；（d）异步消息

3.6.5 建立顺序图的步骤

在电子商务系统分析与设计阶段，建立顺序图的步骤如下。

①确定交互的场景。

②确定与场景有关的对象参与者。

③根据场景确定事件流。

④绘制顺序图。

⑤从初始化交互开始，自顶向下在对象的生命线之间安置消息。

图 3-29 为"登录"用例顺序图。

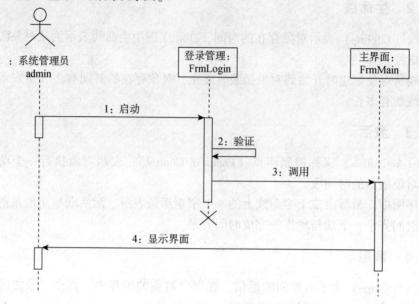

图 3-29　"登录"用例顺序图

3.7　协作图

协作图（Collaboration Diagram）描述对象间的协作关系，跟顺序图相似，显示对象间的动态合作关系。除显示信息交换外，协作图还显示对象以及它们之间的关系。

一个系统的行为是由一批对象实现的，这些对象通过交互和协作来完成系统的服务。用来描述实现某些服务所涉及的对象及其相互之间的关系（包括消息通信）的静态结构图称为协作图，可用 UML 协作图来描述业务流程。

协作图的作用有以下 3 个。

①协作图是一种交互图，强调的是发送和接收消息的对象之间的组织结构，可以使用协作图来说明系统的动态情况。

②协作图主要描述协作对象间的交互和链接，显示对象、对象间的链接以及对象间如何发送消息。

③协作图可以表示类操作的实现。

协作图由参与者、对象、消息流和链接关系构成。其中参与者和对象与顺序图一样，这里不再过多对其介绍。

消息流由箭头和标签组成，箭头指示消息的流向，从消息的发出者指向接收者。标签对消息做相关说明。其中，顺序号（数字）指出消息的发生顺序，并且指明消息的嵌套关系；顺序号后面的冒号，其后面是消息的名字。

链接关系用线条来表示，表示两个对象共享一条消息，位于对象之间或参与者与对象之间。

图 3-30 所示是"打印操作"的协作图，Actor 发送 Print 消息给 Computer，Computer 发送 Print 消息给 PrintServer，如果打印机空闲，则 PrintServer 发送 Print 消息给 Printer。

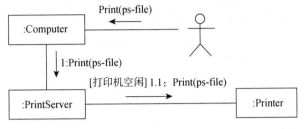

图 3-30　"打印操作"的协作图

协作图和顺序图都表示出了对象间的交互作用，但是它们的侧重点不同，具体表现在以下 3 个方面。

①顺序图清楚地表示了交互作用中的时间顺序（强调时间），但没有明确表示对象间的关系。

②协作图清楚地表示了对象间的关系（强调空间），但时间顺序必须从顺序号获得。

③协作图和顺序图可以相互转化。

图 3-31 所示是用户登录的协作图示例。

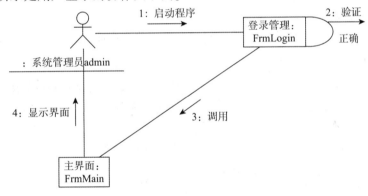

图 3-31　用户登录的协作图

3.8　组件图

组件是指系统中可替换的物理部分，提供了一组接口的实现。软件组件是一个实际文件，可以是源代码文件、二进制代码文件和可执行文件等。它可以用来显示编译、链接或执行时构件之间的依赖关系。

组件图（Component Diagram）用于静态建模，是表示组件类型的组织以及各种组件之间依赖关系的图。通过对组件间依赖关系的描述来估计对系统组件的修改可能给系统带来的影响。

表 3-5 所示是组件图中的事物名称及解释，表 3-6 所示是组件图中的关系及解释。

表 3-5　组件图中的事物名称及解释

事物名称	解释	图例
组件	系统中可替换的物理部分，组件名字（如在图中的 Dictionary）标在矩形中，提供了一组接口的实现	Dictionary
接口	外部可访问到的服务（如右侧的 Spell-check）	○ Spell-check
组件实例	节点实例上的构件的一个实例，冒号后是该组件实例的名字（如右侧的 RoutingList）	:RoutingList

表 3-6　组件图中的关系及解释

关系	解释	图标
实现	组件向外提供的服务	——————
依赖	组件依赖外部提供的服务（由组件到接口）	- - - - - -▶

建立组件图的步骤如下。

①确定组件。首先要分析系统，考虑系统的组成、软件的复用和物理节点的配置等因素，把关系密切的物理元素归入同一组件。

②对组件加上必要的构造型，以说明组件的性质。

③确定组件之间的依赖关系。

④必要时把组件组织成包。

⑤绘制出组件图。

图 3-32 所示的组件图由组件及组件间的接口和关系构成。图 3-33 所示是一个电子商务系统描述组件之间依赖关系的组件图。

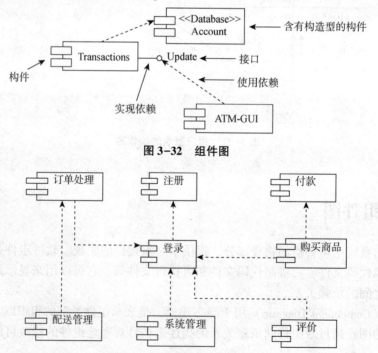

图 3-32　组件图

图 3-33　某电子商务系统描述组件之间依赖关系的组件图

3.9 配置图

配置图也称部署图（Deployment Diagram），表示的是系统运行时的计算资源（节点）及它们之间连接的物理布置，可以表示系统中的软件和硬件的物理架构。

节点是处于运行期的分布式系统的物理元素，代表计算机资源，如处理器或其他硬件设备。经过开发得到的软件组件和重用模块必须配置在某些节点上才能被执行。

配置图可以描述各节点的拓扑结构和通信路径、节点上运行的组件、组件包含的逻辑单元（对象、类）等。

表3-7所示是配置图的事物名称及解释，表3-8所示是配置图的关系及解释。

表3-7 配置图的事物名称及解释

事物名称	解释	图例
节点	节点用一长方体表示，长方体左上角的文字是节点的名字 节点定义了运行时对象和构件实例（如右侧的 Planner 组件实例）驻留的位置	Joe's Machine:PC :Planner
组件	系统中可替换的物理部分	Dictionary
接口	外部可访问的服务	○ Spell-check
组件实例	组件的一个实例	:RoutingList

表3-8 配置图的关系及解释

关系	解释	图标
实现	构件向外提供服务	（节点内）———
依赖	组件依赖外部提供的服务（由组件到接口）	- - - - - - →
关联	通信关联	（节点间）
其他	对象的移动（一个位置到另一个位置）	- - - - - - → <<become>>

配置图与组件图相同的构成元素包括组件、接口、组件实例、组件向外部提供的服务、组件要求外部提供的服务。

配置图与组件图的关系说明如下。

①配置图表现组件实例；组件图表现组件类型的定义。

②配置图偏向于描述组件在节点中运行时的状态，描述了组件运行的环境；组件图偏向于描述构件之间相互依赖支持的基本关系。

配置图建立的步骤如下。

①确定模型范围。

②确定分布结构。

③确定节点，标识各节点的硬件设备。

④把组件分布到各节点。

⑤给节点添加必要的构造型，说明节点的性质。

⑥确定节点之间、节点与组件之间、组件之间的联系。

⑦绘制配置图。

图 3-34 所示是把组件分布到节点的配置图实例。

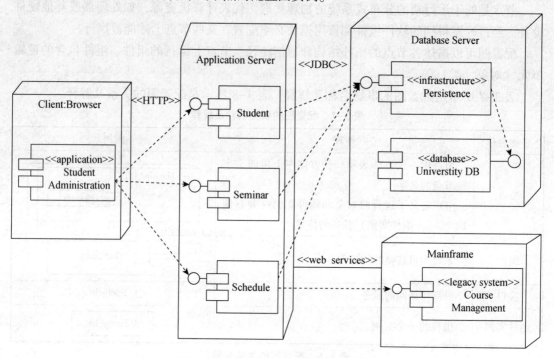

图 3-34　把组件分布到节点的配置图

3.10　包　图

包（Package）是用于把模型元素组织成组的通用机制。包本身是 UML 的一种模型元素。包是纯概念性的，只存在于软件系统的开发阶段，类似于一个有标签的 Windows 系统中的文件夹。运用包可以将模型元素组织起来，从而使其作为一个集合进行命名和处理。

包可以拥有其他模型元素。一个包可以拥有一个或多个模型元素，包括类、接口、构件、用例、包等。

包可以拥有其他的包，根包可以拥有子包，子包又可以拥有自己的子包，这样就可以构成一个系统的嵌套结构，以表达系统模型元素的静态结构关系。包可以用于组织一个系统模型，但是在建立模型时包的嵌套不宜过多，其嵌套层数一般以 2～3 层为宜。

包的图标是一个大矩形（内容框）的左上角带一个小矩形（名称框）。图 3-35（a）所示是名称被放置在内容框内，图 3-35（b）所示是名称被放置在名称框内，内容框内是包的模型元素，前面也需要标上可见性，可见性的表示方法和类中属性和操作的表示方法相似，这里不再重复。

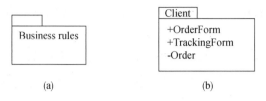

(a)　　　　　　　　　　(b)

图 3-35　包

（a）名称被放置在内容框内；（b）名称被放置在名称框内

3.10.1　包的关系

包间的关系主要有两种：依赖（尤其是输入依赖）关系和泛化关系。

1. 依赖关系

包间的依赖关系实际上概述了包中元素的依赖关系，即如果在两个包中的任何两个元素之间存在着依赖关系，则这两个包之间也存在着依赖关系。

在图形中，包间的依赖关系是用一条从依赖包指向独立包的带箭头的虚线表示的，如图 3-36 所示。

2. 泛化关系

包间的泛化关系与类间的泛化关系十分相似，类间的泛化的概念和表示法在包间大多可以使用。

与类的继承相同，特殊包从一般包继承其所含的公共类。特殊包可以代替一般包，用在一般包使用的任何地方，如图 3-37 所示。

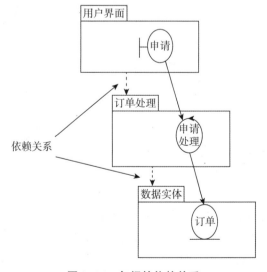

图 3-36　包间的依赖关系

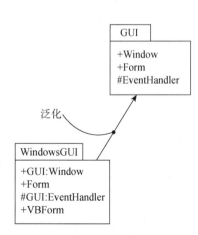

图 3-37　包间的泛化关系

3.10.2　包图的建立

包图（Package Diagram）由包和包间关系构成。包图的图形节点是包，节点之间用弧（依赖或泛化）连接。

如果开发的是一个大型的、复杂的系统，常需要使用包图，把系统设计模型中的大量的模型元素组织成包和子系统（子系统是特殊的包），给出它们之间的关系，以方便理解和处理整个模型。

包图建立的一般步骤如下。

①分析系统模型元素。

②为包中的各个模型元素标出可见性。

③确定包间的依赖关系。

④确定包间的泛化关系。

⑤绘制包图。

⑥对包图进行优化处理。

图3-38所示是一个包图。AWT是Java提供的用来建立和设置Java的图形用户界面的抽象窗口工具包。Mailing List是邮寄列表，Order Capture是订单采集。

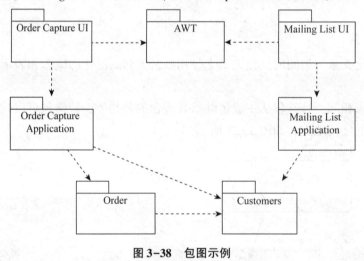

图3-38　包图示例

📎 本 章 小 结 ▶▶ ▶

本章首先介绍了统一建模语言（UML）简介、特点及组成结构（包括其元素、关系和图）；阐述了各组成部分的具体内容及在建模过程中发挥的作用；接着详细描述了UML的用例图、静态图（类图、对象图、包图）、行为图（状态图、活动图）、交互图（顺序图、协作图）和实现图（组件图、配置图）的组成、建立步骤等。通过本章的学习可以明确在电子商务系统分析与设计过程中如何有效使用UML建立系统模型。

思考与练习

一、填空题

1. 在 UML 的图形表示中，类的表示法是一个矩形，这个矩形应由 3 部分构成，分别为类的名称、_____ 和 _____。

2. 在 UML 的顺序图中的消息可以分为 _____、_____ 以及简单消息和返回消息。

3. 由 _____ 和 _____ 以及它们之间的关系构成的用于描述系统功能的动态视图称为用例图。

4. _____ 是一条垂直的虚线，用来表示顺序图中的对象在一段时间内的存在。

二、选择题

1. 根据下图，完成以下问题：

(1) 图中的参与者有（   ）人。

A. 1   B. 2

C. 3   D. 4

(2) 图中的用例有（   ）个。

A. 1   B. 2

C. 3   D. 4

(3) 2 和 3 之间是（   ）关系；5 和 6 之间是（   ）关系。

A. 扩展，包含   B. 包含，扩展

(4) 5 缺少了 3 仍然是个完整的用例吗？（   ）

A. 是的   B. 不是

(5) 4 能够参与 2 吗？1 能够参与 5 吗？（   ）

A. 可以，不可以   B. 不可以，可以

2. 根据下图，完成以下问题：

(1) 指出左图中的参与者？（   ）

A. ①   B. ②

C. ③   D. ④

(2) 哪些是对象？（   ）

A. ①   B. ②③④

C. ④   D. ⑤⑥⑦⑧⑨⑩

（3）Server 类调用了 CreditService 类中的什么操作？（　　）

A. ⑦   B. ⑧

C. ⑦⑧   D. ⑧⑨

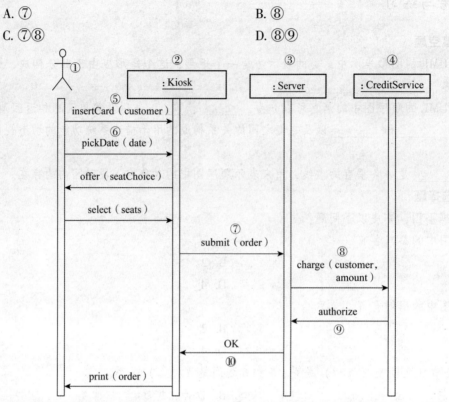

三、简答题

1. 简述顺序图与协作图的区别。

2. 简述用例图的作用。其包括哪些组成部分？其中的关系有哪些？

3. 类之间的关系有哪些？

4. 简述顺序图的构成。

四、设计题

1. "远程网络教学系统"的学生功能需求包括学生登录网站后，可以浏览课件、查找课件、下载课件、观看教学视频。如果忘记登录密码，则可通过"找回密码"功能恢复密码。请画出学生参与者的用例图。

2. 根据下面的叙述，绘制一幅关于顾客从自动售货机中购买物品的顺序图。

（1）顾客（User）先向自动售货机的前端（Front）投币。

（2）售货机的识别器（Register）识别钱币。

（3）售货机前端（Front）根据识别器（Register）的识别结果产生商品列表。

（4）顾客选择商品。

（5）识别器控制的出货器（Dispenser）将所选商品送至前端（Front）。

第4章 电子商务系统开发基础

学习目标

- 了解电子商务系统的开发模式。
- 熟练掌握基于组件的开发模式。
- 熟练掌握一种或多种网络操作系统、Web 应用服务器和数据库管理系统。
- 熟练掌握一种或多种客户端和服务器端开发工具。

知识导入

开发电子商务系统，首先要确定系统的开发模式，然后搭建系统的开发平台，最后选择合适的系统开发技术和相应的开发工具，这些构成了电子商务系统的开发基础。电子商务系统开发模式是指电子商务应用系统的开发构建方式。传统的开发模式中，电子商务系统的开发工作主要集中在 Web 服务器上各种静态、动态网页的制作方面。伴随着组件技术和电子商务的快速发展，基于组件的开发模式已经成为开发电子商务系统的主流模式，其中比较具有代表性的开发模式包括 CORBA、DCOM、.NET、J2EE 和 Struts。根据对象的不同，电子商务系统的开发包括客户端开发和服务器端开发，不同的开发技术使用的开发工具也不相同。系统开发工作中需要根据实际需要选择合适的开发模式、开发平台和开发技术。

案例导入

电子商务系统开发语言——Java

计算机的诞生及广泛应用推动了 IT 领域的发展，但 21 世纪的计算机早已不是访问 Internet 的唯一的途径。各类更具信息化的电子产品逐渐进入 IT 领域，推动了 PC 时代的大发展。由于各种消费信息的急剧增加，传统的客户机的各方面条件均不如个人计算机（Personal Computer，PC），PC 的发展对服务器的应用管理体系也提出了更高标准。Java 语言完全满足了 PC 的条件，在减少内存、可直接在各类电子产品中运行、在网络中可被任何设备所识别、充分利用网络资源等方面有所突破创新，为 PC 时代的发展创造了有利条件。

随着 IT 产业的发展，许多企业中的计算机应用程序也在随之转型，企业中所应用的计算机模式逐渐向客户端变小、服务器随之增大、数据库的容量也在相应增加的方向转变。此外，加上 Java 语言独有的特点，根据其在各项服务器中应用程序的开发所占据的优势，企业版的 J2SE 为企业环境中计算机模式的应用提供了良好的平台。

Java 语言为与数据库紧密联系设计了 Java Servlet 和 SQL-J 技术，以及 JSP 技术。随着 JSP 技术的发展，使 Java 语言的网络应用更为实际化、更高效快捷，成为 IT 产业常用的技术。JSP 以 Java 语言作为其服务器端的使用语言，结合了 JavaScript 等多种其他客户端语言，使网络浏览器更为方便地展现。

在远程网络教学方面，由于 Java 改变了传统的基于 Microsoft FrontPage 或 HTML 语言制作的 Web 页面形态，使网络远程教学更加朝着动态、便捷化、安全化的方向发展，丰富了网络远程教学的手段和覆盖面。

（编者整理，资料来源：https：//blog. csdn. net/weixin_39751871/article/details/114103186）

思考：Java 语言为什么能应用于电子商务系统的开发？

4.1 电子商务系统的开发模式

电子商务系统的开发模式是指电子商务应用系统的开发构建方式，表达了电子商务系统体系结构中的客户端、表达层和应用层三者之间的逻辑关系，展现了客户端通过服务器访问电子商务应用系统、服务器响应并处理请求、最终返回处理结果的具体过程。目前，电子商务系统的开发模式主要分为传统的 Web 应用开发模式和基于组件的开发模式两种。

4.1.1 传统的 Web 应用开发模式

在传统的 Web 应用开发模式中，电子商务系统的开发工作主要集中在 Web 服务器上各种静态、动态网页的制作方面。Web 应用最初的开发模式是静态页面开发模式，随着 Web 技术的发展，又出现了 CGI、ASP、JSP、PHP 等动态页面开发模式。

1. 静态页面开发模式

静态页面是指纯粹的 HTML 格式的网页，早期的网站一般都是由静态网页制作的。静态网页是相对于动态网页而言的，它没有后台数据库、不含程序且无须在服务器端运行。对于访问者而言，静态网页不可交互，只能被浏览查看，每次访问时其内容是固定不变的。

静态网页的网址以 .htm、.html、.shtml、.xml 等为后缀，在 HTML 格式的网页上，也可以出现各种动态的效果，如 .GIF 格式的动画、Flash、滚动字幕等，但这些动态效果只是视觉上的，与动态网页的动态是不同的概念。静态网页具有以下 7 个特点。

①每个静态网页都有一个固定的 URL（网页地址或网页链接），且 URL 以 .htm、.html、.shtml 等常见形式为后缀，且不含有 "？"。

②网页内容一经发布到网站服务器上，无论是否有用户访问，每个静态网页的内容都是保存在网站服务器上的。也就是说，静态网页是实实在在保存在服务器上的文件，每个

网页都是一个独立的文件。

③静态网页的内容相对稳定，因此容易被搜索引擎检索。

④静态网页没有数据库的支持，在网站制作和维护方面工作量较大，因此当网站信息量很大时完全依靠静态网页制作方式比较困难。

⑤静态网页的交互性很差，在功能方面有较大的限制。

⑥静态网页的页面浏览速度迅速，过程无须连接到数据库，开启页面速度快于动态页面。

⑦静态网页减轻了服务器的负担，减少了工作量，降低了数据库的成本。

静态页面开发模式的基本原理：客户端浏览器向 Web 服务器发送一个查看页面的 HTTP 请求，服务器根据请求找到相应的静态页面后将其返回给客户端，如图 4-1 所示。在电子商务系统发展过程中的信息发布阶段，主要采用静态页面开发模式。

图 4-1　静态页面开发模式

2. 动态页面开发模式

动态网页是与静态网页相对的一种网页编程技术，它是指需要在服务器端运行，可以轻松进行数据库访问的程序、网页和组件。动态网页根据不同访问者的不同请求，在不同时间返回不同的网页。使用动态网页可以实时显示电子商务网站资源的更新信息，可以实现企业与客户之间的动态数据交互。

动态网页的网址以 .aspx、.asp、.jsp、.php、.perl、.cgi 等为后缀，并且在网址中有一个标志性的符号"？"。值得强调的是，动态网页中的动态是指页面显示的内容会随着时间、环境或数据库操作的结果而发生改变，而与网页上的各种动画、滚动字幕等视觉上的动态效果没有直接关系。动态网页的内容可以包含文字、动画等各种表现形式，无论网页中是否有动态效果，只要是采用了由动态网站技术生成的网页都称为动态网页。动态网页通常具有以下 4 个特点。

①动态网页一般以数据库技术为基础，可以大大降低网站维护的工作量。

②采用动态网页技术的网站可以实现更多的功能，如用户注册、用户登录、在线调查、用户管理和订单管理等。

③动态网页实际上并不是独立存在于服务器上的网页文件，只有当用户请求时服务器才返回一个完整的网页。

④动态网页中的"？"在搜索引擎检索时存在一定的问题。搜索引擎一般不可能从一个网站的数据库中访问全部网页，或者基于技术方面的考虑，搜索"蜘蛛"不会去抓取网址中"？"后面的内容，因此采用动态页面的网站在进行搜索推广时需要进行一定的技术处理才能适应搜索引擎的要求。

图 4-2 展示了动态页面开发模式的基本原理：客户端先向 Web 服务器发送一个 HTTP 请求，服务器响应请求并按照事先编号的应用程序代码执行业务逻辑，同时访问数据库获取相关数据，处理完成后将结果以 HTML 数据的方式返回给客户端浏览器并显示。

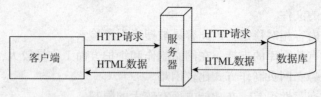

图 4-2　动态页面开发模式

4.1.2　基于组件的开发模式

组件是对数据和方法的简单封装，组件技术是应用级别的集成技术。基于组件的开发模式是在一定的软件模型的支持下，将应用系统分解成为一个个独立的单元，然后在组件库中查询应重用各类合适的组件，最后组装相关的组件来构造应用系统软件的过程。基于组件的开发模式，主要利用了系统软件的可重用性思想，伴随着组件技术和电子商务的快速发展，基于组件的开发模式已经成为电子商务系统开发的主流模式，其中比较具有代表性的包括 CORBA、DCOM、. NET Framework、J2EE 和 Struts。

1. CORBA

CORBA（Common Object Request Broker Architecture，公共对象请求代理体系结构）是由 OMG（对象管理组织）制定的一种标准的面向对象的应用程序体系规范，是 OMG 为解决分布式处理环境中硬件和软件系统的互联而提出的一种解决方案。CORBA 提出了一种在异构分布式环境下客户端与服务器进行通信的方式，它可以让分布的应用程序完成通信，无论这种应用程序是什么厂商生产的，只要符合 CORBA 标准就可以相互通信。CORBA 的主要内容包括以下 4 个部分。

①对象请求代理（Object Request Broker，ORB）：CORBA 的核心部分，定义了对象间的一种通信机制，对象通过这种机制可以透明地发出请求和接收响应，分布的、可互操作的对象能够利用 ORB 构造可操作的应用。

②对象服务（Object Service）：为使用和实现对象而提供的基本服务集合，主要包括名录服务、事件服务、生命周期服务、关系服务、事物服务等，这些服务独立于应用领域。

③公共设施（Common Facilities）：向终端用户应用程序提供的一组共享服务结构，如系统管理、组合文档和电子邮件等。

④域接口（Domain Interfaces）：为应用领域服务而提供的接口。

CORBA 定义了接口定义语言（Interface Definition Language，IDL）和应用程序编程接口（Application Programming Interface，API），并通过 ORB 来激活客户/服务器（Client/Server，即 C/S）的交互。ORB 是一个中间件，在对象间建立 C/S 的关系，如图 4-3 所示，其中 ORB 接口是灰色的矩形，直线箭头说明 ORB 的调用关系，弧形箭头表示客户端发出的请求。客户端通过动态调用接口（Dynamic Invocation Interface，DII）或一个 IDL 占位程序（IDL Stubs）发送请求，服务器通过动态框架接口（Dynamic Skeleton Interface，DSI）来接受请求。ORB 的任务是定位一个合适的服务器，并且通过一个对象适配器（Object Adapter，OA）将请求传送给服务器。OA 的目的是给框架发送请求并支持服务器对象的生命周期，如对象的建立和删除。客户和服务器之间的静态接口通过 IDL 来定义，一个 IDL 规范可用于产生到 ORB 的、类型安全的、应用特定的结构，客户端与 ORB 之间的静态接口为静态调用接口（Static Invocation Interface，SII），服务器端与 ORB 之间的接口称为静态框架接口（Static Skeleton Interface，SSI）。

在传统的 C/S 程序中，开发者使用他们自己设计的或者公认的标准定义设备之间的协议，协议的定义依赖于实现的语言、网络的传输和其他许多因素。ORB 将这个过程简单化，ORB 中的协议定义是通过应用接口，而该接口是 IDL 的一个实现，它和使用的编程语言无关，并且 ORB 提供了很大的灵活性，它让程序员选择最适当的操作系统、运行环境和设计语言来建设系统中的每个组件，更重要的是，它还允许集成已存在的组件。CORBA 是在面向对象标准化和互操作性道路上的一个信号，通过 CORBA，用户可以在不知道软硬件平台及网络位置的情况下进行操作并获取信息。CORBA 具有以下特点和优势。

①CORBA 定义了一种面向对象的软件构件构造方法，使不同的应用可以共享由此构造出来的软件构件。

②每个对象都将其内部操作细节封装起来，同时又向外界提供了精确定义的接口，从而降低了应用系统的复杂性，也降低了软件的开发费用。

③CORBA 的平台无关性实现了对象的跨平台引用，开发人员可以在更大的范围内选择最实用的对象加入自己的应用系统之中。

④CORBA 的语言无关性使开发人员可以在更大范围内利用别人的编程技能和成果，是实现软件利用的实用化工具。

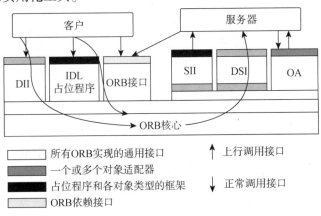

图 4-3　ORB 的结构

2. DCOM

DCOM（Distributed Component Object Model，分布式组件对象模型）是 COM（Component Object Model，组件对象模型）的扩展，它支持不同的两台机器上的组件间的通信，而且不论它们是运行在局域网、广域网还是 Internet 上，应用程序借助 DCOM 能够任意进行空间分布，从而满足客户和应用的需求。

由于 DCOM 是组件技术 COM 的无缝升级，因此可以将现有关于 COM 的应用、组件、工具以及知识转移到标准化的分布式计算领域中来。在做分布式计算时，DCOM 可以处理网络协议的低层次的细节问题，从而能够集中精力解决客户所要求的问题。例如，当为一个网站创建应用页面时，若其中包括了一段能够在网络中另一台更加专业的服务器电脑上处理的脚本或程序，则使用 DCOM 接口，网络服务器站点程序（现在以客户端对象方式发出动作）就能够将一个远程程序调用（Remote Procedure Call，RPC）发送到一个专门的服务器对象上，它可以通过必要的处理，并给站点返回一个结果，结果将发送到网页浏览器上。

大多数分布式应用都不是凭空产生的，现在的硬件结构、软件、组件以及工具需要集成起来，以便减少开发和扩展时间以及费用。DCOM 能够直接且透明地改进现存的对 COM 组件和工具的投资。对各种各样组件需求的巨大市场使开发者将标准化的解决方案集成到一个普通应用系统中成为可能。许多熟悉 COM 的开发者能够很轻易地将他们在 COM 方面的经验运用到基于 DCOM 的分布式应用中去。

任何为分布式应用开发的组件都有可能在将来被复用。围绕组件模式来组织开发过程使开发者能够在原有工作的基础上不断提高新系统的功能并减少开发时间。基于 COM 和 DCOM 的设计能使开发者的组件在现在和将来都能得到很好的使用。

3.. NET Framework

. NET Framework（又称 . NET 框架），它是由微软开发的一个致力于敏捷软件开发、快速应用开发、平台无关性和网络透明化的软件开发平台。. NET 框架是以一种采用系统虚拟机运行的编程平台，以通用语言运行库为基础，支持多种语言（C#、Visual Basic、C++、Python 等）的开发。. NET 使程序设计者可以同时进行 Windows 应用软件、网络应用软件、Web 服务、Windows Phone 开发。

. NET 框架是一个多语言组件开发和执行环境，它提供了一个跨语言的统一编程环境，其目的是便于开发人员更容易地建立 Web 应用程序和 Web 服务，使 Internet 上的各应用程序之间可以使用 Web 服务进行沟通。从层次结构来看，. NET 框架包括 6 个组成部分，如图 4-4 所示。

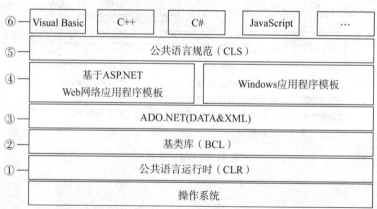

图 4-4 . NET 框架的层次结构

①公共语言运行时（Common Language Runtime，CLR）：一个运行时环境，管理代码的执行并使开发过程变得更加简单。CLR 是一种受控的执行环境，其功能通过编译器与其他工具共同展现。

②基类库（Base Class Library，BCL）：在 CLR 之上，提供了一套开发人员希望在标准语言库中存在的基类库，包括集合、输入/输出、字符串及数据类。

③ADO. NET：为 . NET 框架提供统一的数据访问技术，与以前的数据访问技术相比，ADO. NET 主要增加了对 XML 的充分支持、新数据对象的引入、语言无关的对象的引入以及使用和 CLR 一致的类型等。

④应用程序模板：.NET 框架的主要界面技术，包括系统的 Windows 应用程序模板和基于 ASP.NET 的面向 Web 的网络应用程序模板。

⑤公共语言规范（Common Language Specification，CLS）：定义了一组运行于.NET 框架的语言特性，是一种语言规范。由于.NET 框架支持多种语言，并且要在不同语言对象之间进行交互，因此就要求这些语言必须遵守一些共同的规则，而 CLS 定义了这些语言的共同规则，包括数据类型、语言构造等。

⑥程序设计语言：凡是复合 CLS 的语言都可以在.NET 框架上运行，目前包括 C#、Visual Basic、C++、JavaScript 等。由于多种语言都运行在.NET 框架之中，因此它们的功能基本相同，只是语法有所区别。各种语言经过编译后，先转化为一种中间语言，执行时再由公共语言运行库载入内存，通过实时解释将其转换为 CPU 可执行代码。

4. J2EE

J2EE（Java 2 Platform Enterprise Edition）是一种利用 Java 2 平台来简化企业解决方案的开发、部署和管理相关复杂问题的体系结构。J2EE 技术的基础就是核心 Java 平台或 Java 2 平台的标准版，它不仅巩固了标准版中的许多优点，同时还提供了对 EJB（Enterprise Java Bean）、Java Servlet API、JSP 以及 XML 技术的全面支持，其最终目的是成为一个能够使企业开发者大幅缩短投放市场时间的体系结构。

J2EE 架构使用多层的分布应用模型，将传统的 C/S 两层化模型中的不同层面划分成许多层，应用逻辑按功能划分为组件，各个应用组件根据它们所在的层分布在不同的机器上，以下是 J2EE 典型的 4 层结构。

①客户层组件：运行在客户端机器上，主要用来与客户交互，并把来自系统的信息显示给客户。

②Web 层组件：运行在 J2EE 服务器上，可以是 JSP 页面或 Servlet。Web 层可能包含某些 Java Bean 对象来处理客户输入，并把输入发送给运行在业务层上的 Enterprise Bean 来进行处理。

③业务逻辑层组件：运行在 J2EE 服务器上，用来满足银行、零售等特殊商务领域的需要，由运行在业务层上的 Enterprise Bean 进行处理。如图 4-5 所示，Enterprise Bean 从客户端程序接收数据，必要时进行处理，然后发送到 EIS 层存储。

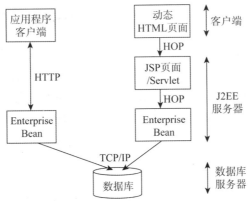

图 4-5　业务逻辑层组件

④企业信息系统层组件：运行在数据库服务器上，用于处理企业信息系统（Enterprise

Information System，EIS）软件，包括企业资源计划、大型事务处理、数据库系统和其他信息系统，如 J2EE 应用组件可能为了数据库连接需要访问企业信息系统。

J2EE 平台已经成为使用最广泛的 Web 程序设计技术，主要支持两类软件的开发和应用，一类是做高级信息系统框架的 Web 应用服务器，另一类是在 Web 应用服务器上运行的 Web 应用程序。J2EE 实际上为 Web 应用系统提供了容器平台，用户所开发的程序组件可以在容器内运行，J2EE 为搭建具有可伸缩性、灵活性、易维护性的电子商务系统提供了良好的机制。

5. Struts

Struts 是 Apache 软件基金会（ASF）赞助的一个开源项目，最初是 Jakarta 项目中的一个子项目，并在 2004 年 3 月成为 ASF 的顶级项目。Struts 是一种面向对象的设计，通过采用 Java Servlet 和 JSP 技术，实现了基于 Java 的 Web 应用的 MVC（Model-View-Controller，模型-视图-控制器）架构，并将 MVC 模式"分离显示逻辑和业务逻辑"的能力发挥得淋漓尽致，是 MVC 设计模式中的一个经典产品。Struts 对控制器、模型和视图都提供了相应的实现组件。

（1）Struts 控制器组件

控制器的作用是从客户端接受请求，并且选择执行相应的业务逻辑，然后把响应结果送回到客户端。在 Struts 中，控制器由 ActionServlet 和 ActionMapping 对象构成，其中 ActionServlet 负责接收客户端的请求，它创建并使用封装了具体处理逻辑的 Action 类、封装了用户表单所提交数据的 ActionForm 类和定义控制将被转发方向的 ActionForward 类来实现控制器的功能，而 struts-config.xml 文件被用于配置 ActionServlet。ActionMapping 用于帮助 ActionServlet 将请求映射到具体的操作处理对象。

（2）Struts 模型组件

Struts 模型组件代表 Web 应用的业务数据和逻辑，包含了业务实体和业务规划，负责访问和更新持久化的数据。Struts 的模型组件主要由 ActionForm Bean、系统状态 Bean 以及业务逻辑 Bean 组成。

（3）Struts 视图组件

Struts 应用中的视图部分是通过 JSP 技术实现的。Struts 使用自定义来标记创建 JSP 表单，可以实现和 ActionForm 的映射，完成对用户数据的封装，同时这些自定义标记还提供了模板定制等多种显示功能。

Struts 框架的处理流程清楚地体现了 MVC 系统的特点，图 4-6 显示了简单的 Struts 组件结构及组件间的相互关系。Struts 控制器 ActionServlet 接收并处理客户端请求，通过配置文件 struts-config.xml 里的 ActionMapping 对象找到负责处理请求的 Action 对象和封装了客户数据的 ActionForm；Action 对象访问 ActionForm 中的数据并调用分专业具体业务逻辑的 Java Bean 模型组件来处理请求；Action 对象根据处理结果通知 ActionServlet，然后由 ActionServlet 决定下一步需要进行的处理。

Struts 框架具有以下一些优点。

①实现了 MVC 模式，结构清晰，使开发者可以只关注业务逻辑的实现。

②有丰富的 tag（标签）可用，灵活运用 Struts 标记库（Taglib）能大大提高开发效率。

③通过配置文件可把握整个系统各部分之间的联系，方便后期的系统维护。

④提供了一个灵活的体制来处理错误和异常。

Struts 是一种优秀的 MVC 架构方式，有效体现了 MVC 设计模式的特点，使用 Struts 还可以帮助开发人员减少在运用 MVC 设计模式来开发 Web 应用的时间，如果想混合使用 Servlet 和 JSP 的优点来扩建可扩展的应用，那么 Struts 是一个不错的选择。

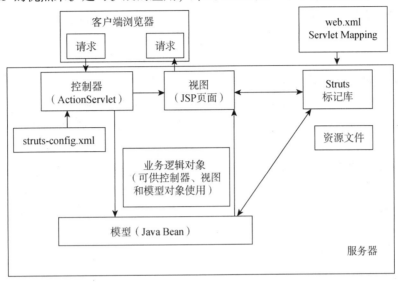

图 4-6　**Struts** 组件结构及组件间的相互关系

4.2　电子商务系统的开发平台

网络操作系统是计算机网络运行的基础，而各种网络应用又离不开数据库的支持。网络操作系统、Web 应用服务器和数据库管理系统构成了电子商务系统的开发平台。

4.2.1　网络操作系统

网络操作系统是能使网络上多个计算机方便有效地共享网络资源，为用户提供所需的各种服务的操作系统软件。网络操作系统通常运行在服务器所在的计算机上，由联网的计算机用户共享，除了具备个人操作系统（即单击操作系统）所需的内存管理、CPU 管理、输入/输出管理、文件管理等功能外，还具有提供高效可靠的网络通信能力和提供多种网络服务的功能，如文件传输、电子邮件、远程打印等。

网络操作系统与运行在工作站计算机上的单用户或多用户个人操作系统因提供的服务类型不同而有所差别。通常，个人操作系统可以让用户与系统及在此操作系统上运行的各种应用之间的交互作用达到最佳，而网络操作系统以使网络相关特性达到最佳为目的，如共享数据文件、软件应用、硬盘、打印机、调制解调器、扫描仪和传真机等。在 Internet 环境下，UNIX、Windows、Linux 是三大主流网络操作系统。

1. UNIX 网络操作系统

UNIX 系统是一个强大的多用户、多任务网络操作系统，支持网络文件服务、数据提供等应用，最早由 Kenneth Thompson、Dennis Ritchie 和 Douglas Mcllroy 于 1969 年在 AT&T 的贝尔实验室开发。UNIX 系统功能强大，拥有丰富的应用软件支持，且在稳定性和安全性方面都有非常突出的表现，其良好的网络管理功能已为广大网络用户所接受。

UNIX 系统的商标权由国际开放标准组织所拥有，只有符合单一 UNIX 规范的 UNIX 系统才能使用 UNIX 这个名称，否则只能称为类 UNIX。目前典型的 UNIX 和类 UNIX 系统版本有惠普公司的 HP-UX B.11.31、Oracle 公司的 Oracle Solaris 11.3、IBM 公司的 AIX7.1 等。由于 UNIX 网络操作系统多数是以命令方式来进行操作的，用户不容易掌握，所以在中、小型网络中的应用较少，一般用于大型、高端的网络应用领域。

2. Windows 网络操作系统

Windows 网络操作系统是由微软公司开发的服务器操作系统，Windows 系统不仅在个人操作系统中占有绝对优势，而且在网络操作系统中也具有非常强劲的力量。这类操作系统配置在整个局域网中是最常见的，但由于它对服务器的硬件要求较高，且稳定性不是很强，所以 Windows 网络操作系统一般只用在中、低档服务器中，高端服务器通常采用 UNIX、Linux 或 Solaris 等非 Windows 操作系统。在局域网中，Windows 网络操作系统主要有 Windows NT 4.0 Serve、Windows 2000 Server/Advance Server，以及 Windows 2003 Server/Advance Server 等，工作站系统可以采用任一 Windows 或非 Windows 操作系统，包括个人操作系统，如 Windows 9x/ME/XP 等。

3. Linux 网络操作系统

Linux 全称 GNU/Linux，是一种免费使用和自由传播的类 UNIX 操作系统，其内核由 Linus Benedict Torvalds 于 1991 年 10 月 5 日首次发布，它主要受到 Minix 和 UNIX 思想的启发，与 UNIX 完全兼容，是一个基于 POSIX 的多用户、多任务、支持多线程和多 CPU 的操作系统。它能运行主要的 UNIX 工具软件、应用程序和网络协议，支持 32 位和 64 位硬件。Linux 继承了 UNIX 以网络为核心的设计思想，是一个性能稳定的多用户网络操作系统。Linux 有上百种不同的发行版，如基于社区开发的 Debian、Arch Linux，以及基于商业开发的 Red Hat Enterprise Linux、SUSE、Oracle Linux 等。Linux 对硬件要求较低，可安装在各种计算机硬件设备中，如手机、平板电脑、路由器、视频游戏控制台、台式计算机、大型机和超级计算机。Linux 系统的稳定性和可靠性较高，具有很高的性价比，目前主要应用于中、高档服务器中。

总的来说，对特定计算环境的支持使每一个网络操作系统都有适合于自己的工作场合，这就是系统对特定计算机环境的支持，对于不同的网络应用，需要我们有目的地选择合适的网络操作系统。

4.2.2 Web 应用服务器

Web 应用服务器是一个通过特定网络通道来传输数据并进行数据交互以实现预定功能的系统软件平台，主要为应用程序提供运行环境，为组件提供服务。Web 应用服务器在操作系统之上将一些通用的、与企业核心商务应用无关的环境和软件包集成在一起，作为一个软件包向开发者提供。Web 应用服务器产品根据功能的不同主要可分为 Web 服务器和应用服务器，在现有的大多数应用服务器产品中这两类服务器都是合并在一起提供的。

Web 服务器用于专门响应并处理 HTTP 请求。当 Web 服务器接收到一个 HTTP 请求时，会根据请求进行页面跳转或把动态响应的产生委托给一些其他的程序，然后返回一个 HTTP 响应给浏览器。

应用服务器主要提供处理 HTTP 请求所需要的具体方法。它通过各种协议把业务逻辑展现给客户端的程序，提供访问业务逻辑的途径以供客户端应用程序使用，应用程序使用此业务逻辑就像调用对象的一个方法一样。

目前常用的 Web 应用服务器有 Microsoft IIS、IBM WebSphere Server、BEA WebLogic Server、Apache、Tomact。

1. Microsoft IIS

Microsoft 的应用服务产品为 Internet Information Server（IIS），是允许在公共 Intranet 或 Internet 上发布信息的 Web 服务器。IIS 是目前最流行的应用服务器产品之一，很多著名的网站都是建立在 IIS 的平台上。IIS 提供了一个图形界面的管理工具，称为 Internet 服务管理器，可用于监视配置和控制 Internet 服务。

IIS 是一组 Web 服务组件，其中包括 Web 服务器、FTP 服务器、NNTP 服务器和 SMTP 服务器，分别用于网页浏览、文件传输、新闻服务和邮件发送等方面。它使在网络上发布信息成为一件很容易的事。它提供 ISAPI（Intranet Server API）作为扩展 Web 服务器功能的编程接口；同时，还提供一个 Internet 数据库连接器，可以实现对数据库的查询和更新。

2. IBM WebSphere Server

WebSphere Application Server 是一种功能完善、开放的 Web 应用服务器，是 IBM 电子商务计划的核心部分，是基于 Java 的应用环境，用于建立、部署和管理 Internet 和 Intranet 的 Web 应用程序。这一整套产品进行了扩展，以适应 Web 应用程序服务器的需要，范围从简单到高级直到企业级。

WebSphere 针对以 Web 为中心的开发人员，他们都是在基本 HTTP 服务器和 CGI（Common Gateway Interface，通用网关接口）编程技术上成长起来的。IBM 提供 WebSphere 产品系统，通过提供综合资源、可重复使用的组件、功能强大并易于使用的工具以及支持 HTTP 和 IIOP（互联网内部对象请求代理协议）通信的可伸缩运行时的环境，来帮助这些用户从简单的 Web 应用程序转移到电子商务世界。

3. BEA WebLogic Server

BEA WebLogic Server 是一种多功能、基于标准的 Web 应用服务器，为企业构建自己的应用提供了坚实基础。各种应用开发、部署所有关键性的任务，无论是集成各种系统和数据库，还是提交服务、跨 Internet 协作，起始点都是 BEA WebLogic Server。由于 BEA WebLogic Server 具有全面的功能、对开放标准的遵从性、多层架构、支持基于组件的开发，因此，基于 Internet 的企业都选择它来开发、部署最佳的应用。

BEA WebLogic Server 在使应用服务器成为企业应用架构的基础方面继续处于领先地位，为构建集成化的企业级应用提供了稳固的基础。它们以 Internet 的容量和速度，在联网的企业之间共享信息、提交服务，实现协作自动化。BEA WebLogic Server 遵从 J2EE、面向服务的架构以及丰富的工具集支持，便于实现业务逻辑、数据和表达的分离，并提供开发和部署各种业务驱动应用所必需的底层核心功能。

4. Apache

Apache 源于 NCSAhttpd 服务器，是 Apache 软件基金会的一个开放源代码的网页服务器，可以在大多数计算机操作系统中运行，因其多平台和安全性被广泛使用，是世界上最流行的 Web 服务器软件之一。Apache 是自有软件，因此不断有人来为它开发新的功能、新的特性并修改原来的缺陷。Apache 的特点是简单、速度快、性能稳定，并可作为代理服务器使用，本来只用于小型或实验 Internet 网络，后来逐步扩充到各种 UNIX 系统中，尤其对 Linux 的支持相当完美。

Apache 是以进程为基础的结构，进程要比线程消耗更多的系统开支，不太适用于多处理器环境。因此，在一个 Apache Web 站点扩容时，通常是增加服务器或扩充群集节点而不是增加处理器。到目前为止，Apache 仍是世界上使用最多的 Web 服务器，很多著名的网站都是 Apache 的产物，它的成功源于其源代码开放、有一支开放的开发队伍、支持跨平台的应用以及可移植性等方面。

5. Tomcat

Tomcat 是 Apache 软件基金会的 Jakarta 项目中的一个核心项目，由 Apache、Sun 和其他一些公司及个人共同开发而成。Tomcat 服务器是一个免费的开放源代码的 Web 应用服务器，属于轻量级应用服务器，在中、小型系统和并发访问用户不是很多的场合下被普遍使用，是开发和调试 JSP 程序的首选。对初学者来说，当在一台机器上配置好 Apache 服务器，可利用它响应对 HTML 页面的访问请求。实际上 Tomcat 是 Apache 服务器的部分扩展，但它是对立运行的，所以当运行 Tomcat 时，它实际上作为一个与 Apache 独立的服务器进行单独运行。

当配置正确时，Apache 为 HTML 页面服务，而 Tomcat 实际上运行 JSP 页面和 Servlet。另外，Tomcat 和 IIS、Apache 等 Web 服务器一样，具有处理 HTML 页面的功能，它还是一个 Servlet 和 JSP 容器，独立的 Servlet 容器是 Tomcat 的默认模式。不过，Tomcat 处理静态 HTML 的能力不如 Apache 服务器。

Tomcat 技术先进、性能稳定、运行时占用的系统资源小、扩展性好、支持负载平衡和邮件服务等开发应用系统常用的功能，而且它还在不断地改进和完善中，任何一个感兴趣的程序员都可以更改它或在其中加入新的功能，因而深受广大程序员的喜爱，是目前比较流行的 Web 应用服务器。

4.2.3　数据库管理系统

数据库管理系统是一种操纵和管理数据库的大型软件，用于建立、使用和维护数据库，简称 DBMS。它对数据库进行统一的管理和控制，以保证数据库的安全性和完整性。用户通过 DBMS 访问数据库中的数据，数据库管理员也通过 DBMS 进行数据库的维护工作。DBMS 提供多种功能，允许多个应用程序和用户用不同的方法在同时刻或不同时刻去建立、修改和查询数据库，能让用户方便地定义和操作数据、维护数据的安全性和完整性以及进行多用户下的并发控制和数据恢复。

目前市场上有许多数据库管理系统产品可供选择，如 Oracle、MySQL、SQL Server、Access、Sybase 等，它们都以自身特有的功能在数据库市场上占有一席之地。下面简要介绍几种常用的数据库管理系统。

1. Oracle

Oracle 数据库管理系统是美国 Oracle 公司（甲骨文）提供的以分布式数据库为核心的

一组软件产品，是目前最流行的 C/S 或 B/S 体系结构的数据库之一，如 SilverStream 就是基于数据库的一种中间件。Oracle 数据库是目前世界上使用最为广泛的数据库管理系统，作为一个通用的数据库系统，它具有完整的数据管理功能；作为一个关系数据库，它是一个完备关系的产品；作为分布式数据库，它实现了分布式处理功能。对于它的所有知识，只要在一种机型上学习了 Oracle 知识，便能在各种类型的机器上使用它。

Oracle 数据库 12c 引入了一个新的多承租方架构，使用该架构可轻松部署和管理数据库云。此外，一些创新特性可最大限度地提高资源使用率和灵活性，如 Oracle Multitenant 可快速整合多个数据库，而 Automatic Data Optimization 和 Heat Map 能以更高的密度压缩数据和对数据分层。这些独一无二的技术的进步再加上在可用性、安全性和大数据支持方面的主要增强，使 Oracle 数据库 12c 成为私有云和公有云部署的理想平台。

2. SQL Server

SQL Server 是微软公司推出的关系型数据库管理系统（RDBMS），具有使用方便、可伸缩性好、与相关软件集成度高等优点，可在多种类型的、基于 Windows 操作系统的计算机平台上运行。SQL Server 是一个全面的数据库平台，使用集成的商业智能（BI）工具提供企业级的数据管理。SQL Server 数据库引擎为关系型数据和结构化数据提供了更安全可靠的存储功能，使用户可以构建和管理用于业务的高可用和高性能的数据应用程序。

SQL Server 有多个版本，最早的版本是 SQL Server 6.5，后来出现 SQL Server 7.0、SQL Server 2000、SQL Server 2008、SQL Server 2012、SQL Server 2014、SQL Server 2016、SQL Server 2017、SQL Server 2020。SQL Server 2017 是微软推出的首个公共预览版本，并持续带来更新和改进，微软公司同时向 Windows、Linux、Mac OS 以及 Docker 容器推出了 SQL Server 2017 RC1 的公共访问班，引入了图数据处理支持、适应性查询、面向高级分析的 Python 集成等功能。

3. Access

Microsoft Office Access 是由微软公司发布的关系数据库管理系统，结合了 Microsoft Jet Database Engine 和图形用户界面两项特点，是 Microsoft Office 的系统程序之一。Microsoft Office Access 是微软公司把数据库引擎的图形用户界面和软件开发工具结合在一起的一个数据库管理系统。它是 Microsoft Office 的一个成员，在包括专业版和更高版本的 Office 版本里被单独出售。2018 年 9 月 25 日，Microsoft Office Access 2019 在 Microsoft Office 2019 里发布。

软件开发人员和数据架构师可以使用 Microsoft Office Access 开发应用软件，"高级用户"可以使用它来构建软件应用程序。和其他办公应用程序一样，Access 支持 Visual Basic 宏语言，是一个面向对象的编程语言，可以引用各种对象，包括 DAO（数据访问对象）、ActiveX 数据对象，以及许多其他的 ActiveX 组件。可视对象用于显示表和报表，它们的方法和属性是在 VBA（Visual Basic for Applications）编程环境下，VBA 代码模块可以声明和调用 Windows 操作系统函数。

4. Sybase

Sybase 是美国 Sybase 公司研制的一种关系型数据库管理系统，是一种典型的 UNIX 或 Windows NT 平台上客户机/服务器环境下的大型数据库管理系统。Sybase 提供了一套应用程序编程接口和库，可以与非 Sybase 数据源及服务器集成，允许在多个数据库之间复制数据，适用于创建多层应用。Sybase 系统具有完备的触发器、存储过程、规则以及完整性定义，支持优化查询，具有较好的数据安全性。Sybase 通常与 Sybase SQL Anywhere 用于客户机/服务器环境，前者作为服务器数据库，后者作为客户机数据库，采用该公司研制的 PowerBuilder 为开发工具，在我国大、中型系统中具有广泛的应用。

Adaptive Server Enterprise（ASE）是 Sybase 公司的旗舰式 RDBMS 产品，一直致力于以最低的系统总拥有成本（TCO）为企业提供一个高性能的数据和事务处理系统。最新版本 ASE 12.5.1/12.5.2 在继续保持以前版本的关键业务性能和高效计算的同时，在易用性、系统性能和支持新应用程序方面进行了增强和改进，并进一步提高了系统安全和 Linux 的可扩展性。Sybase Adaptive Server Enterprise 12.5.1 完善和扩展了 ASE 产品系列。

4.3 电子商务系统的开发技术和开发工具

4.3.1 客户端开发技术

客户端开发技术是 Web 程序中最重要的技术之一，主要用来描述在浏览器中显示的页面，以及利用 JavaScript 等技术对页面进行控制。常用的客户端开发技术包括 HTML、JavaScript 等，通过学习这些技术，可以很容易地编写具有丰富用户体验的 Web 程序。

1. HTML

HTML 即超文本标记语言，是用于描述网页文档的一种标记语言。它通过标记符号来标记要显示的网页中的各个部分。它包括一系列标签，通过这些标签可以将网络上的文档格式统一，使分散的 Internet 资源连接为一个逻辑整体。HTML 文本是由 HTML 命令组成的描述性文本，HTML 命令可以说明文字、图形、动画、声音、表格、链接等。

网页文件本身是一种文本文件，通过在文本文件中添加标记符，可以告诉浏览器如何显示其中的内容，如文字如何处理、画面如何安排、图片如何显示等。浏览器按顺序阅读网页文件，然后根据标记符解释和显示其标记的内容，对书写出错的标记将不指出其错误，且不停止其解释执行过程，编写者只能通过显示效果来分析出错原因和出错部位。需要注意的是，对于不同的浏览器，对同一标记符可能会有不完全相同的解释，因而可能会有不同的显示效果。

2. JavaScript

JavaScript 是一种具有函数优先的轻量级、解释型或即时编译型的编程语言。虽然它是作为开发 Web 页面的脚本语言而出名，但是其也被用到很多非浏览器环境中。JavaScript 基于原型编程、多范式的动态脚本语言，并且支持面向对象、命令式和声明式（如函数式编程）风格。

JavaScript 在 1995 年由 Netscape 公司的 Brendan Eich，在网景导航者浏览器上首次设计实现而成。因为 Netscape 与 Sun 合作，Netscape 管理层希望其外观看起来像 Java，因此取名为 JavaScript。但实际上它的语法风格与 Self 及 Scheme 较为接近。完整的 JavaScript 包含 3 个部分：ECMAScript、文档对象模型、浏览器对象模型。

JavaScript 主要应用在客户端浏览器与用户的交互上，一般不用在服务器端，不直接对文本和图形进行操作，不具有读写档案及网络控制等功能，只是完成一些与用户直接交互的任务，如显示日期、表单检查、交互游戏等。

3. VBScript

VBScript 是由微软公司开发的一种解析型脚本语言，可以看作是 Visual Basic（简称 VB）语言的简化版。使用 VBScript，可通过 Windows 脚本宿主调用 COM，所以可以使用 Windows 操作系统中可被使用的程序库，目前被广泛应用于网页和 ASP 程序制作，同时还可以直接作为一个可执行程序，用于调试简单的 VB 语句。

用户可以在 HTML 文件中直接嵌入 VBScript 脚本，这能够扩展 HTML，使其不仅仅是一种页面格式语言，即带有 VBScript 脚本的网页在每次下载到浏览器时都可以是不同的，而且可以对用户的操作做出反应。VBScript 和 JavaScript 都是为了提高网页的交互性，增强 HTML 的功能而开发的，因此它们很相似，掌握其中之一，便可轻松掌握另外一种。

4. Java Applet

Java Applet 就是用 Java 语言编写的小应用程序，可以直接嵌入到网页中，并能够产生特殊的效果。包含 Applet 的网页被称为 Java-powered 页，可以称其为 Java 支持的网页。

当用户访问这样的网页时，Applet 被下载到用户的计算机上执行，但前提是用户使用的是支持 Java 的网络浏览器。由于 Applet 是在用户的计算机上执行的，因此它的执行速度不受网络带宽或者调制解调器存取速度的限制。用户可以更好地欣赏网页上由 Applet 产生的多媒体效果。

在 Java Applet 中，可以实现图形绘制、字体和颜色控制、动画和声音的插入、人机交互及网络交流等功能。Applet 还提供了名为抽象窗口工具箱（Abstract Window Toolkit，AWT）的窗口环境开发工具。AWT 利用用户计算机的 GUI（Graphical User Interface，图形用户接口）元素，可以建立标准的图形用户界面，如窗口、按钮、滚动条等。目前，在网络上有非常多的 Applet 范例来生动地展现这些功能，读者可以去调阅相应的网页以观看它们的效果。含有 Applet 的网页的 HTM 文件代码中都带有 <applet> 和 </applet> 这样一对标记，当支持 Java 的网络浏览器遇到这对标记时，就将下载相应的小应用程序代码并在本地计算机上执行该 Applet。

4.3.2 客户端系统开发工具

由于使用 HTML 代码编写网页时的代码量比较大，而且编写和调试页面比较困难，因此在进行客户端页面设计时常使用一些可视化的网页编写工具，如 SharePoint 和 Dreamweaver 等工具软件，这些工具软件可以提供网站管理、编辑 HTML、发布网页、数据库集成、支持动态网页、所见即所得等功能，大大简化了页面设计和网站开发的工作。

1. SharePoint Designer

SharePoint Designer 是微软公司继 FrontPage 之后推出的新一代网站创建工具，它提供了更加与时俱进的制作方式，可帮助用户在 SharePoint 平台上建立引人入胜的 SharePoint 网站。SharePoint Designer 具有全新的视频预览功能，包括新媒体和一个 Silverlight 的内容浏览器 Web 部件。微软公司内嵌了 Silverlight 功能（一种工具，用于创建交互式 Web 应用程序）和全站支持 AJAX（异步 JavaScript 和 XML）功能，让企业用户很方便地给网站添加丰富的多媒体和互动性体验。我们可以通过 Silverlight Web Part 功能，在网页上设置显示一个视频显示框，这是以前没有的功能。企业可以利用这种功能建设自己的视频网站而不需要额外的编程。SharePoint Designer 还具有全新的备份和恢复功能，让用户能够更加方便地选择需要备份的组件，节省操作时间，同时简化了之前复杂烦琐的过程。SharePoint Designer 的管理中心网站也经过了重新设计，能够提供更好的可用性，包括检测 SharePoint 服务器的工作状况这一新功能。

2. Dreamweaver

Dreamweaver，中文名为"梦想编织者"，最初为美国 Macromedia 公司开发，2005 年被 Adobe 公司收购。

Dreamweaver 是集网页制作和管理网站于一身的所见即所得网页代码编辑器。利用对 HTML、CSS、JavaScript 等内容的支持，设计师和程序员可以在几乎任何地方快速制作和进行网站建设。

Dreamweaver 使用所见即所得的接口，亦有 HTML（超文本标记语言，标准通用标记语言下的一个应用）编辑的功能，借助经过简化的智能编码引擎，轻松地创建、编码和管理动态网站。访问代码提示，即可快速了解 HTML、CSS 和其他 Web 标准，使用视觉辅助功能减少错误并提高网站开发速度。

Dreamweaver 强调的是更强大的网页控制、设计能力以及创意的完全发挥，它开发了许多独具特色的设计新概念，诸如行为（Behaviors）、时间线（Timeline）、资源库（Library）等，还支持层叠式样表（CSS）和动态网页效果（DHTML），而动态 HTML 是 Dreamweaver 最令人欣赏的功能，是它最大的特色。

4.3.3 服务器端系统开发技术

服务器端系统开发技术是指 Web 服务器根据客户端浏览器的不同类型，动态生成相应的内容，然后发送给客户端浏览器。使用服务器端系统开发技术，所有指令都将在服务器中进行处理，并根据不同浏览者的请求生成不同网页，然后传送到客户端的浏览器中，再由浏览器解析并显示出来。典型的服务器端系统开发技术有 Java、JSP、ASP、ASP. NET 和 PHP。

1. Java 和 JSP

Java 是一种可以撰写跨平台应用软件的面向对象的程序设计语言，是由 Sun 公司于 1995 年推出的 Java 程序设计语言和 Java 平台（即 JavaSE、JavaEE 和 JavaME）的总称。Java 技术具有卓越的通用性、高效性、平台移植性和安全性，被广泛应用于 PC、数据中心、游戏控制台、科学超级计算机、移动电话和互联网，同时拥有全球最大的开发者专业社群。在全球云计算和移动互联网的产业环境下，Java 具备显著优势和广阔前景。

Java 全名为 Java Service Pages，是由 Sun 公司倡导、许多公司参与一起建立的一种动态技术标准。在传统的网页 HTML 文件中加入 Java 程序片段和 JSP 标签，就构成了 JSP 网页。JSP 的根本是一个简化的 Servlet 设计，它实现了 HTML 语法中的 Java 扩张，与 Servlet 一样，JSP 也是在服务器端执行的，通常返回给客户端的是一个 HTML 文件，因此客户端只要有浏览器就能够浏览。Web 服务器在遇到访问 JSP 网页的请求时，首先执行其中的程序脚本，然后将执行结果连同 JSP 文件中的 HTML 代码一起返回给客户端。

JSP 页面由 HTML 代码和嵌入其中的 Java 代码组成，其中 Java 程序段可以操作数据库、重新定向网页以及发送 E-mail 等，从而实现建立动态网页所需要的功能。服务器在页面被客户端请求以后对页面中的 Java 代码进行处理，然后将生成的 HTML 页面返回给客户端的浏览器。Java Servlet 是 JSP 的技术基础，而且大型的 Web 应用程序的开发需要 Servlet 和 JSP 配合才能完成。JSP 具备了 Java 技术的简单易用，完全地面向对象，具有平台无关性且安全可靠，主要面向 Internet。

自 JSP 推出后，众多大公司都支持 JSP 技术的服务器，如 IBM、Oracle、BEA 公司等。因此 JSP 迅速成为商业应用的服务器端语言。

2. ASP 和 ASP. NET

ASP 是 Active Server Page 的缩写，意味"动态服务器页面"。ASP 是微软公司开发的代替 CGI 脚本程序的一种应用，可以与数据库和其他程序进行交互，是一种简单、方便的编程工具。ASP 网页文件的格式是 . asp，现在常用于各种动态网站中。

ASP 是一种服务器端脚本编写环境，可以用来创建和运行动态网页或 Web 应用程序。ASP 网页可以包含 HTML 标记、普通文本、脚本命令以及 COM 组件等，利用 ASP 可以向网页中添加交互式内容，如在线表单，也可以创建使用 HTML 网页作为用户界面的 Web 应用程序。Web 服务器在遇到访问 ASP 网页的请求时，首先执行其中的程序脚本，然后将执行结果以 HTML 格式返回给客户端，程序脚本可以实现操作数据库、重定向网页发送电子邮件等建立动态网站所需要的功能。程序脚本的操作定义在服务器端执行，网络上传给客户端的仅是得到的结果，对客户端浏览器的要求很低。

ASP 目前几乎只能运行在 Windows 平台上，无法实现跨操作系统的应用。它的适用对象是熟悉微软公司产品架构的技术人员和系统管理人员，对于一些希望用简单且快速的方法完成设计的电子商务系统项目适合采用 ASP 技术。ASP 可以采用 Dreamweaver 作为开发工具，选择 Windows 系列操作系统，并选择 IIS 作为应用服务器。

ASP. NET 可以运行在 Web 应用软件开发者几乎全部的平台上，通用语言的基本库、消息机制、数据接口的处理都能无缝地整合到 ASP. NET 的 Web 应用中。ASP. NET 同时也是语言独立化的，用户可以选择一种最适合自己的语言来编写程序，或者把程序用很多种语言来编写，已经支持的有 C#、VB. NET、JScript、Managed C++、J#，将来这样的多种程序语言协同工作的能力将能够完整地移植到 ASP. NET 中。

虽然 ASP. NET 向前兼容了 ASP，以前编写的 ASP 脚本几乎不做任何修改就可以运行于 . NET 平台上，但是 ASP. NET 与 ASP 技术还是具有一定的差别，如表4-1所示。

表4-1 ASP 和 ASP. NET 的比较

ASP	ASP. NET
程序代码和页面标志混合在一个页面中，无法剥离	程序代码和页面标志可以完全剥离
程序员需要严格区分一个页面中客户端脚本程序与服务器端的程序，而且客户端的程序与服务器端的程序很难交互	使用 Web 空间，不再区分客户端程序与服务器端程序，可以直接进行数据交换
仅支持 HTML	支持 HTML、Element、Web Control
解释执行	第一次请求时自动编译执行，以后再次请求时不需要重新编译

续表

ASP	ASP. NET
支持 COM 组件	支持 COM 组件、Class Library 和 Web Service 组件
很难调试和跟踪	可以方便进行调试和跟踪
支持 Visual Basic	支持 C++、Visual Basic 和 JScript
不支持面向对象编程	支持面向对象编程

3. PHP

PHP 是 Hypertext Preprocessor（超文本预处理器）的缩写，是一种在服务器端执行的嵌入 HTML 文档的脚本语言，语言的风格类似于 C 语言。PHP 是一种开源的通用计算机脚本语言，尤其适用于网络开发人员。PHP 的语言借鉴吸收了 C 语言、Java 和 Perl 等流行计算机语言的特点，易于一般程序员学习，其主要目标是允许网络开发人员快速编写动态页面，但 PHP 也被用于其他很多领域。

PHP 是一个应用范围很广的语言，特别是在网络程序开发方面。一般来说，PHP 大多在服务器端运行，通过运行 PHP 的代码来产生网页供浏览器读取，此外也可以用来开发命令行脚本程序和用户端的 GUI 应用程序。PHP 可以在多种不同的服务器和操作系统平台上运行，也可以和许多数据库系统结合。另外，使用 PHP 不需要任何费用，官方组织 PHP Group 提供了完整的程序源代码，允许用户对其进行修改、编译或扩充。

PHP 具有以下一些特性。

①PHP 独特的语法混合了 C、Java、Perl 语言以及 PHP 自己创新的语法。

②PHP 可以比 CGI 或者 Perl 更快速地执行动态网页。

③PHP 是将程序嵌入到 HTML 文档中去执行，执行效率比完全生成 HTML 标记的 CGI 要高许多。

④PHP 具有非常强大的功能，可以实现所有的 CGI 功能。

⑤PHP 支持几乎所有流行的数据库及操作系统，最重要的是 PHP 可以用 C、C++语言进行程序的扩展。

PHP 的适用对象是熟悉 UNIX 环境的技术人员以及需要以最少的投入快速完成开发的应用项目。PHP 的适用平台是 Linux/UNIX 操作系统、Apache 服务器，开发工具可以使用 Eclipse。

4.3.4　服务器端系统开发工具

采用不同的开发技术可以使用相应的开发工具。例如，使用 ASP. NET 技术可以使用 Visual Studio，使用 JSP 技术可以使用 JBuilder、Eclipse 等 Java 应用软件开发工具，现对这些常用的开发工具进行详细介绍。

1. Visual Studio

Visual Studio（简称 VS）是由微软公司开发的，是一个完整的开发工具集，包括了整个软件生命周期中所需要的大部分工具，如 UML 工具、代码管控工具、集成开发环境

（IDE）等。所写的目标代码适用于微软系统支持的所有平台，包括 Microsoft Windows、Windows Mobile、Windows CE、. NET Framework、. NET Compact Framework 和 Microsoft Silverlight 及 Windows Phone。

Visual Studio 是目前最流行的 Windows 平台应用程序的集成开发环境，Visual Studio 2019 版本，基于. NET Framework 4. 5. 2，默认安装 Live Share 代码协作服务，帮助用户快速编写代码的欢迎窗口，改进搜索功能和总体性能，以及对包括 WinForms 和 WPF（Windows Presentation Foundation）在内的. NET Core 3. 0 项目的支持等。Visual Studio 2019 和 Visual Studio 2017 兼容同样的操作系统平台，包括 Windows 7/8. 1，并且确认有 Visual Studio for Mac。

2. JBuilder

JBuilder 是 Borland 公司开发的针对 Java 的开发工具，使用 JBuilder 可以快速、有效地开发各类 Java 应用。JBuilder 的核心有一部分采用了 VCL（Visual Component Library，可视组件库）技术，使程序的调试和执行非常清晰，就算是初学者，也能完整地看完代码。JBuilder 的另外一个特点是简化了团队合作，它采用的互联网工作室技术使不同地区，甚至不同国家的人联合开发一个项目成为可能。

JBuilder 是一个可视化的 Java 开发工具，是在 Java 2 平台上开发应用程序、数据库、发布程序的优秀工具，支持 J2EE，程序员可以快速地转换企业版 Java 应用程序。JBuilder 具有以下一些特点。

①JBuilder 支持最新的 Java 技术，包括 Applets、JSP/Servlets、Java Bean 以及 EJB（Enterprise Java Beans）的应用。

②用户可以自动生成基于后端数据库表的 EJB Java 类，JBuilder 同时简化了 EJB 的自动部署功能，此外还支持 CORBA，相应的向导程序有助于用户全面地管理 IDL（Interface Definition Language，分布应用程序所必需的借口定义语言）和控制远程对象。

③JBuilder 支持各种应用服务器，与 IAL（Inprise Application Language）紧密集成，同时支持 WebLogic Server，支持 EJB 1. 1 和 EJB 2. 0，可以快速开发 J2EE 的电子商务系统。

④JBuilder 能用 Servlet 和 JSP 开发及调试动态 Web 应用。

⑤利用 JBuilder 可创建纯 Java 2 应用（没有专门代码和标记）。JBuilder 是用纯 Java 语言编写的，其代码不含任何专属代码和标记，因此支持最新的 Java 标准。

⑥JBuilder 拥有专业化的图形调试界面，支持远程调试和多线程调试，调试器支持各种 JDK 版本，包括 J2ME/J2SE/J2EE。JBuilder 环境开发程序方便，是纯的 Java 开发环境，适合企业的 J2EE 开发。其缺点是开始时难于把握整个程序各个部分之间的关系，且对机器的硬件要求较高，内存占用大，运行速度较慢。

JBuilder 从 2006 版本开始使用 Eclipse 作为其核心开发，新版本 JBuilder 2008 R2 支持最新的 EJB 3. 0 规范，以及 JPA 技术。

3. Eclipse

Eclipse 是一个开放源代码的、基于 Java 的可扩展开发平台。就其本身而言，它只是一个框架和一组服务，用于通过插件组件构建开发环境。Eclipse 附带了一个标准的插件集，包括 Java 开发工具（Java Development Kit，JDK）。

Eclipse 是著名的跨平台的自由的集成开发环境（IDE），最初主要用于 Java 语言开发，通过安装不同的插件，Eclipse 可以支持不同的计算机语言，如 C++ 和 Python 等。Eclipse 的本身只是一个框架平台，但是众多插件的支持使 Eclipse 拥有其他功能相对固定的 IDE 软件很难具有的灵活性。许多软件开发商以 Eclipse 为框架开发自己的 IDE。

Eclipse 是一个开放源代码的软件开发项目，专注于为高度集成的工具开发提供一个全功能的、具有商业品质的工业平台。它主要由 Eclipse 项目、Eclipse 工具项目和 Eclipse 技术项目 3 个项目组成，具体包括 4 个部分：JDT、CDT、PDE 和 Eclipse Platform。JDT 支持 Java 开发、CDT 支持 C 语言开发、PDE 用来支持插件开发，Eclipse Platform 则是一个开放的可扩展 IDE，提供了一个通用的开发平台。它提供建造块和构造并运行集成软件开发工具的基础。Eclipse Platform 允许工具建造者独立开发与他人工具无缝集成的工具，无须分辨一个工具功能在哪里结束，而另一个工具功能在哪里开始。

Eclipse SDK（软件开发者包）是 JDT、PDE 和 Eclipse Platform 所生产的组件合并，它们可以一次下载。这些部分在一起提供了一个具有丰富特性的开发环境，允许开发者有效地建造可以无缝集成到 Eclipse Platform 中的工具。Eclipse SDK 由 Eclipse 项目生产的工具和来自其他开放源代码的第三方软件组合而成。Eclipse 项目生产的软件以通用公共许可（General Public License，GPL）发布，第三方组件有各自的许可协议。

从 2006 年起，Eclipse 基金会每年都会安排同步发布（Simultaneous Release）。2018 年 9 月开始，Eclipse 每 3 个月发布一个版本，并且版本代号不再延续天文星体名称，直接使用年份跟月份。

> 💡 思政栏目
>
> 电子商务系统开发过程中会用到很多开放源代码的软件，其保证所有人可以得到这些代码。这意味着没有一个公司可以完全独占它。开放源码意味着自由选择的权力，而自由选择意味着激发更多创新，把控制权交还给使用者和客户。作为程序员，在开发的项目中都会使用 GitHub 上的开源库，在其开发的应用中需要声明该项目使用了哪些开源库和开源许可证等信息，必须要遵守原作者的版权协议。

本 章 小 结

电子商务系统开发基础是电子商务系统的核心，开发电子商务系统需要确定系统的开发模式、搭建系统的开发平台、选择系统的开发技术和工具、选择系统的开发方式。

本章首先介绍了电子商务系统的开发模式，分为传统的 Web 应用开发模式和基于组件的开发模式，其中基于组件的开发模式是目前开发电子商务系统的主流模式，具有代表性的包括 CORBA、DCOM、.NET、J2EE 和 Struts；随后阐述了电子商务系统开发平台的组成结构，包括网络操作系统、Web 应用服务器和数据库管理系统，并介绍了当前的主流网络操作系统、Web 应用服务器和数据库管理系统；最后按照客户端系统和服务器系统分类介绍了常见的电子商务系统开发技术和开发工具。

思考与练习 ▶▶ ▶

一、填空题

1. 随着 Web 技术的发展，又出现了_____、_____、_____和_____等动态页面开发模式。

2. Dreamweaver 开发了许多独具特色的设计新概念，诸如_____、_____、_____等。

3. Dreamweaver 支持层叠式样表（CSS）和_____，而_____是 Dreamweaver 最令人欣赏的功能，是它最大的特色。

4. 基于组件的开发模式已经成为开发电子商务系统的主流模式，其中比较具有代表性的包括_____、_____、_____、_____和_____。

5. 在 Internet 环境下，主流网络操作系统是_____、_____和_____。

6. 目前常用的 Web 应用服务器有_____、_____、_____和_____。

7. Sybase 是美国_____公司研制的一种_____型数据库管理系统，是一种典型的 UNIX 或 Windows NT 平台上_____环境下的大型数据库管理系统。

8. HTML 即_____，是用于描述网页文档的一种标记语言。

9. HTML 通过_____来标记要显示的网页中的各个部分。

10. HTML 文本是由 HTML 命令组成的描述性文本，HTML 命令可以说明文字、_____、_____、声音、表格和_____等。

二、简答题

1. 什么是组件？组件技术的特点是什么？

2. 什么是 Struts 技术？

3. 常用的网络操作系统有哪些？它们分别适用于哪种类型的服务器？

4. 常见的数据库管理系统有哪些？

5. 简述 SQL Server 的特性。

6. 简述 HTML 的特性。

7. 简述静态页面开发模式和动态页面开发模式的区别。

8. 简述网络操作系统和单机操作系统的区别。

第 5 章 电子商务系统规划

学习目标

- 熟悉电子商务系统规划步骤。
- 了解初步调查的方法。
- 掌握电子商务系统规划的常用方法。
- 掌握可行性分析方法及过程。

知识导入

电子商务系统的建设是一项耗资巨大、历时较长、技术复杂且涉及面广的工程。规划工作是这一复杂工程的起始阶段，这项工作的好坏将直接影响整个电子商务系统建设的成败。

一般来讲，规划的目的是完成未来的某个目标而设计相关的实施步骤，其主要内容是给出达到这一目标的行动计划，要求指明行动过程中的人员组织、任务、时间及安排。

电子商务系统规划是指以支持企业核心业务转向电子商务为目标，确定未来企业电子商务系统的商务模式和商务模型，设计支持这种转变的电子商务系统的体系结构，说明系统各个组成部分的结构及其组成，选择构造这一系统的技术方案，给出系统建设的实施步骤及时间安排，说明系统建设的人员组织，评估系统建设的开销和收益，提出可行性研究报告。

案例导入

"只买对的，不买贵的"，这一句广告词代表了目前社会群众的商品购买意识。随着时代的发展，电脑像家电一样正在走进千家万户。如何既能满足自己的功能要求，又能低于预想价格买下一台电脑成为大众关心的话题。从系统的观点来看，以关键成功因素法为手段，描述电脑选购的过程，以期给用户一个公式化流程解决电脑选购问题。假如某人要买一台台式电脑，用于工作、学习和娱乐，其功能方面的主要内容包括 Office 办公软件、Photoshop 和 CorelDRAW 等图像处理软件、上网以及影音娱乐等。

据此，我们可以首选定义系统（功能）目标，即需求集合 R。其次，为满足 R，电脑的性能主要应该考虑：具备有效运行图像处理软件的能力，包括运算速度和存储能力。只要具备这种能力，电脑的其他性能均可得到满足。除了考虑电脑的功能要求以外，选购电脑往往还要从电脑的外观、附件及服务以及信息技术的发展等方面综合考虑，这些因素用关键成功因素法的树枝因果图工具进行描述。针对树枝因果图中的关键成功因素，再将其转换为性能指标，并用一定的方法进行评价。

（编者整理，资料来源：https：//wenku. baidu. com/view/289496eaa517866fb84ae45c3b3567ec112ddc08. html）

思考：选购电脑案例中的关键成功因素法的关键成功因素的 4 个来源和 8 个确认方法分别是什么？

5.1　电子商务系统规划概述

5.1.1　电子商务系统规划的定义

电子商务系统规划是指根据企业的战略目标和用户提出的需求，从用户的现状出发，以支持企业业务转向电子商务为目标，确定企业待建电子商务的商务模式和商务模型，然后经过调查，对开发电子商务系统要求的技术方案、实施过程、阶段划分、开发队伍、投资规模及工作进度，用系统的、科学的、发展的观点进行全面的规划。电子商务系统规划是指以支持企业开发电子商务系统为目标，确定电子商务的发展战略，设计电子商务系统的总体结构，说明解决方案各个组成部分的结构及其组成，选择构造这一方案的技术方案，给出方案建设的实施步骤及时间安排，说明方案建设的人员组织，评估方案建设的开销和收益，最后形成电子商务系统规划报告。

在电子商务系统的生命周期中，电子商务系统的规划阶段是一个重要的阶段。它之所以重要，是由于以下 6 个方面的原因。

①一方面，电子商务系统的发展规划是企业战略规划的重要组成部分，所以，电子商务系统的发展战略应与整个企业的发展战略保持一致。另一方面，由于企业电子商务系统可以为企业制订或调整企业战略规划提供各种必要的信息支持，因此，电子商务系统的发展战略规划应当与企业战略规划有机配合。

②为了使领导对系统的开发与否进行合理决策，同时也为了筹集到大量的费用，开发小组应拿出一个具有说服力的系统可行性说明，以此论证系统的效果，此外，还需要有一个概略的开发方案。

③信息技术发展非常迅速，而电子商务系统受各方面因素的影响导致其开发风险很大。若没有做好规划，则系统有可能在开发或实施过程中失败，也有可能因为技术选型不当，成为落后的或不受支持的系统。

④信息是企业的重要资源，应当被全企业共享，只有经过规划和开发的信息资源才能发挥作用。由于企业内外的信息资源很多，其内外之间都有大量的信息需要交换和共享。

如何收集、存储、加工和利用这些信息以满足不同层次的需要，这显然不是分散的、局部的考虑所能解决的问题，必须有来自高层的、统一的、全局的规划，将这些信息提取并设计出来，才能实现信息的共享。

⑤对于大、中型的电子商务系统，各子系统除了完成相对独立的功能外，相互间还需要协调工作。系统规划的目的就是使系统的各个组成部分之间能够相互协调。

⑥对于大、中型的电子商务系统，往往需要分期、分批的实施。系统规划的一个主要任务就是使人力、物力、时间安排合理、有序，以保证将来整个系统的开发顺利进行。

需要补充的是，如果开发的电子商务涉及物流系统、支付系统等，在系统规划阶段不仅要规划信息系统，还要规划所涉及的物流系统、支付系统等。但由于本书研究的是电子商务系统分析与设计，因此这里仅讨论电子商务系统的规划。以后在系统分析阶段和系统设计阶段也有同样问题，不再赘述。

5.1.2 电子商务系统规划的任务

电子商务系统规划的主要任务包括明确电子商务系统的发展战略、制订电子商务系统的开发方案和项目实施计划和进行可行性分析3个方面。

1. 明确电子商务系统的发展战略

由于电子商务系统的开发需要企业投入相当的资源（如财力、物力和人力），因此开发电子商务系统首先应明确开发的目标和发展战略。

Internet 上的电子商务，可以分为两大类：企业电子商务和电子商务企业。企业电子商务指的是电子商务只是企业业务中的一部分，而电子商务企业指的是企业经营的业务是单一的电子商务。两者在系统规划阶段的任务是不一样的。

由于企业电子商务只是企业业务中的一部分，故它的战略要服从企业的整体发展战略，即企业的电子商务的战略要在企业整体发展战略指导下确定。企业电子商务系统的设计则是根据已经确定的企业电子商务的战略来进一步设计。

对于电子商务企业，企业发展战略基本就是电子商务的发展战略。这类电子商务的目标、战略和任务与企业电子商务不同，需要有一个策划过程。

2. 制订电子商务系统的开发方案和项目实施计划

通过对企业的初步调查，确定系统的规模和目标，研究目前正在使用的系统，导出新系统的高层逻辑模型，最后构造出这一系统的开发方案，并根据开发方案，确定整个项目中各个阶段的时间安排。

3. 进行可行性分析

根据待开发电子商务系统的需求，分析新系统的商务模式和商业机会、需要的信息技术、可能发生的投资和费用以及产生的效益，判断待开发的电子商务系统成功的可能性。

5.1.3 电子商务系统规划的特点

系统规划是电子商务系统建设的起始阶段，这个阶段工作的好坏将直接影响整个电子商务系统建设的成败。因此，充分认识这一阶段工作的特点，将有助于我们提高规划阶段工作的科学性和有效性。系统规划的特点包括以下4个。

①规划工作解决的是待建系统长远的、未来的、全局性和关键性的问题。

②规划工作的方法具有较强的不确定性，且非结构化程度较高。

③规划工作是一个管理决策过程。它的工作不是解决待建系统开发中的具体业务问题或技术问题，而是为待建系统的建设确定目标、战略、开发方案和实施计划。

④规划工作的环境是企业管理环境，高层管理人员（包括高层信息管理人员）是规划工作人员的主体。

5.1.4　电子商务系统规划的步骤

电子商务系统规划本身就是一个庞大的项目。通常进行电子商务系统规划包括以下 10 个步骤。

1. 规划准备工作

此步骤是确定规划的基本方针和建立规划的组织。确定规划的基本方针包括确定规划的年限、规划的方法（如是集中式规划还是分散式规划）；建立规划的组织包括邀请专家、建立规划小组等。

2. 收集有关的信息

此步骤是进行必要的初步调查，主要调查当前企业发展战略、组织机构和管理、现有系统存在的主要问题和薄弱环节、可供新系统利用的资源及约束条件等。

3. 对新系统进行战略分析

此步骤是对待建的电子商务信息系统的战略目标、开发方法、体系结构、功能结构、实施计划、能够得到的投资、开发风险和所涉及的政策法规等多方面进行分析。

4. 定义约束条件

此步骤是分析财务资源、人力资源、物力资源，确定待建系统可能承受的约束条件。

5. 明确战略目标

此步骤是根据企业的战略目标，分析企业对新系统的需求，确定待建系统的战略目标、希望其具有的功能和性能。

6. 提出待建系统的框架图

此步骤是提出待建系统开发的技术路线，确定待建系统的体系结构。

7. 确定开发方案

此步骤是根据企业需求、待建系统的战略目标、约束条件，规划小组应确定出开发方案。开发方案应包括待建系统的目标、功能、结构、开发时间进度、项目成本、资源需求等。

8. 确定实施进度

此步骤是根据开发方案确定要完成的内容，制订一个详细的实施进度表。进度表中应规定各个子系统的优先次序和完成的时间安排、给项目组成员分配的具体任务和确定完成的时间。

9. 进行可行性分析

此步骤是根据电子商务系统的环境、资源等条件，评估电子商务模式和商业机会、系统建设的费用和收益、技术和经营管理能力，判断所提出的待建系统开发方案是否有必要。

10. 审批系统规划

此步骤是在征求用户的意见基础上，根据可行性分析报告，企业应当对待建系统的开发方案进行审批。

5.2 初步调查

当用户提出开发电子商务系统的要求后，为了确定这种开发要求是否具有可行性，还需要开发人员在系统开发之前认真调查。为了使系统开发工作更加有效率，通常将调查分为两步：第一步是初步调查，这是在规划阶段进行的，即先投入少量人力对系统进行大致的了解，分析其开发的可行性；第二步是详细、系统的调查，这是在分析阶段进行的，即在确定系统开发具有可行性并已正式立项后，再投入大量人力展开大规模、全面详细的系统调查。

无论是企业电子商务，还是电子商务企业都有一个初步调查问题，但在内容上有部分不同。对于新创建的电子商务企业需要有一个为策划提供依据的调查，但不需要调查企业现行系统的情况。

5.2.1 初步调查的内容

初步调查的目的是获取足够的信息以协助制订待建系统的开发方案，以决定待建系统是否能够立项。因此，初步调查是有针对性的调查，调查内容具体如下。

1. 用户需求分析

系统开发的起因是企业发现现行系统（手工作业系统或现有的信息系统）已不能再满足需要，而提出开发电子商务系统的请求。初步调查的第一步就是从用户提出电子商务系统开发的缘由和对电子商务系统的要求入手，考察用户对电子商务系统的需求，以及预期要达到的目标。

提出系统开发请求的通常是经营管理人员，因为他们对经营管理中存在的问题感受最深刻，也最敏感。然而，经营管理人员所提出的问题往往有一定的模糊度。这就要求系统分析人员与经营管理人员密切合作，一起定义问题，在系统开发过程中逐步把问题明朗化和定量化。

2. 企业概况

企业概况包括企业性质，企业内部的组织结构，企业规模、历史，生产过程，企业内部各组织的布局，企业提供的产品或服务及销售情况，系统目标，人力，物力，设计和技术条件，管理体制，经营状况，各项经济指标的完成情况等。

3. 企业的对外关系

企业的对外关系包括企业与客户、供应商、合作伙伴和政府部门的业务联系或从属关系，即有哪些物质或信息的来往关系，哪些环境条件（包括自然环境和社会经济环境）对该企业的活动有明显的影响。

4. 现行系统的概况及存在的问题

现行系统的概况及存在的问题是指现行系统的功能和业务流程、人员、管理方式、基础数据、工作效率、规章制度等的概况及存在的问题。

5. 各类人员对电子商务系统开发持有的态度

企业领导、管理部门、各业务单位、有业务联系的外单位及现行系统业务人员对现行系统是否满意，什么地方不满意，希望如何改变，以及产生上述看法的理由。

6. 电子商务系统开发所需的资源情况

组织开发电子商务系统，需要投入多少人力，需要何种技术水平及管理水平的人员，需要多少资金、物力和设备，需要花费多长时间，还要了解现有设备中有哪些是可以利用的。

7. 各方面对系统目标的看法

对于领导或管理部门初步提出的要求，找出定量的标准，如系统的吞吐量、响应时间、容错能力、审核能力等。

5.2.2 初步调查的步骤

初步调查一般需要经过以下4步。

①调查前的准备工作包括两个方面：一是调查大纲的制订，即明确调查的内容、范围和深入程度；二是与被调查对象的预先沟通，即使企业各部门的有关人员对电子商务系统及相关概念有一个初步的了解，大概知道应该向调查者提供一些什么样的信息，如何描述这些信息等。

②对企业各有关部门的调查既可以按企业各部门的隶属关系从上到下分层次进行，也可以根据信息传递关系以部门为单位逐步进行。除了对企业原有的业务系统进行调查外，还需要调查业务人员对待建系统的需求。

③对调查材料的分析包括企业的战略目标分析、市场环境分析、基础条件分析、业务过程分析和企业及其人员对待建系统的需求分析等。

④在上述工作基础上，归纳出企业现行业务系统中存在的问题及电子商务系统开发的方法和步骤。

在实际初步调查过程中，有时不一定严格依据上述的步骤。

5.3 电子商务系统规划常用方法

实践经验表明，要制订一个切实可行的、真正能够对企业长远的发展发挥指导作用的电子商务系统规划方案，选定科学的方法是首要因素。

电子商务系统规划的常用方法有战略目标集转化法、关键成功因素法和企业系统规划法。

5.3.1 战略目标集转化法

在电子商务系统的总体规划中，对于电子商务，人们首先关心的是如何保证电子商务系统的战略能支持企业的战略。战略目标集转化这个概念（Strategy Set Transformation, SST）法由 William King 于 1978 年提出，他把企业的总体战略看成一个信息集合，由使命、目标、战略和其他战略变量（如管理水平、环境约束）等组成。

组织使命是对组织存在价值的长远设想，是组织最本质、最宏观的内核。

目标是组织在确定时限内应该达到的境地和标准。目标是根据组织使命指定的，通常表现为层次结构，包括总目标、分目标和子目标。

战略是为了实现既定目标所确定的对策和举措。

影响因素包括发展趋势、机遇和挑战、管理复杂性、环境对组织的约束等。

电子商务系统是为组织战略目标服务的，所以制订电子商务系统战略目标必须以组织战略目标为依据。首先根据组织战略目标确定电子商务系统目标；其次对应组织战略集的元素识别相应电子商务系统战略约束，最后根据电子商务系统目标和战略约束提出电子商务系统战略。

SST 法的步骤包括识别组织的战略集和将组织战略目标集转化成电子商务系统战略目录集两步。

电子商务系统规划过程中，重要的一步就是将企业的战略目标集转换为电子商务系统的战略目标集，其转换过程如图 5-1 所示。SST 法的步骤具体如下。

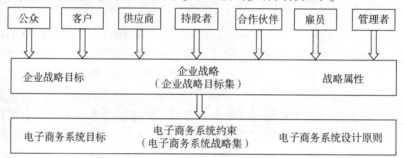

图 5-1　电子商务系统战略目标集的转换过程

1. 识别组织的战略集

识别组织的战略集是指先考查该组织是否有成文的长期战略计划，如果没有，则要去构造这种战略集合。可以采用以下步骤。

①描绘出组织各类人员结构，如卖主、经理、雇员、供应商、顾客、贷款人、政府代理人、地区社团、公益组织及竞争者等。

②识别各类人员对企业目标的要求。

③识别与各类人员要求相应的企业战略。

2. 将组织战略目标集转化成电子商务系统战略目标集

电子商务系统战略目标集应包括系统目标、约束以及设计原则等。这个转化过程包括对应组织战略集的每个元素识别对应的电子商务系统战略约束，然后提出整个电子商务系统的结构，最后，选出一个方案送总经理审查。

下面是某公司利用战略目标集转化法确立的电子商务系统目标。

①战略第一步：通过网络改善传统分销业务的运作效率，加快业务流程运转速度；通过网络为渠道伙伴提供更多的信息服务和培训支持；通过网络改善与产品厂商、渠道用户

的关系；通过网络进一步开拓新市场、扩大市场覆盖面、发展新的业务。

②战略目标第二步：形成电子商务运营平台；在保持原有分销优势的前提下，形成新的核心竞争优势；实现服务营销观念和商业模式的创新。

💡 **思政栏目**

企业的目标不只是为了盈利，现代企业应该满足"厚德载物"，"厚德"是为了"载物"，大企业不只是为了盈利，更需要承担"载物"。企业应该是社会化的，就像一个完整的人，是一个和谐的整体，虽然各机构功能不同，利益也有所不同，但这类冲突产生的问题，并不会影响整体统一往前走。不以小利失大义，只有超越了金钱利益的局限，牢记自身所承担的社会责任，才能在复杂的环境中立于不败之地，真正赢得消费者的支持和信任。

5.3.2 关键成功因素法

关键成功因素指的是对企业成功起关键作用的因素。关键成功因素这一概念（Critical Success Factor，CSF）法是在 1980 年由麻省理工学院提出来的。关键成功因素法就是通过分析找出使企业成功的关键因素，然后围绕这些关键因素来确定系统的需求，并进行规划。

1. CSF 法的基本概念

决定大部分行业成败与否的因素通常有若干个。任何企业要想取得成功就必须把握住这些关键性的成功因素。

如何从多种因素中识别出关键成功因素有多种方法。如果是由高层管理人员来确定，则选择树枝因果图比较好，因为一个高层领导人员日常总在考虑什么是关键因素。如果是由中高层管理人员群体来选择，则可以用德尔菲法或其他方法把不同人设想的关键因素综合起来。

例如，某房地产公司的项目成功因素，可以用树枝因果图分析影响此目标的各种因素以及子因素，如图 5-2 所示。

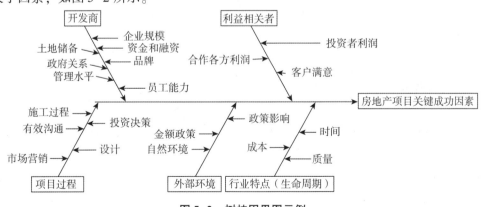

图 5-2 树枝因果图示例

2. CSF 法的步骤

一个完整的 CSF 分析方法主要有 5 个步骤：公司定位、识别 CSF、收集 CSF 情报、比较评估 CSF、制订行动计划，具体介绍如下。

①了解企业或电子商务系统的战略目标。

②识别所有的成功因素：主要是分析影响战略目标的各种因素和影响这些因素的子因素。

③确定关键成功因素。不同行业的关键成功因素各不相同。即使是同一个行业的组织，由于各自所处的外部环境的差异和内部条件的不同，其关键成功因素也不尽相同。

④明确各关键成功因素的性能指标和评估标准。

⑤关键成功因素法的优点是能够使所开发的系统具有很强的针对性，能够较快地取得收益。应用关键成功因素法需要注意的是，当关键成功因素解决后，又会出现新的关键成功因素，就必须再重新开发系统。

3. CSF 的来源

同一个产业中的个别企业会存在不同的关键成功因素，关键成功因素有以下 4 个主要的来源。

（1）个别产业的结构

不同产业因产业本身特质及结构不同，而有不同的关键成功因素，此因素决定产业本身的经营特性，该产业内的每一家公司都必须注意这些因素。

（2）竞争策略、产业中的地位及地理位置

企业的产业地位是由过去的历史与现在的竞争策略所决定的，在产业中每一家公司因其竞争地位的不同，关键成功因素也会有所不同。对于由一家或两家大公司主导的产业而言，领导厂商的行动常为产业内小公司带来重大的问题，所以对小公司而言，大公司竞争者的策略，可能就是其生存、竞争、关键成功因素。

（3）环境因素

企业因外在因素（总体环境）的变动，会影响每家公司的关键成功因素。例如，在市场需求波动大时，存货控制可能会被高阶主管视为关键成功因素之一。

（4）暂时因素

暂时因素大部分是由组织内特殊的理由而来的，这些是在某一特定时期对组织的成功产生重大影响的活动领域。

4. CSF 的确认方法

关键成功因素的确认方法主要包括以下 8 种。

①环境分析法：包括将要影响或正在影响产业或企业绩效的政治、经济、社会等外在环境的力量。换句话说，重视外在环境的未来变化，比公司或产业的总体变化来得重要，但在实际应用到产业或公司上会产生困难。

②产业结构分析法：应用 Porter 所提出的产业结构五力模型，作为此项分析的基础。此架构由 5 个要素构成，每一个要素和要素间关系的评估可提供给分析者客观的数据，以确认及检验产业的关键成功因素。产业结构分析法的另一个优点是此架构提供一个很完整的分类，以图形的方式找出产业结构要素及其间的主要关系。

③产业/企业专家法：向产业专家、企业专家或具有知识与经验的专家请教，除可获

得专家累积的智慧外，还可获得客观数据中无法获得的信息，但如果缺乏客观的数据则可能导致实证或验证上的困难。

④竞争分析法：分析公司在产业中应该如何竞争，以了解公司面临的竞争环境和态势，研究焦点的集中可以提供更详细的资料，且深度的分析能够获得更好的验证性，但其发展受到特定的限制。

⑤产业领导厂商分析法：经由该产业领导厂商的行为模式，可当作产业关键成功因素重要的信息来源。因此对于领导厂商进行分析，有助于确认关键成功因素。

⑥企业本体分析法：此项技术乃针对特定企业，对某些方面进行分析，如优劣势评、资源组合、优势稽核及策略能力评估等。由于透过各功能的扫描，确实有助于关键成功因素的发展，但实在耗费时间且数据相当有限。

⑦突发因素分析法：此项技术亦是针对特定企业，通过对企业相当熟悉的专家协助。虽然较主观，却常能揭露一些其他传统客观技术无法察觉到的关键成功因素，且不受功能其他的限制，甚至可以获得一些短期的关键成功因素。

⑧市场策略对获利影响的分析法（PIMS Results）：针对特定企业，以 PIMS（Profit Impact of Market Strategy）研究报告的结果进行分析。此技术的主要优点为其实验性基础，而缺点在于"一般性的本质"，即无法指出这些数据是否可直接应用于某一公司或某一产业，也无法得知这些因素的相对重要性。

5. CSF 法的优、缺点

（1）CSF 法的优点

CSF 法的优点有以下 3 个。

①能抓住主要矛盾，使目标的识别突出重点。

②能帮助企业高层管理人员确定企业管理目标，明确信息需求和建设电子商务系统的必要性。

③是一种自上而下、从管理的角度看待电子商务系统规划的方式。

（2）CSF 法的缺点

CSF 法的缺点是实施中缺乏确定关键成功因素的规范方法。

5.3.3 企业系统规划法

企业系统规划（Business System Planning, BSP）法是 IBM 公司于 20 世纪 70 年代初创建的一种方法，是一种对企业管理系统进行规划和设计的结构化方法，可用于电子商务系统的规划。

1. BSP 法的作用

企业系统规划法是一种能够帮助规划人员根据企业目标制订出电子商务系统战略规划的结构化方法。它先自上而下识别系统目标，接着识别企业过程和数据，然后自下而上设计电子商务系统，以支持企业目标。

通过这种方法可以帮助规划人员做到以下 2 点。

①确定出待建电子商务系统的总体结构，同时明确系统的子系统组成和开发子系统的

先后顺序。

②对数据进行统一规划、管理和控制，明确各子系统之间的数据交换关系，保证信息的一致性。

2. BSP 法的步骤

BSP 是一项系统工程，其工作的详细步骤如图 5-3 所示，具体解释如下。

（1）准备工作

BSP 法是否能够获得企业最高领导的认可，并直接参与领导工作是其能够成功的关键因素。BSP 是一项系统工程，其工作开展之前要做细致的准备。准备工作应包括如下内容。

①首先应成立一个由企业负责人牵头的工作小组。

②明确规划工作的方向和范围。

③制订工作时间进程表。

④制订调查提纲。

（2）定义企业过程

企业过程是逻辑上相关的一组决策和活动的集合。

定义企业过程是 BSP 法的核心。企业过程演绎了企业目标的完成过程，又独立于具体的组织机构变化，是建立企业电子商务系统的基础，如图 5-4 所示。

定义过程是 BSP 法成功的关键，输出应有以下文件：一是过程组列表；每一过程的简要说明；二是关键过程列表，即识别满足目标的关键过程；三是产品/服务过程的流程图。

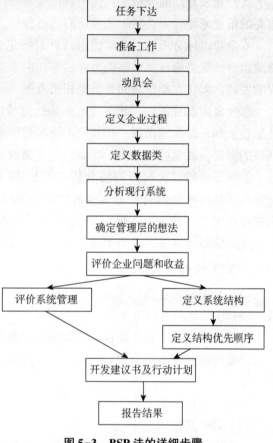

图 5-3　BSP 法的详细步骤

通过以上文件，规划小组成员能很好地了解整个企业的运营是如何管理和控制的。至此定义企业过程才能告一段落。

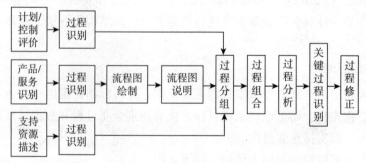

图 5-4　定义企业过程步骤

（3）定义数据类

数据类是指支持企业过程所必要的逻辑上相关的一组数据。

识别数据类型的目的在于了解企业目前的数据状况和数据要求，为定义电子商务系统的信息结构提供依据。识别数据类型是将所有的数据分成若干大类。

定义企业数据的方法有两种，一种是企业实体法。所有与企业有关的可以独立考虑的事物都可以定义为实体，如客户、产品、材料、财会和人员等。与实体生命周期阶段相联系的数据类型有计划型、统计型、事务型、文档型。企业实体法可用数据/企业实体矩阵表示，常用的企业实体数据类如表5-1所示。企业实体法的第一步是列出企业实体，一般来说要列出7~15个实体，接着列出一个矩阵。

表5-1　常用的企业实体数据类

	产品	客户	设备	材料	财会	人员
计划	产品计划	销售计划	设备计划	材料采购计划	预算	人员培训计划
统计	产品统计	销售历史统计	设备利用率	材料消耗统计	财务统计	生产率
文档	产品入库出库汇总	客户	设备库存汇总	材料库存汇总	会计总账	工资
事务	订货	货运记录	设备采购记录	采购订货	接收支付	人事调动记录

另一种定义企业数据的方法是企业过程法。它利用已识别的企业过程，分析每一个过程利用什么数据，产生什么数据，或者说每一个过程的输入和输出数据是什么。它可以用输入—处理—输出图来形象地表达，如图5-5所示。

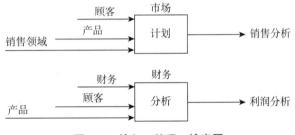

图5-5　输入—处理—输出图

企业实体法和企业过程法可分别进行，然后互相参照，按逻辑上的相关性进行分析和归并，以减少数据的冗余，最后归纳出数据类。

（4）分析现行系统

对现行业务过程、数据处理和数据文件进行分析，发现欠缺和冗余部分，进而对将来的行动提出建议。

（5）确定管理部门对电子商务系统的要求

作为企业系统规划法，在整个规划过程中都必须考虑经营管理人员对系统的要求，特别是其对企业与待建系统的中长期发展的看法。通过与他们交换看法，使系统的目标、信息需求得以完善。

（6）定义系统结构

定义系统结构，即确定对数据资源和企业功能进行合理组织的方案，具体包括识别出系统和各个子系统，以及分析它们所包含的企业功能，从而将企业目标转化成系统的目标。

定义系统结构实际是划分子系统。BSP 法是根据信息的产生和使用来划分子系统的，它尽量把信息产生的企业过程和使用的企业过程划分在一个子系统中，从而减少子系统之间的信息交换。具体的做法是用 U/C 矩阵图。

需要注意的是，实际的开发中我们关注点比较小，往往就是在一个已经拆分过的子系统中进行开发，那如何划分企业的子系统，就是 BSP 法的使用。假想现在给你一个企业信息化的案例，你从何入手，怎样分析，怎样划分系统，怎样使这些子系统间的信息交换能最少。从这个方法的应用上我们也许可能会得出为什么财务计划与经营计划会放在一起作为一个子系统，为什么库存、调度、生产能力计划，材料需求，工艺路线会放在生产制造子系统，而为什么销售分析、市场分析、订货服务与发运会放在一起作为销售子系统。

（7）定义顺序和行动计划

BSP 法的最后两步分别是确定总体结构中的优先顺序；完成 BSP 研究报告，提出建议书和开发计划。

3. U/C 矩阵的应用

U/C 中的 C 表示产生（Create），即这类数据由相应功能产生；U 表示使用（Use），即这类功能使用相应的数据类，如表 5-2 所示。

表 5-2 的垂直方向是企业功能，水平方向是数据类。具体的步骤如下。

①如果某功能产生某数据，则在某行某列矩阵元中写 C。

②如果某功能使用某数据，则在某行某列矩阵元中写 U。

③调换表中的行或列，尽量使 U、C 集中到对角线上排列，使 C 尽量地朝对角线靠近，然后再以 C 元素为标准，划分子系统，如表 5-3 所示。

表 5-2 U/C 矩阵

企业功能	数据类																列号 Y
	客户	订货	产品	工艺流程	材料表	成本	零件规格	材料库存	成品库存	职工	销售区域	财务计划	计划	设备负荷	物资供应	任务单	
经营计划		U				U						U	C				1
财务规划						U				·	U	C	C				2
资产规模												U					3
产品预测	C		U								U						4
产品设计开发	U	C	U	C			C						U				5
产品工艺			U		C		C	U									6
库存控制							C	C						U	U		7
调度		U	U				U							U			8
生产能力计划			U											C	U		9
材料需求			U		U		U									C	10
操作顺序			C											U	U	U	11
销售管理	C	U	U						U		U						12
市场分析	U	U	U								C						13

续表

企业功能	数据类																列号 Y
	客户	订货	产品	工艺流程	材料表	成本	零件规格	材料库存	成品库存	职工	销售区域	财务计划	计划	设备负荷	物资供应	任务单	
订货服务	U	C	U						U		U						14
发运	U	U	U						U			U					15
财务会计	U	U	U						U	U		U	U				16
成本会计		U	U			C						U	U				17
用人计划										C							18
业绩考评										U							19
行号 X	1	2	3	4	5	6	7	8	9	10	11	12	13	14	15	16	

表 5-3　进行行列变换后的 U/C 矩阵

企业功能	数据类															
	计划	财务计划	产品	零件规格	材料表	材料库存	成品库存	任务单	设备负荷	物资供应	工艺流程	客户	销售区域	订货	成本	职工
经营计划	C	U												U	U	
财务规划	U	C													U	U
资产规模		U														
产品预测			U									U	U			
产品设计开发	U		C	C	C							U				
产品工艺			U	U	U	U										
库存控制						C	C	U		U						
调度			U				U	C	U	U	U					
生产能力计划									C	U	U					
材料需求			U		U	U				C						
操作顺序								U	U	U	C					
销售管理		U	U					U				C	U	U		
市场分析		U	U									U	C	U		
订货服务			U				U					U	U	U		
发运		U	U				U					U		U		
财务会计	U	U	U				U					U		U		U
成本会计	U	U	U									U		U	C	
用人计划																C
业绩考评																U

④把 U、C 比较集中的区域用粗线条框起来，这样形成的框就是一个个子系统，如表 5-4 所示。

表5-4 划分的子系统

企业功能		数据类															
		计划	财务计划	产品	零件规格	材料表	材料库存	成品库存	任务单	设备负荷	物资供应	工艺流程	客户	销售区域	订货	成本	职工
经营计划	经营计划	C	U												U	U	
	财务规划	U	C													U	U
	资产规模		U														
技术准备	产品预测			U									U	U			
	产品设计开发	U		C	C	C							U				
	产品工艺			U	U	U	U										
生产制造	库存控制						C	C	U		U						
	调度			U					U	C	U	U					
	生产能力计划									C	U	U					
	材料需求			U		U	U				C						
	操作顺序								U	U	U	C					
销售	销售管理			U	U				U				C	U	U		
	市场分析			U	U								U	C	U		
	订货服务			U									U	U	C		
	发运			U										U	U		
财会	财务会计	U	U	U					U				U		U		U
	成本会计	U	U	U											U	C	
人事	用人计划																C
	业绩考评																U

⑤子系统划定之后，留在小方块（子系统）外还有若干个U元素，这就是今后子系统之间的数据联系，即共享的数据资源。将这些联系用箭头表示，如表5-5所示。

表5-5 子系统间的数据联系

企业功能		数据类															
		计划	财务计划	产品	零件规格	材料表	材料库存	成品库存	任务单	设备负荷	物资供应	工艺流程	客户	销售区域	订货	成本	职工
经营计划	经营计划	经营计划子系统		←											U	U	
	财务规划			←												U	U
	资产规模			←													
技术准备	产品预测												U	U			
	产品设计开发	U →		技术准备子系统									U				
	产品工艺					U											
生产制造	库存控制						生产制造子系统										
	调度		U														
	生产能力计划																
	材料需求		U →			U											
	操作顺序																
销售	销售管理		U—U				U						销售子系统		→		
	市场分析		U—U														
	订货服务		U				U										
	发运		U—U				U										
财会	财务会计	U—U		U			U						U		U	← U	
	成本会计	U—U		U											U	1	
人事	用人计划																
	业绩考评															2	

4. 数据分析

这样一个过程完成后，最好要进行数据正确性的分析，这里要用到的就是数据守恒原则，具体说明如下。

（1）原则上每一列只能有一个 C

如果没有 C，则可能是数据收集时有错；如果有多个 C，则有两种可能：其一是数据汇总有错，误将其他几处引用数据的地方认为是数据源；其二数据栏是一大类数据的总称，应将其细化。

（2）每一列至少有一个 U

如果没有 U，则是调查数据时或建立 U/C 矩阵时有误。

（3）不能出现空行或者空列

如果出现空行或空列，则可能是下列两种情况：其一，数据项或业务过程的划分是多余的；其二，在调查或建立 U/C 矩阵过程中可能漏掉了它们之间的数据联系。

在整个系统逻辑的划分中要注意的是，沿对角线一个接一个地画，既不能重叠，又不能漏掉任何一个数据和功能。小方块的划分是任意的，但必须将所有的 C 元素都包含在小方块之内。

5.3.4 常用方法的对比

CSF 法能抓住主要矛盾，使目标的识别突出重点，但是其一般最有利的使用只是在确定系统目标上。

SST 法是从另一个角度识别系统目标的结构化方法。它反映了各种人的要求，而且给出了按这种要求的分层，然后把企业战略目标转化为电子商务系统的目标。它能保证目标比较全面，疏漏较少，但在突出重点方面不如前者。

BSP 法虽然也首先强调目标，但没有明显的目标引出功能。它通过经营管理人员酝酿"功能"引出系统目标，企业战略目标到系统目标的转换是通过一步步分析得到的。这样可以定义出新的系统以支持企业功能，也就把企业的战略目标转化为系统的目标，所以我们说识别企业功能是 BSP 法的中心，决不能把 BSP 法的中心内容当成 U/C 矩阵。

实际应用过程中，可以把这 3 种方法结合起来使用，称之为 CSB 法，即 CSF 法、SST 法和 BSP 法的结合。这种方法先用 CSF 法确定企业战略目标，然后用 SST 法补充完善企业战略目标，并将这些目标转化为电子商务系统的目标，最后用 BSP 法校核两个目标，并确定企业系统结构，这样就补充了单个方法存在的不足。当然这也使整个方法过于复杂，同时削弱了单个方法的灵活性。

可以说迄今为止电子商务系统战略规划还没有一种十全十美的方法。由于战略规划本身的非结构性，所以可能永远也找不到一个唯一解。进行任何一个企业的规划均不应照搬以上方法，而应具体情况具体分析，选择以上方法的可取的实现，灵活运用。

5.4 确定电子商务模式

电子商务模式，就是指在网络环境和大数据环境中基于一定技术基础的商务运作方式和盈利模式。研究和分析电子商务模式的分类体系，有助于挖掘新的电子商务模式，为电子商务模式创新提供途径，也有助于企业确定特定的电子商务策略和实施步骤。

5.4.1　电子商务模式分类依据

电子商务模式可以从多个角度建立不同的分类框架，最简单的分类莫过于 B2B、B2C 和 C2C 这样的分类，还有新型 B2Q 模式、BOB 模式，但就各模式来说还可以再次细分。具体分类如下所示。

1. 基于价值链的分类

Paul Timmers 提出的分类体系是基于价值链的整合，同时也考虑到了商务模式创新程度的高低和功能整合能力的多寡。按照这种体系，电子商务模式可以分为电子商店、电子采购、电子商城、电子拍卖、虚拟社区、协作平台、第三方市场、价值链整合商、价值链服务供应商、信息中介、信用服务和其他服务等。

2. 混合分类

Michael Rappa 将电子商务模式分为经纪商、广告商、信息中介商、销售商、制造商、合作附属商务模式、社区服务提供商、内容订阅服务提供商、效用服务提供商 9 大类。其中经纪商又可以分为买/卖配送、市场交易、商业贸易社区、购买者集合、经销商、虚拟商城、后中介商、拍卖经纪人、反向拍卖经纪人、分类广告、搜索代理 11 种；广告商又可以分为个性化门户网站、专门化门户网站、注意力/刺激性营销、免费模式、廉价商店 5 种。中国学者吕本富和张鹏将电子商务模式分为 B2B、网上金融、网上销售、网上拍卖/买、网络软服务、网络硬服务、数字商品提供者、技术创新、内容服务、网络门户、网上社区、旁观者 12 种。其中 B2B 模式根据职能又可划分为采购、销售、物流、售后服务等类型；网上金融模式根据金融领域又可划分为网络证券、网络银行、网上保险、个人理财、风险资本等类型。

3. 基于原模式的分类

Peter Weill 认为，电子商务的模式从本质上来说都是属于原模式的一种或者是这些原模式的组合。而他所认为的原模式有以下 8 种：内容提供者、直接与顾客交易、全面服务提供者、中间商、共享基础设施、价值网整合商、虚拟社区、企业/政府一体化。

4. 基于新旧模式差异的分类

Paul Bambury 从新的商务模式与旧商务模式的差异角度出发，将电子商务模式分为两大类：移植模式和禀赋模式。移植模式是指那些在真实世界当中存在的，并被移植到网络环境中的商务模式；禀赋模式则是在网络环境中特有的、与生俱来的商务模式。

5. 基于控制方的分类

麦肯锡管理咨询公司认为存在 3 种新兴的电子商务模式，即卖方控制模式、买方控制模式和第三方控制模式。这种分类在一定程度上反映了卖方、买方以及第三方中介在市场交易过程中的相对主导地位，体现了各方对交易的控制程度。

6. 基于 Internet 商务功用的分类

Crystal Dreisbach 和 Staff Writer 按照 Internet 的商务功用，将电子商务模式划分为 3 类：基于产品销售的商务模式、基于服务销售的商务模式和基于信息交付的商务模式。

7. 基于 B2C 和 B2B 的分类

中国社科院财贸所课题组基于 B2C 和 B2B 模式进行了进一步的分类。按照为消费者提供的服务内容的不同将 B2C 模式分为电子经纪、电子直销、电子零售、远程教育、网上预定、网上发行、网上金融 7 类；将 B2B 模式分为名录模式、B2B 和 B2C 兼营模式、政府采购和公司采购、供应链模式、中介服务模式、拍卖模式、交换模式 7 类。其中中介服务模式又可以细分为信息中介模式、CA 中介服务、网络服务模式、银行中介服务 4 类。

5.4.2 电子商务模式的类型

电子商务模式随着其应用领域的不断扩大和信息服务方式的不断创新，电子商务的类型也层出不穷，主要可以分为以下 6 种类型。

①企业与消费者之间的电子商务，即 B2C。

②企业与企业之间的电子商务，即 B2B。

③消费者与消费者之间的电子商务，即 C2C。C2C 商务平台就是通过为买、卖双方提供一个在线交易平台，使卖方可以主动提供商品上网拍卖，而买方可以自行选择商品进行竞价。

④线下商务与互联网之间的电子商务，即 O2O。这样线下服务就可以用线上来揽客，消费者可以在线上来筛选服务，成交额可以在线结算，因此很快达到规模。该模式最重要的特点是推广效果可查，每笔交易可跟踪。

⑤BOB 是 Business‑Operator‑Business 的缩写，意指供应方（Business）与采购方（Business）之间通过运营者（Operator）达成产品或服务交易的一种新型电子商务模式。

⑥企业网购引入质量控制，也就是常说的 B2Q 模式，通过在采购环节中引入第三方工程师，提供售前验厂验货、售后安装调试维修等服务。

按这种划分方法确定的电子商务模式清楚指明了企业商务活动的服务对象。

5.5 确定电子商务模型

5.5.1 电子商务模型的含义

商务模型（Business Model）是一种战略层的描述模型，其主要任务是描述电子商务活动的总体结构。

电子商务模型是以企业的电子商务模式为基础，描述企业电子商务如何实现，以及描述企业核心业务的各个具体业务组成部分及其相互关系的一个逻辑框架。电子商务模式和电子商务模型是相辅相成的，其共同目标都是更好地描述企业电子商务的核心业务。

5.5.2 电子商务模型建立的基本过程

建立电子商务模型的基本思路：首先对企业核心业务进行分析，然后对影响企业基本业务流程的环境因素进行分析，根据已确定的电子商务模式，对企业核心业务过程进行流程再造，抽象出基本业务组成单元，界定其相互关系；与此同时，确定企业的外界环境，明确与哪些合作伙伴有业务关系；最后明确企业信息流、资金流和商品流的关系，进而建立起企业电子商务模型。电子商务模型建立的逻辑过程如图5-6所示。已建立的供参考的电子商务模型如图5-7所示。

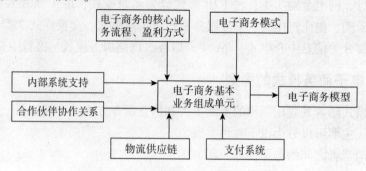

图5-6　电子商务模型建立的逻辑过程

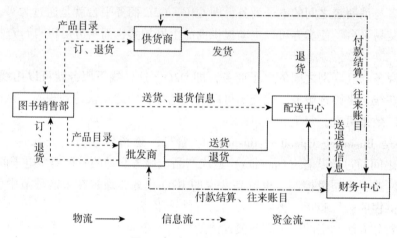

图5-7　电子商务模型示意

5.6　可行性分析

5.6.1　准备电子商务系统开发方案

在电子商务系统规划阶段工作的后期，规划小组需要在初步调查和分析的基础上，准备一个主要的和若干个辅助的电子商务系统开发方案，以供选择。开发方案通常应包括以下内容。

①系统的范围和目标。

②商务模式和商务模型的确定。

③系统的总体设计，包括系统的总体结构、功能规划、数据规划、平台规划。

④系统实施计划，包括系统开发方式的确定，开发进度表、投资概算、组织的设计。

⑤投资方案，即说明所需资金的数量及资金的使用安排等。

⑥人员培训及补充方案，即说明新系统对人员的数量及质量的要求，对现有人员进行培训和新增人员的计划。

5.6.2 可行性分析

在准备好电子商务系统开发方案之后，规划小组人员必须运用技术经济的理论与方法，进行可行性分析。可行性分析不是解决问题，而是确定问题是否值得去做，具体就是研究开发方案的必要性和可能性。对于电子商务，可行性分析的内容包括电子商务机会与模式分析、经济可行性分析、技术可行性分析和管理及经营可行性分析。

1. 电子商务机会与模式分析

评估电子商务机会，尤其是评估使用新型商务模式的电子商务机会是很困难的。这里面的原因有很多，主要是由于电子商务是相对较新的事物，通常缺乏评估所需要的历史参照数据，或者没有或仅有少量的相似公司。由于精确评价相当困难，因此分析人员只好利用一些已有的简略方法进行评估。

评估电子商务模式，一般从3个层次衡量，即对盈利性的衡量、对利润的预测因素的衡量和对商务模式各个部分对盈利的贡献的衡量。

商务模式的最终目的是获取利润。因此，衡量一个电子商务模式的优劣，最好的办法是将它与公司竞争者的电子商务模式的盈利性进行比较。

使用盈利性对电子商务模式进行评价的问题是，那些初创的公司，虽然沿着已确定的电子商务模式发展下去能够盈利，但现在还没有盈利。然而，今天盈利的公司有一个较差的商务模式，这种商务模式对利润的影响还没有充分表现出来。这两种原因使我们必须寻找更深入的评价手段。

利润率、市场占有率和收入的增长率是我们可以利用来评价电子商务模式的主要利润预测手段。由于这些利润预测手段依赖于商务模式各个部分及其连接环节，因此，下面我们来具体讨论如何评价电子商务模式的各个组成部分。

表5-6给出了一些电子商务模式的评价标准，其中所提出的问题可以用来评价电子商务模式的每个组成部分。

表5-6　电子商务模式评价参考表

组成部分	问题	评价
企业定位	公司的竞争力从哪里来	H/L
	竞争	
	顾客	
	原料的补给商	
	供应商	
	潜在的进入者	
	替代产品	

续表

组成部分	问题	评价
产品价值	公司提供的产品价值是否与其竞争者不同；如果不是，则公司提供产品的价值水平是否比竞争者高	H/L
	公司提供的产品价值的增长速度是否比竞争者快	
市场	市场的成长速度是否较快	H/L
	公司在各个市场的份额是否相对竞争者要高	
	收到竞争产品的威胁是否较大；如果是，则从哪些方面受到竞争者产品的威胁	
定价	公司对所提供的产品的定价是否合适	H/L
收入来源	每种收入来源的利润率和市场份额是否较高	H/L
	每种收入来源的利润率和市场份额是否在不断增加	
	公司每种收入来源中提供的价值是否是独特的	
关联活动	活动的范围是什么	H/L
	是否与客户价值和客户范围相一致	
	是否相互支持	
	是否利用了行业成功的驱动因素	
	是否与公司具有的独特能力相适应	
	是否使所处行业对公司更具有吸引力	
实现	团队的水平是否很高	H/L
能力	公司的能力	H/L
	是否独特	
	是否难以模仿	
	能否向其他产品市场扩展	
持久性	公司能否保持并扩大它在行业中的领先优势	H/L
成本结构	与竞争者相比，企业的成本结构是什么样的	H/L
	每单位收入的成本	
	每单位产品价值的成本	

注：H 代表 High（高），L 代表 Low（低）。

（1）企业定位

评估新型商务模型的电子商务机会时，企业所处行业在企业的盈利性中起着非常重要的作用。随着企业所定位的行业的不同，将影响企业盈利能力的不同。

评价一个企业所定位的行业盈利性，包括影响企业的决定性外力。比较有效的方法是利用 Porter 的五力模型来评价企业定位的盈利性。影响企业的决定性外力包括供给者的谈判力、顾客的谈判力、产品的替代能力、潜在的新进入者、原料供给商的能力和竞争。但当这些外力比较高的时候，说明这个行业没有吸引力，给予的评分是 L；相反，当外力比较低的时候，给予的评分是 H。

（2）产品价值

客户在市场上购买一件产品是由于这件产品中蕴含着他们所需要的价值。产品的价值存在于产品的特性中。企业要想获得成功，首先需要自问的是，企业是否能够给客户提供有价值的产品；企业还需要自问的是，企业所提供的产品价值是否与竞争者的有区别。如果没有，那么就要问，企业提供的产品价值水平是否高于竞争者，如果是，则可以给予评分 H，否则给予评分 L。

关于产品价值，企业还要与竞争者相比较的问题是，企业提供的产品价值的增长速度是否较竞争者高。当竞争产品价值的增长速度较高时，说明竞争者正在缩短与企业的差距，这时给予评分 L，意味着企业的领先优势正在缩小，或竞争者正在赶上来。

（3）市场

当企业向某个市场提供具有价值的产品系列时，我们需要评价企业在各个市场中的实力，以及提供价值的每种产品的实力。企业需要自问的是，这部分市场的成长速度是否较高。这将决定企业将来发展的潜力。

进一步，我们还想知道企业竞争者在这个市场中的表现如何，这样又有了一个问题：企业在各个市场上与竞争者相比，市场占有率是否较高。

最后，企业还想知道企业的每种产品在这些市场上的销售情况如何，特别是受到竞争者产品威胁的企业产品的情况。

这些问题的答案告诉我们企业在各个市场的位置和潜力。如果所有的评分都是 H，则说明企业向这些市场提供的产品表现良好，企业在商务模式中对市场的选择是正确的。

（4）定价

除了考虑企业是否能向客户提供一些独特的东西或较高水平的价值，还要考虑企业对其定价是多少。企业给予的价值/价格比越高，意味着每单位产品价值企业收取的费用越少，其他企业夺走市场份额的难度就越大。

（5）收入来源

在这个组成部分下需要问的问题包括以下 3 个。

①企业每种收入来源的市场份额和收益率的状况如何。

②企业每种收入来源的市场份额和收益率的发展趋势如何。

③企业每种收入来源所提供的产品价值是否有独特性。如果没有独特性，那么企业提供产品价值的水平是否比竞争者高。

这 3 个问题决定了企业盈利能力的潜力与持续情况。

剩下的有关商务模式和商业机会的问题是比较定性的，但同样非常重要。

（6）关联活动

关联活动是指与电子商务有关系的活动。关于关联活动与电子商务模式，企业需要自问的是，这些活动是否有利于增加产品价值和扩展市场，这些活动是否支持电子商务，这些活动能否增强产业成功的驱动因素中的有利方面，它们是否增强了企业的特殊能力，它们是否令电子商务对企业更具吸引力。如果上面 5 个问题的答案是肯定的，那么在评价栏中加上 H 意味着关联活动进行良好。

（7）实现

如何实现商务模式，对于商务模式是否能获得成功是极为重要的。目前，判断一个企业运作的好坏，简单有效的办法是分析企业团队中的人。合适的人才可以使企业运转良好，他们能够建立合适的开发团队和经营管理团队来实现商务模式。在决定是否向一家风险企业投资的时候，风险投资人通常是集中精力考察分析实现商务模式的团队成员。

除了考察每个团队成员的技能水平，还要分析他们所用技能相互协调互补的程度，以及每个人的品质与素质。

（8）能力

如果企业向客户提供的产品价值依赖于企业人员和设备的能力，那么竞争者能否达到或超过这种价值，取决于他们模仿或取代这些能力的难易程度。企业能力对商业机会的影响取决于下面 3 个问题的答案。

①这些能力有独特性吗，是不可模仿的吗。

②这些能力能够用于提供其他产品价值的程度如何。

③这些能力能否扩展到其他产品市场上使用。

如果以上 3 个问题的回答都是肯定的，则在评价栏中可获评分 H。

（9）持久性

所谓持久性是指企业保持良好竞争能力的可持续性。评价持久性需要确定企业采取什么策略保持持久性。保持持久性的策略包括阻塞、快跑和协同策略。

如果企业选择了阻塞策略，那么就要评价企业用什么手段可以使阻塞策略得以成功。常用的手段是企业拥有相应的专利权、著作权和交易秘密。

如果企业选择了快跑策略，那么就要评价企业是否具备快跑所需要的条件。例如，企业的人事资源和财务资源是否能支持企业不断创新。

如果企业选择了协同策略，那么就要评价企业合作者意愿如何，条件如何。

如果以上 3 个策略中的任何一个能够成功，那么企业"持久性"的评分就是 H。

（10）成本结构

企业的成本结构是指收入和产生这些收入所用成本之间的联系。每单位收入所付出的成本越低，企业的收益越高。

如果企业拥有比较低的成本，那么企业可以通过降低产品和服务的价格，把节省下来的成本转移给顾客。

评价成本结构包括与竞争对手每单位收入的成本进行比较，或者与竞争对手每单位产品价值的成本进行比较。如果这两个比较都低于竞争对手，那么评价栏就可给 H；相反，如果两个比较都高于竞争对手，那么评价栏就只能给 L。

表 5-1 中评价栏拥有的 H 越多，商务模式就越可能成功；相反，L 越多，这个商务模式就越应该被淘汰。

2. 经济可行性分析

经济可行性分析也称为成本/效益分析。它是要对开发电子商务系统的总成本和总效益进行分析，即分析电子商务系统所带来的总效益是否能超过开发和维护的总成本，最后从经济的角度判断电子商务系统的开发方案有无开发的价值。

在进行成本分析时，应该从多个方面考虑，即应计算所谓总体拥有成本（Total Cost of

Ownership，TCO)，而不是单纯关注某一项或几项成本。一般说来，TCO 的构成包括如下 5 个方面。

①硬件成本——含服务器、路由器、防火墙、负载均衡设备等的购置费用。

②软件成本——含操作系统、Web 服务器、DBMS、应用软件等的使用许可证费用。

③外包成本——外包任务的费用。

④人工成本——项目所涉及人员的工资、奖金等费用。

⑤运营维护成本——项目开发完成，投入运行之后所需的能源费、材料费以及人员费等。

3. 技术可行性分析

技术可行性分析是要分析待开发系统的功能、性能和技术上的限制条件，确定开发方案在现有技术条件下是否有可能实现。这里所说的现有技术条件，应是指社会上已经比较普遍使用的技术，不应把尚在实验室里的新技术作为分析的依据。另外，这里所说的技术条件指的是硬件、软件技术条件和人力技术条件。

硬件、软件技术条件具体指的是待建系统的开发环境与运行环境。

人力技术条件具体指的是从事系统开发、维护、运行工作的技术力量。这里需要分析的是，在系统开发、维护和运行各阶段需要的内容提供人员、系统分析员、系统设计员、程序员、操作员、录入员及软硬件维护员、业务员、管理人员等各类专门人员能否满足要求。如果目前不能满足要求，那么在将来经过培训能否满足要求。

进行技术可行性分析要分析在现有技术下，开发得到的系统功能是否能达到要求；在规定的期限内，待建的系统能否按时完成。

4. 管理及经营可行性分析

企业建设电子商务系统，根本目的是利用网络开展商务活动，通过电子商务系统的运营，为企业获得利益。为了保障电子商务活动的开展，并使企业获得利益，就要分析待建电子商务系统在管理及经营上的可能性，分析企业管理和经营电子商务系统的基础条件和环境条件，内容一般包括以下 11 个方面。

①企业及部门主管领导对电子商务系统的开发是否支持，态度是否坚决。

②与系统有直接关系的业务人员对系统开发的态度如何，配合情况如何。

③现行的业务管理基础工作如何，现行业务系统的业务处理是否规范等。

④是否有在网上开展商务活动的经验。

⑤是否制订有经营发展战略，网站长期与短期经营目标。

⑥是否进行了准确的网络市场细分和定位。

⑦是否拥有专业的经营管理人员来运营网站。

⑧是否建立了有序通畅的企业运营机制。

⑨是否有完善的内容和服务运营体系。

⑩是否有适合企业现状的经营方法。

⑪是否能有基本的经营经费支撑。

通过以上分析，一般应能得出可行性的结论。不管可行性分析结论如何，可行性分析结束之后，规划小组都应对本阶段的工作进行总结，按照规范形式编写可行性分析报告，供企业高层管理人员审查。

5.6.3 可行性分析报告

系统规划阶段工作结束时，规划小组应提交一份可行性分析报告。可行性分析报告作为系统论证和进一步开发的依据，是规划小组对企业待建电子商务系统进行可行性分析的结论。可行性分析报告应采用书面的形式提交，一般格式如表5-7所示。

表5-7 可行性分析报告一般格式

序号	项目	说明
1	引言	说明电子商务系统的名称、目标和项目的由来和背景
2	现行系统分析	对现行系统的初步调查分析结果，包括现行系统的组织结构、业务流程、工作负荷；现行系统的人员状况、运行费用；现行系统的计算机配置、使用效率和局限性；现行系统在上述各方面出现的问题和要求
3	需求分析	需求调查和分析：对电子商务系统的需求进行详细调查和说明，并考虑各种制约因素 需求预测：说明企业今后发展对电子商务系统可能产生的新要求，并对这些要求进行预测
4	系统的候选方案	提出一个主要开发方案和若干个辅助开发方案
5	可行性分析	从电子商务机会与商务模式、经济、技术、管理和经营4个方面进行可行性分析
6	方案的比较研究	对所有的候选方案从电子商务机会与商务模式、经济、技术、管理和经营4个方面进行比较研究
7	结论	根据以上的分析、比较，最后应给出一个结论。结论通常是以下几种之一：可以按某方案立即进行；需要增加资源才能按某方案进行；待某些条件成熟时，再按某方案进行；需要对目标修改才能进行；方案不可行，停止建设

5.7 电子商务系统规划报告

电子商务系统一方面是一个相当复杂的工程，需要科学的系统规划和项目管理，另一方面也只不过是一种应用计算机的系统工程。虽然涉及的技术内容和业务因素较多，但只要遵循合理的、预定的系统规划，就可以顺利完成电子商务系统的建设。为此，系统规划报告就显得非常重要。

电子商务系统规划的结果是形成"电子商务系统规划报告"，某些情况下该文档也被称为"电子商务系统解决方案"。它是电子商务系统进一步设计、开发、实施的基本依据。该报告的内容主要是对企业电子商务系统的商务模式、体系结构和该系统的各个组成部分进行阐述。这种报告因为没有细化到企业商务逻辑的具体处理过程，所以不能直接作为系统开发的技术文件。

参照 GB/T 8567—2006《计算机软件文档编制规范》的要求，本书附录给出了一个电子商务系统规划报告的示例，可供参考。

本 章 小 结 ▶▶ ▶

本章介绍的是如何对电子商务系统进行规划。对电子商务系统进行规划，首先要了解系统规划的任务、特点与步骤，要掌握战略目标集转化法、关键成功因素法、企业系统规划法这 3 种规划方法。从规划的步骤来讲，对一个电子商务系统，在初步调查之后，要确定电子商务模式、确定电子商务模型、确定多个开发方案、进行电子商务机会与模式分析、经济可行性分析、技术可行性分析、管理及经营可行性分析的可行性分析，并最后确定一个可行性分析报告供企业高层管理人员审查。

思考与练习 ▶▶ ▶

一、填空题

1. Internet 上的电子商务，可以分为两大类：即_____和_____。

2. 企业的对外关系包括企业与_____、_____、合作伙伴和政府部门的_____或从属关系。

3. 一个完整的 CSF 法主要有 5 个步骤：公司定位、_____、_____、_____和制订行动计划。

4. U/C 矩阵中，U 代表_____，C 代表_____。

5. 简单的电子商务模式有_____、_____、_____。

6. 总体拥有成本包括_____、_____、_____和_____。

二、简答题

1. 什么是电子商务系统的规划？

2. 电子商务系统规划的任务有哪些？

3. 什么是初步调查？如何进行初步调查？

4. 什么是战略目标集转化法？

5. 什么是关键成功因素法？有什么特点？如何进行？

6. BSP 法的主要流程是什么？

7. 什么是电子商务模型？为什么要进行电子商务模型规划？如何规划电子商务模型？

8. 为什么要进行可行性分析？应该从哪些方面研究目标系统的可行性？

9. 一个电子商务系统的可行性分析报告主要包括哪些内容？

第6章 电子商务系统分析

知识导入

电子商务系统规划明确了开发系统的目标和开发方案，接下来，电子商务系统分析是系统分析人员利用各种调查方法，在对企业内部、外部的管理，商务活动的业务详细调查基础上，利用结构化分析或面向对象的分析方法对系统进行描述和分析，提出新系统的逻辑方案。其本质是通过对系统的描述和分析回答电子商务系统"要做什么"的问题。电子商务系统分析是系统开发工作中最重要的一个阶段。

案例导入

"神奇百货" CEO 王凯歆在《神奇百货成立的一年里，我几乎经历了创业所有该遇到的坑》一文中对"神奇百货"的经历进行了反思。"神奇百货"定位于国内首家专注于95后的个性化电商平台，根据兴趣标签和推荐算法为年轻用户提供高品质商品。该电商平台的选品主打95后喜欢的零食、饰品、书包文具、二次元周边等商品。但A轮融资后开始盲目扩张，大幅增员，大量使用猎头招聘所谓的行业"大牛"、顶尖技术人才，战略盲目，在毫无供应链经验的时候，涉足供应链，导致崩盘，不得不于2016年7月22日停止运营。

（编者整理，资料来源：https：//zhuanlan. zhihu. com/p/401081610）

思考：这个案例和电子商务系统分析相关的内容是什么？

6.1 电子商务系统分析概述

6.1.1 电子商务系统分析的任务

电子商务系统分析是电子商务系统建设最重要的阶段，也是最困难的阶段。电子商务系统分析在系统规划的基础上，回答新系统"做什么"这个具体而详细的关键性问题。只有明确了问题，才有可能解决问题。

它的任务是通过对企业的详细调查，充分分析用户的需求，描述未来电子商务系统所应实现的功能，设计出电子商务系统的逻辑模型，即定义和确定新系统应该"做什么"，暂且不涉及"怎么做"。

（1）对系统需求的理解和确切表达

详细了解用户对电子商务系统的需求，包括对系统功能、性能方面的需求，对硬件配置、开发周期、开发方式等方面的意向，对系统可靠性、安全性、保密性的要求，以及对系统开发费用、时间和资源方面的限制等。

（2）确定系统的逻辑模型

在详细调查的基础上，运用各种系统分析的理论、方法和技术，确定系统应该具有的逻辑功能，再用一系列图表表示出来，形成系统的逻辑模型。对上述采用图表的逻辑模型进行适当的文字说明，组成系统分析报告。它是系统分析阶段的主要成果。

6.1.2 电子商务系统分析的内容和方法

电子商务系统分析按内容可以分为目标分析、需求分析和功能分析。

（1）目标分析

目标分析包括对现行系统的组织目标分析和目标系统的组织目标分析。任何一个企业或组织都有自己的目标，这是组织开展各项工作的指南。信息系统是帮助企业实现其总体目标的，因此在开发管理信息时，首先应该弄清楚企业的组织目标。

（2）需求分析

在系统分析阶段，系统分析员要对企业各有关部门的业务流程进行详细的调查。除此之外，还要向各级领导和业务人员就系统处理事务的能力和决策功能的需求做出分析。需求分析的结果还要反馈给业务人员，以征求意见从而进行修改。

（3）功能分析

这里的功能指的是目标系统应该具备的功能。功能具有层次性的特点，各层次功能之间存在着信息交换。

电子商务系统分析有结构化系统分析和面向对象的系统分析两种方法，具体在后面小节中进行介绍。

6.2　电子商务系统的需求

电子商务系统的需求分为典型需求和非典型需求。在系统规划的基础上，典型需求不需要再进行详细调查基本就能掌握；非典型需求则需要在详细调查的基础上进行分析才能获取。

企业电子商务常见的模式主要有 B2C、B2B、C2C 等，因不同商务模式的商务活动的特点不同，所以需求也千差万别。但典型的商务模式的业务需求还是具有共性的。了解这些典型的需求，在其基础上再和用户进一步沟通，就能真正针对不同企业的状况获得企业对系统的共性和个性的需求。

6.2.1　B2C 的电子零售系统的需求

B2C 的电子零售系统是目前最基本的一种电子商务模式，也是面向消费者最广泛的一种电子商务模式。这种电子零售系统应当满足消费者购买过程中的各种需求，帮助消费者做出购物的选择。

B2C 的电子零售系统的需求可以分为消费者需求和商家需求两种。

1. 消费者需求

消费者需求具体包括以下 8 个方面。

①用户注册、登录。

②商品查询、比较、评估。

③购物车。

④为购买产品下订单。

⑤查看、撤销和修改订单。

⑥跟踪订单状态。

⑦在线支付。

⑧信息反馈。

2. 商家需求

商家需求具体包括以下 11 个方面。

①商品信息发布。

②检查客户的注册信息。

③发布和管理网络广告。

④处理客户订单。

⑤完成客户选购产品的结算，处理客户付款。

⑥商品库存管理。

⑦精品推荐、促销活动。

⑧和物流配送系统建立接口。

⑨和银行之间建立接口。

⑩客户关系管理。

⑪售后服务。

6.2.2　B2B 的电子商务系统的需求

典型的 B2B 的电子商务活动中，主要参与的用户包括卖方企业、买方企业网、中介（银行）、物流企业（含运输、仓储、包装等）、政府机构（如税务、海关等）。B2B 的电子商务系统的需求具体包括以下 9 个方面。

①会员管理：主要包括会员身份管理、会员资料管理、会员权限管理等。

②信息发布：会员可在平台发布招标、采购信息，修改或删除供求信息，设置交易方式等。

③信息查询：会员可查询招标信息、采购信息、广告信息、商品信息、会议信息等。

④交易审批：包括创建、修改和删除交易产品、合同验证、合同提交等。

⑤订单管理：包括订单确认、订单维护、订单跟踪等。

⑥拍卖与投标采购：主要包括电子拍卖和电子采购。

⑦交易定价：买、卖双方就交易的商品可以定价销售，协议价格，请求报价等。

⑧商务论坛。

⑨广告宣传。

6.2.3　C2C 的电子商务系统的需求

C2C 的电子商务系统的需求具体包括以下 6 个方面。

①会员注册、认证。

②卖家管理：包括店铺设置管理、商品发布、商品下架、商品删除、发货、退款等。

③买家管理：包括商品搜索、浏览、了解卖家、出价竞拍、在线支付、交易投诉等。

④论坛。

⑤新手导航。

⑥客户服务。

6.3　电子商务系统详细调查

详细调查也称系统详细调查，是在系统规划阶段初步调查任务的继续。它和初步调查的对象、方法是一致的。

6.3.1　系统详细调查的内容和方法

对现行系统的详细调查结果是系统分析的主要依据。系统分析阶段的首要工作就是通过对现行系统的详细调查，弄清现行系统中各项业务的处理流程及涉及的相关数据。详细调查的范围是现行系统，包括手工系统和已采用计算机的电子商务系统，应该是围绕组织内部信息流所涉及领域的各个方面。其内容主要由两个方面组成：一是现行系统管理业务的功能调查；二是现行系统的信息及信息流程调查。这两方面的问题是紧密联系的。

1. 系统详细调查的内容

系统详细调查的内容包括组织机构、组织人员分工与偏好、定义系统边界、系统的资源与约束条件。

（1）组织机构

组织结构是完成具体业务的依托单位，是实现组织管理工作的基础。系统详细调查的首要工作是了解当前组织结构设置情况和它们之间的隶属关系，以及业务分工和协作关系，并以图示的方式描述组织结构。对于大型电子商务系统而言，调查中不仅要了解系统所在组织的结构，还要了解与其相关联的组织机构及业务关系，尤其是与其有着业务制约关系的机构、外部单位或组织。

（2）组织人员分工与偏好

电子商务系统是人机系统，需要对组织中负责具体业务的相关人员进行调查，充分了解系统各类角色所负责的具体业务内容和需求，全面了解组织的人员分工，以及业务的传递关系，同时还要了解新系统未来用户的个人偏好。

（3）定义系统边界

根据系统规划的要求，定义系统或子系统的边界，同时搞清楚各个子系统的数据调用关系，为日后其他子系统的开发和系统的验收奠定基础。

（4）系统的资源与约束条件

了解企业现有的人力资源的水平，软件、硬件设备的装备情况；了解系统受到哪些条件限制，如项目开发资金、现有设备能否再利用、办公地点、系统运行的外部环境支持情况等；了解新系统开发在充分利用现有资源的基础上，还需要补充哪些资源，同时还要研究系统的开发理念是否和组织的文化相吻合。

对现行系统的详细调查工作是通过与企业组织机构各部门的业务人员交流来完成的。虽然业务人员对自己的工作业务非常熟悉，却常常不能将自己的工作用规范化的方式表达出来，因此我们不得不借助一些方法和工具使系统分析人员和业务人员相互沟通和理解。

2. 系统详细调查的方法

常用的系统详细调查方法有面谈法、问卷调查法、开调查会、参加业务实践等。

（1）面谈法

系统分析员通过口头提问的方式收集信息，面谈的对象是系统的用户，如企业领导或业务人员。为了取得较好的面谈效果，应尽量选择精通本职工作、经验丰富、善于表达的业务人员，面谈前应列出调查提纲，预约面谈时间，让面谈对象了解面谈内容，以便事先做好充分准备。

根据收集到的背景信息、用户的初步需求和系统分析员的经验确定面谈目标，确定5~8个关于决策行为和信息处理的关键问题，包括信息资源管理、信息的格式、决策频度、决策方法等。

调查分析的问题主要分为两类：开放式问题和封闭式问题。开放式问题就像问答题一样，不是一两个词可以回答的，这种问题需要解释和说明，同时要向对方表示你对问题很感兴趣，还想了解更多的内容。而封闭式问题相对于开放式问题来说，一般提问者给出了答案范围，通常是客观选择题，答案是一个或多个选项。在面谈过程中，应自始至终围绕需要了解的问题发问，提问要步步深入，面谈之后要及时总结。

（2）问卷调查法

问卷调查表往往是一种固定格式的调查方式，可以让很多业务人员回答相同的问题。系统分析员通过问卷进行统计分析，得到问题的规律性答案或不同业务人员对待同一问题的差异性答案，引导系统分析员发现系统存在的隐含问题。

问卷调查表的设计要有开放式问题，问卷内容结构紧凑合理，要合理安排问题的逻辑顺序，问卷格式清晰便于填写。

问卷设计完成后，可以同企业高层管理人员及业务人员交流问卷的内容，可以采用试填写的方式，判断问卷是否全面合理，修改后形成正式的调查问卷。

（3）开调查会

在系统分析阶段进行业务调查时也常常采用召开调查会的方式，对于阶段性的工作或者专门的问题进行统一协调。例如，在调查物资供应与财务核算业务之间存在着的数据共享或信息传递关系时，一般需要召开调查会，邀请物资部门和财务部门的业务人员共同参加，明确所需要了解的业务内容。

调查会的规模及参加人员根据需要调查的具体业务情况而定。大规模的调查会一般用于解决涉及企业总体业务框架的关键问题，需要来自多个相关部门的骨干人员参加；小规模的调查会一般用于了解某个业务处理过程的细节。

开调查会是在业务调查中应用比较广泛也比较有效的一种方法，但是该方法要邀请相关部门的业务骨干参加，牵扯面较大，不宜经常组织。对于大规模的调查会，尤其要注意明确目的，避免频繁召集会议，浪费时间。

（4）参加业务实践

系统开发者到业务部门专门从事一段时间相关的业务工作，以深入了解系统需求，可以比较深刻地掌握现行系统的业务运作流程，信息的产生、传递、加工、存储和输出的具体过程和方法，充分了解现有系统的功能、效率以及存在的问题。参加业务实践需要完成一个业务周期的工作流程，这样才能全面地了解系统的真实概貌。这是较好的系统调查方法，但缺点是需要系统分析人员耗费较长的时间，完成一个周期的业务实践，适合组织自主开发方式的系统开发模式。

💡 思政栏目

系统分析的详细调查方法，涉及面谈、开调查会、问卷调查、参加业务实践等过程，而这些人际交流过程中的文明礼仪是人类为维系社会正常生活而要求人们共同遵守的最起码的道德规范，它是人们在长期共同生活和相互交往中逐渐形成，并以风俗、习惯和传统等方式固定下来的。

文明礼仪不仅是个人素质、教养的体现，也是个人道德和社会公德的体现，更是城市的素养、国家的脸面。所以主持面谈会、调查会要特别注意自己的言行举止，尊重被调查的对象；发放问卷时，被调查人是在工作学习之余来提供帮助的，更要给予感谢和尊重；参加业务实践时不能给别人的正常工作带来过多的干扰。

6.3.2 组织结构与功能分析

组织结构及功能分析是指用图表来描述调查中所了解的组织结构及组织内各项业务功能，包括组织结构分析和组织结构功能分析。

1. 组织结构分析

组织结构分析就是要弄清企业内部的部门划分，以及各部门之间的领导和被领导关系、信息资料的传递关系、物资流动关系与资金流动关系，并了解各部门的工作内容与职责，以及各级组织存在的问题及对新系统的要求等，然后将了解和掌握的组织结构用组织结构图的方式描述出来。

组织结构图是反映系统组织机构隶属关系的层次图，如图 6-1 所示。

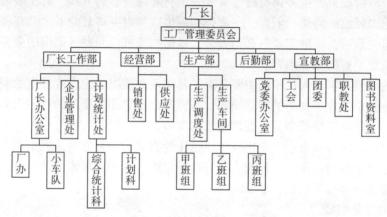

图 6-1 某企业的组织结构图

2. 组织结构功能分析

通过对系统内部各级组织结构的了解，系统分析人员可以进一步明确被调查对象在组织中完成的所有功能。

组织结构图是用来描述组织隶属的各个机构完成的具体业务图，便于分析员概括地了解各功能之间的层次关系。在绘制组织结构图时，应注意以下 4 点。

①绘制出组织中的业务功能的隶属关系，尤其是系统涉及的部分组织机构功能，明确系统的现状、边界和范围。

②组织中现行机构的名称有时并不能反映该部门所做的全部实际工作，必要时应分解每一个部分，根据具体情况绘制出组织结构图。

③在实际工作中，组织机构的划分通常是根据满足组织最初工作需要而确定的。

④组织的变化事先难以全部考虑到，但可以预先知道系统的功能。

6.4　结构化系统分析

结构化系统分析是指结构化分析方法的系统分析人员根据系统规划，对现行系统进行分析，先后描述现行系统的数据流程、系统的逻辑模型，再通过优化，建立新系统逻辑模型。结构化系统分析的难点是如何使系统分析人员和用户与开发系统的信息保持对称，系统分析人员熟悉系统的理论知识，考虑的是系统技术实现的问题；而用户熟悉业务，从业务功能的实用性考虑问题。两者知识的差异，就需要密切合作。结构化系统分析方法中反映用户信息需求逻辑模型的有关工具包括数据流程图、数据字典、结构化语言、决策树和决策表等。结构化分析方法建立的逻辑模型的核心部分是数据流程图和数据字典。建立一套分层次的数据流程图，辅以数据字典，加上结构化语言、决策树和决策表等基本说明工具来描述系统，构建逻辑模型，提出系统分析报告，从而为结构化系统设计做好准备。

6.4.1 数据流程分析

电子商务系统完成的是数据处理和信息处理的工作，其包含在大量的业务处理之中，但并非所有的业务处理都能用计算机来完成，因此需要一个从现有业务中抽取出的能够由计算机完成的业务处理的过程，这个抽取过程称为数据流程分析。数据流程分析把数据在组织内部流动的情况抽象地独立出来，不考虑具体的组织机构、信息载体、处理过程、物质和材料等，只从数据流动来考察实际的业务处理模式。

1. 数据资料收集及汇总

（1）数据资料收集

数据资料收集是数据流程调查过程中的一项重要任务，其主要工作包括以下4点。

①按业务过程收集原系统全部输入单据（如入库单、收据、凭证）、输出报表和数据存储介质（如账本、清单）的典型格式。

②弄清各个环节中的处理方法和计算方法。

③在上述各种单据、报表、账本的典型样品上或用附页注明制作单位、报送单位、发生频度、发生的高峰时间及发生量等。

④在上述各种单据、报表、账本的典型样品上注明各项数据的类型、长度、取值范围等。

（2）数据汇总

数据汇总是一项较为繁杂的工作，为使数据汇总能顺利进行，通常将它分为如下4步。

①将系统调查中所收集到的数据资料，按业务过程进行分类编码，按处理过程的顺序排放在一起。

②按业务过程自顶向下地对数据项进行整理。

③将所有原始数据和最终输出数据分类整理出来。

④确定数据的字长和精度，根据系统调查中用户对数据的满意程度以及今后预计该业务可能的发展规模统一确定数据的字长和精度。

2. 数据流程图概述

将数据流程的调查结果用直观的方式描述出来，就需要绘制数据流程图（Data Flow Diagram，DFD）。

数据流程图抛开业务流程的具体组织和人员关系，从信息的传递和加工的角度，以图形的方式描述系统的数据来源、信息的形成过程、数据存储和处理过程的逻辑关系。数据流程图将系统对各个业务的处理过程联系起来，形成一个整体。

数据流程图的基本成分包括处理过程、数据流、数据存储和外部实体4种，所用的符号有两种版本，可以根据需要选择使用，两种版本分别如图6-2（a）、图6-2（b）所示。

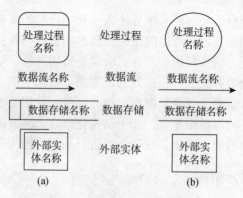

图6-2　数据流程图的基本成分
（a）版本一；（b）版本二

（1）处理过程

处理过程（Process）是对数据进行变换操作，即把流向它的数据进行一定的变换处理，产生出新的数据。处理过程的名称应该适当反映该处理的含义，使之容易理解。每个处理过程的编号应当说明该处理过程在层次分解中的位置。

在数据流程图中，处理过程好像一个暗箱，只显示过程的输入、输出和总的功能，但隐藏了细节。处理过程必须有输入/输出数据流，或者可以有若干个输入/输出数据流，但不能只有输入数据流而没有输出数据流，或者不能只有输出数据流而没有输入数据流。

数据流程图的标识通常用字母P开头，后面数字用小数点分隔，分为几位就表示该处理位于流程图的第几层。顶层数据流程图命名为P0，第一层为P1、P2、P3…，第二层为P1.1、P1.2…P2.1、P2.2…，第三层为P1.1.1、P1.1.2…，P2.1.1、P2.1.2…，其下层依次类推。

数据流程图的命名一般用一个动词加一个名词的动宾结构或者一个名词加动词结构表示，所选动词能明确表达该处理的功能。如"计算库存量""合同管理"等。

（2）数据流

数据流（Data Flow）是一束按特定的方向从源点流到终点的数据，它指明了数据及其流动方向。数据流可以由某一个外部实体产生，也可以由处理过程或数据存储产生。要对每一条数据流进行简单的描述，以使用户和系统设计人员能够理解其含义。

数据流的种类有很多，图6-3所示的是数据流类型。在外部实体与数据处理之间、数据处理与数据存储之间、数据处理与数据处理之间都有不同的数据流。

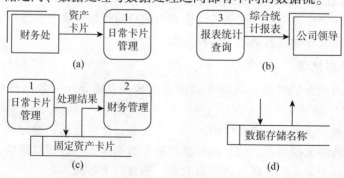

图6-3　数据流类型
（a）类型一；（b）类型二；（c）类型三；（d）类型四

数据流不能从外部实体到外部实体，不能从外部实体到数据存储或从数据存储到外部实体，也不能从数据存储到数据存储，中间必须经过数据处理。图6-4为错误的数据流。

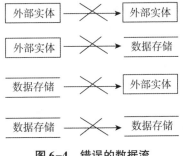

图6-4 错误的数据流

（3）数据存储

数据存储（Data Store）不是指数据保存的物理存储介质，而是指数据存储的逻辑描述。数据存储的命名要适当，以便见名知意。为了引用方便，除了名称外，数据存储还可以加一个标识，一般用字母D和数字表示，如D1，D2等。

从数据存储流入或流出数据流时，数据流的方向特别重要。如果是读取数据，则数据流的方向应从数据存储流出；如果是写数据则相反；如果又读又写，则数据流可以是双向的。

（4）外部实体

外部实体（External Entity）是指在所研究系统外独立于系统而存在的，但又和系统有联系的实体。它可以是某个人员、某个企业、某个信息系统或某种事物，是系统的数据来源或数据的去向。确定外部实体实际就是明确系统与外部环境之间的界限，从而确定系统的范围。

3. 数据流程图的作用

数据流程图的作用有以下5个。

①系统分析员用这种工具自顶向下分析系统信息流程；

②可在图上画出计算机处理的部分；

③根据逻辑存储，进一步做数据分析，可向数据库设计过渡；

④根据数据流向，确定出存取方式；

⑤对应一个处理过程，可用相应的程序语言来表达处理方法，向程序设计过渡。

4. 数据流程图的绘制

（1）数据流程分析原则

使用数据流程图进行数据流程分析一般遵循以下3个原则。

①明确系统边界。系统分析人员要根据调查材料，首先识别哪些不受系统控制但又受系统影响的外部环境。只有划清系统和外部环境的边界，才可以集中力量分析和确定本系统的功能。

②自顶向下逐层分解。按照结构化方法的思想，采用分层的数据流程图，把大问题或复杂的问题分解成若干个小问题，分别解决。

③在局部上遵循由外向里的原则。先确定每一层数据流程图的边界和范围，再考虑数据流程图的内部；先画输入和输出，再画处理的内部。

（2）绘制数据流程图步骤

绘制数据流程图的步骤分为以下 3 步。

①先绘制出系统的外部实体。对于向系统提供数据（输入信息）的外部实体，应绘制在数据流程图的左边或上边，对于从系统获取数据（输出信息）的外部实体，应绘制在数据流程图的右边或下面；然后从左到右、从上到下绘制出外部实体产生的数据流和相应的数据处理过程，如果需要保存的数据则画出对应的外部存储；最后绘制出接收该系统或数据处理输出信息的外部实体。

②先绘制顶层的数据流程图，后绘制分层的数据流程图。顶层数据流程图是系统的概括和综合，可以不画数据存储。由于处于较高层次的数据流程图内容相对抽象，需要进一步分解，因此分层数据流程图是把上一层的数据流程图的各数据处理过程进行分解，分解过程如图 6-5 所示。

③系统分析人员向用户、组织的管理者，详细解释各流程图的数据传递及处理关系，经反复讨论、调整后得到全面反映业务流程的数据流程图。

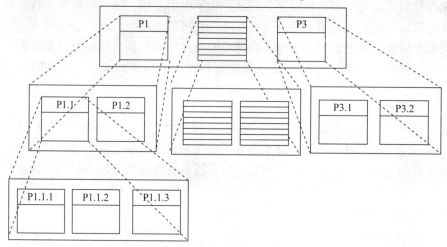

图 6-5　数据流程图的分解过程

（3）注意事项

对数据处理过程进行分层时，应注意以下两方面。

①下一层图应该包含上一层中的与该数据处理过程有关的全部数据流，下一层图中的数据流不必出现在上一层。

②下一层图应包含上一层中的与该数据处理过程有关的全部数据存储，下一层图中的数据存储不必出现在上一层。

（4）规定

对于数据流和数据存储的规定如下。

①对于各个数据处理过程，除画出有关外部实体或数据存储流入的数据流以及考虑其他的数据处理过程的流入的数据流外，同时还要考虑该数据处理过程向有关外部实体输出或数据存储写入的数据流。

②为了避免过多的数据流的交叉，同一外部实体、数据存储可以在同一张数据流程图中出现多次。

5. 数据流程图的绘制实例

某图书销售系统的工作流程描述：学生交购书单，经审查将无效购书单返回给学生，如果库存记录表明书库中有学生所需教材，则开发票，登记并开领书单，学生凭领书单到书库领书。如果书库中无该教材，则填写缺书登记表。根据缺书登记表，生成一张采购单，由教材采购员根据采购单采购教材，新教材入库后，根据进书单登记到库存记录。

（1）绘制顶层的数据流程图

根据对图书销售系统功能的描述，确定了外部实体有学生和采购员，绘制出顶层的数据流程图，也可称为第0层的数据流程图，如图6-6所示。

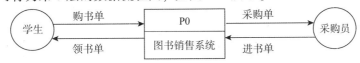

图6-6 顶层数据流程图

（2）分解第1层

根据对图书销售系统功能的详细调查，分析系统包含的功能主要有销售和采购两大基本功能，按分层绘制的方法，绘制出第1层的数据流程图，如图6-7所示。

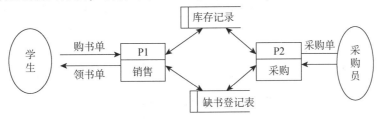

图6-7 第1层的数据流程图

（3）分解第2层

对图书销售系统的销售和采购两大基本功能继续分解，其中销售功能分解成审查、开发票、登记缺书、开领书单4个功能，如图6-8所示；采购功能又分解成入库登记、生成采购单2个功能，如图6-9所示。

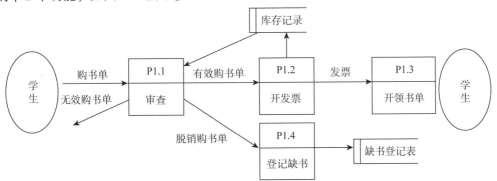

图6-8 销售功能的第2层数据流程图

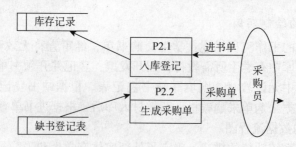

图6-9　采购功能的第2层数据流程图

（4）合并后的数据流程图

对以上两层的数据流程图进行合并，如图6-10所示。

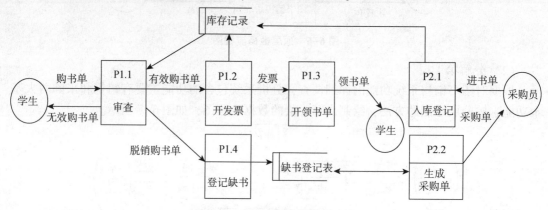

图6-10　合并后的总数据流程图

6. 数据流程图的检查

数据流程图是否正确，可以从数据流输入与输出的合理性和父图与子图的平衡两方面来检查。

（1）输入与输出的合理性

如果一个处理过程所输出的某个数据在处理过程变换中既没有被产生，也没有被作为输入数据输入该处理过程，则该输入数据一定是在输入过程中被遗漏了。

（2）父图与子图的平衡

在分层的数据流程图中，父图与子图不平衡的现象极易发生。在对子图进行修改时，一定要及时对父图进行相应的修改，以保持两者平衡。

父图与子图的平衡，不能仅从形式上和数量上来看，要考虑其数据流的组成。如果父图中有一个输入数据流，而子图中有多个输入数据流，此时看起来似乎不平衡，但是如果父图中的这一输入数据流的组成和子图中的多个输入数据流的组成相同，则也认为两者是平衡的。

6.4.2　数据字典

数据流程图描述了相同数据处理的概貌，描述了相同的分解，即相同的由哪些部分组成、各部分之间有什么联系等。但它不能完整地表达一个系统的全部逻辑特征，特别是有关数据的详细内容。只有对数据流程图中出现的每一个成分都给出详细定义，才能比较完整、准确地描述一个系统。因此需要有其他工具对数据流程图加以补充，结构化分析方法建立的逻辑模型的另一个核心部分是数据字典。

数据字典（Data Dictionary，DD）的作用就是对数据流程图中的每一个成分给予定义和说明。数据字典描述的主要内容包括数据元素、数据结构、数据流、数据存储、处理功能和外部实体等，其中数据元素是组成数据流的基本成分。数据字典是数据流程图的辅助资料，对数据流程图起注解作用。

1. 数据字典的条目

数据字典中包含6类条目：数据项、数据结构、数据流、数据存储、外部实体、数据处理。

（1）数据项

数据项是具有独立逻辑含义的最小数据组成单位，如商品编号、商品名称等。

数据项条目内容包括数据项的编号、数据项的名称、别名、简述、类型及宽度、值域，如图6-11所示。

数据项编号	ID201
数据项名称	材料编号
别名	材料编码
简述	某种材料的代码
类型及宽度	字符型，4位
取值范围	0001～9999

图6-11　数据项的定义

（2）数据结构

数据结构描述的是数据之间的组合关系。一个数据结构可以包括若干个数据项或（和）数据结构。数据结构条目内容包括数据结构编号、数据结构名称、简述、数据结构组成，如图6-12所示。

数据结构编号	DS03-01
数据结构名称	用户订货单
简述	用户所填的用户情况及订货要求等信息
数据结构组成	DS03-02+DS03-03+DS03-04

图6-12　数据结构的定义

（3）数据流

数据流表明系统中数据流的组成、逻辑流向及在单位时间内的流量。数据可为数据项或数据结构。数据流条目内容包括数据流编号、数据流名称、简述、数据流来源、数据流去向、数据流组成、数据流量、高峰流量，如图6-13所示。

数据流编号	F03-08
数据流名称	领料单
简述	车间开出的领料单
数据流来源	车间
数据流去向	发料处理模块
数据流组成	材料编号+材料名称+领用数量+日期+领用单位
数据流量	10份/时
高峰流量	20份/时（上午9：00—11：00）

图 6-13　数据流的定义

（4）数据存储

数据存储是数据流暂存或永久保存的地方。在数据字典对其定义内容包括数据存储编号、数据存储的名称、简述、数据存储组成、关键字、相关联的处理，如图6-14所示。

数据存储编号	F03-08
数据存储名称	库存账
简述	存放配件的库存量和单价
数据存储组成	配件编号+配件名称+单价+库存量+备注
关键字	配件编号
相关联的处理	P02, P03

图 6-14　数据存储的定义

（5）外部实体

外部实体是数据流的来源或去向。在数据字典中对其定义内容包括外部实体编号、外部实体名称、简述、输入的数据流、输出的数据流，如图6-15所示。

（6）数据处理

数据处理又称处理逻辑、数据加工等，仅对数据流程图中最底层的处理加以说明。在数据字典中对其定义包括处理逻辑编号、处理逻辑名称、简述、输入的数据流、输出的数据流、处理频率、处理过程，如图6-16所示。

外部实体编号	S03-01
外部实体名称	用户
简述	购置本单位配件的用户
输入的数据流	D03-06, D03-08
输出的数据流	D03-01

图 6-15　外部实体的定义

处理逻辑编号	P02-08
处理逻辑名称	计算电费
简述	计算应交纳的电费
输入的数据流	数据流电费价格，来源于数据存储文件价格表 数据流电量和用户类别，来源于处理逻辑"读电表数字处理"和数据存储"用户文件"
处理过程	①根据数据流"用电量"和"用户信息"，检索用户文件，确定该用户类别 ②再根据已确定的该用户类别，检索数据存储价格表文件，以确定该用户的收费标准，得到单价 ③用单价和用电量相乘得到该用户应交纳的电费
输出的数据流	数据流"电费"一是去外部项用户，二是写入数据存储用户电费账目文件
处理频率	对每个用户每月处理一次

图 6-16 数据处理的定义

2. 数据字典的作用

数据字典是所有人员工作的依据，统一的标准。它可以确保数据在系统中的完整性和一致性。在整个系统开发过程以及系统运行后的维护阶段，数据字典是必不可少的工具。

具体来讲，数据字典具有以下 4 个作用。

①按各种要求列表。

②相互参照，便于系统修改。

③由描述内容检索名称。

④一致性检验和完整性检验。

6.4.3 处理过程分析

数据流程图概要地反映了系统的数据输入、变换处理以及信息的生成和输出过程，数据字典对系统的数据进行了规范化的说明。运用数据字典虽然能反映数据处理功能的基本要求，但对于描述数据流程图中比较复杂的处理逻辑存在不清晰、误解等缺点。因此，对于比较复杂的处理逻辑可以借助其他工具来进行更为详细、易懂的描述说明。

处理过程分析是对数据流程图中处理的详细描述，也称为处理说明。数据流程图、数据字典和处理说明 3 者构成了系统的逻辑模型。

数据处理过程分析的常用工具有结构化语言、决策树和决策表。

1. 结构化语言

结构化语言是一种介于自然语言与程序设计语言之间的语言。它由程序设计语言的框架（即允许 3 种基本结构：顺序结构、分支结构、循环结构）和自然语言的词汇（如动词、名词和程序设计语言的保留字）组成。

结构化语言综合了自然语言的容易表述和理解以及程序设计语言的严格精确的优点。其优点是易于编写，又能简明描述较复杂的处理逻辑。

结构化语言只允许 3 种基本语句，即祈使语句、判断语句、循环语句。与程序设计语言的差别在于结构化语言没有严格的语法规定。结构化语言使用 3 类词汇：祈使语句中的动词、数据字典中定义的名词以及某些逻辑表达式中的保留字。

例如，某公司的订货折扣政策：年交易额在 5 万元或 5 万元以下，不给予折扣（折扣率为 0%）；对于年交易额在 5 万元以上，如果无欠款，给予 15% 的折扣；如果有欠款，且与本公司的交易关系在 20 年及 20 年以上，折扣率为 10%；如果有欠款，且与本公司交易关系在 20 年以下，折扣率为 5%。

利用结构化语言表述上述处理过程如下。

IF　购货金额在 5 万元以上

　　THEN　IF　最近 3 月无欠款

　　　　　　THEN　折扣率为 15%

　　　　　　ELSE　　IF　与公司交易 20 年及 20 年以上

　　　　　　　　　THEN　折扣率为 10%

　　　　　　　　　ELSE　折扣率为 5%

　　ELSE　无折扣

2. 决策树

结构化语言有时不能直观地表述数据处理过程，可用决策树以树型结构来表示处理逻辑过程，从图形上可以一目了然地看清用户的业务在什么条件采取什么样的处理方式。决策树也称判定树。

判定树左边是树根，是决策序列的起点；右边是各个分支，即每一个条件的取值状态；最右侧为应该采取的策略。从树根开始，自左至右沿着某一分支，能够表示一系列的决策。

前面的例子可用判定树表示，如图 6-17 所示。

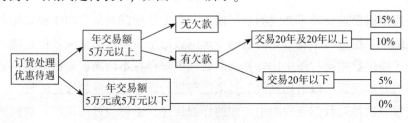

图 6-17　判定树

3. 决策表

决策表又称判定表。在处理逻辑中，如果判定树的条件较多，各个条件又相互结合，导致相应的决策方案比较多，在这种情况下如果用判定树表示，则树的结构比较复杂，图中各项注释也比较烦琐，此时可以用判定表来表示。判定表采用二维表格形式来表达这类过程比较容易，表格被分成 4 个部分，左上角为条件说明，左下角为条件和行动说明，右上角为各种条件的组合说明，右下角为各种条件组合下执行的相应行动。判定表的格式如表 6-1 所示。

表 6-1　判定表的格式

条件及行动		1	2	3	4	5	6	7	8
条件	C1：交易额5万元以上								
	C2：无欠款								
	C3：交易20年及20年以上								
行动	A1：折扣率15%								
	A2：折扣率10%								
	A3：折扣率5%								
	A4：折扣率0%								

前面的例子用判定表表示，如表 6-2 所示。

表 6-2　判定表

条件及行动		1	2	3	4	5	6	7	8
条件	C1：交易额 5 万元以上	Y	Y	Y	Y	N	N	N	N
	C2：无欠款	Y	Y	N	N	Y	Y	N	N
	C3：交易 20 年及 20 年以上	Y	N	Y	N	Y	N	Y	N
行动	A1：折扣率 15%	√	√						
	A2：折扣率 10%			√					
	A3：折扣率 5%				√				
	A4：折扣率 0%					√	√	√	√

该判定表中，Y 表示符合条件或条件成立，N 表示不符合条件或条件不成立，√表示在以上条件组合下对应的行动。该表虽然能较为清晰地反映判定情况，但有些情况是重复判定的，可以进一步简化。简化后的判定表如表 6-3 所示，但还可以将其简化。

表 6-3　简化后的判定表

条件及行动		1	2	3	4
条件	C1：交易额 5 万元以上	Y	Y	Y	N
	C2：无欠款	Y	N	N	
	C3：交易 20 年及 20 年以上		Y	N	
行动	A1：折扣率 15%	√			
	A2：折扣率 10%		√		
	A3：折扣率 5%			√	
	A4：折扣率 0%				√

6.5 面向对象的系统分析

IT 界一直在研究和探索新的电子商务系统的开发方法，面向对象的开发技术应运而生。一些可视化的编程语言的出现，改变了传统的面向过程的编程方式，建立了面向对象的系统开发方法，包括面向对象的系统分析。根据面向对象程序设计的思想，人们提出了面向对象的系统开发方法。

6.5.1 面向对象的系统分析概述

面向对象的分析方法是使用面向对象分析技术对系统建模，称之为对象建模，通过它可以定义出新系统的业务需求。对象建模通过一些方法和图表符号，识别并表达出系统中的所有对象以及对象之间的关系。它们都是采用 UML 分析工具进行对象建模，包括面向对象的需求分析模型和面向对象的系统分析模型。面向对象的需求分析模型主要是创建用例模型，也可以辅助活动图描述系统用例；面向对象的系统分析模型又包括静态分析和动态分析，静态分析主要是建立分析类图，动态分析主要是用顺序图或协作图来检验系统用例的实现问题。

一种系统开发方法应由建模语言和开发过程组成。建模语言是设计的表示符号，而开发过程则是描述如何进行开发所需的步骤。UML 只是一种建模语言，可以与任何开发过程配套使用。本书中的面向对象的系统分析与设计采用 UML 作为建模语言，而选用的开发过程包括需求分析、系统分析、系统设计、系统实施等阶段。UML 软件开发过程是一个多次反复修改、逐步完善的迭代过程。在实际工作中，建模的步骤并不一定严格按照前面讲述的次序进行。

本章介绍的是需求分析和系统分析。

面向对象的系统需求分析的主要任务是确定使用者、定义用例、建立 UML 用例图和用例描述以描述系统的需求。

面向对象的系统分析阶段是指根据用例图及用例描述，并使用顺序图详细描述系统的工作流，推导出所有的关键分析类以及它们之间的关系，完成 UML 分析类图、活动图等的设计。

6.5.2 系统需求分析过程——绘制用例图

系统需求分析过程一般包含系统需求描述、发现和确定参与者、发现和确定用例、绘制用例图及进行用例描述 4 个步骤，具体过程如下。

（1）系统需求描述

系统需求描述是指根据系统需求的层次性，确定系统的范围和边界。系统的范围是指待开发系统的应用领域的目标、任务、规模以及系统提供的功能和服务，系统的边界是指一个系统的所有元素与系统之外事务的分界线。在确定使用者和用例的过程中也就确定了系统的边界，用例是系统之中的，使用者是系统外部的。

一个系统的范围与系统开发的目标、任务和规模密切相关，如图 6-18 所示的虚线框即为系统的边界。

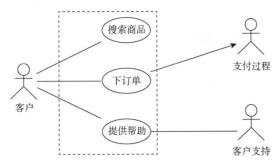

图 6-18 系统的边界

以电信计费系统为例，经调查该系统的需求包括个人用户、集团用户的话费查询业务。

（2）发现和确定参与者

当系统的范围确定并明确了系统的边界以后，就要从系统的角度寻找与系统进行信息交互的角色。

电信计费系统包含的参与者及其关系如图 6-19 所示。

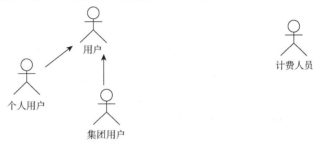

图 6-19 电信计费系统的参与者及其关系

（3）发现和确定用例

用例是系统的一种行为，它为参与者产生一定有价值的结果。用例描述参与者希望系统完成的事情。用例应该是一个完整的任务，所有的用例描述是从参与者看到的系统全部功能。我们可以通过与每个参与者交流来发现和确定可能的用例。

电信计费系统包含的用例如图 6-20 所示。

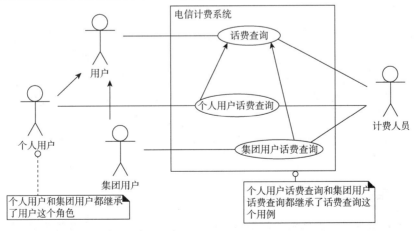

图 6-20 电信计费系统包含的用例

还可以对话费查询用例进一步细化，细化后的用例如图 6-21 所示。

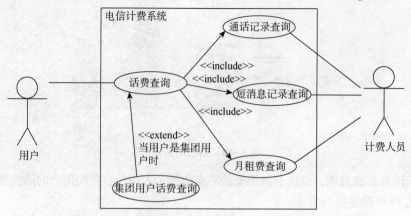

图 6-21 电信计费系统细化后的用例

（4）绘制用例图及进行用例描述

用例描述内容主要包括以下 7 个方面。

①用例名称。

②简要描述：对用例的角色、目的的简要描述。描述要简明扼要，但要包括参与者使用这个用例要达到的目标。

③前置条件：表示执行用例之前系统必须要处于的状态，或者要满足的条件，如前置条件可能是另一个用例已经执行或用户具有运行当前用例的权限。并不是所有用例都有前置条件。

④后置条件：表示用例一旦执行后系统所处的状态，如一个用例运行后需要执行另外一个用例，可在后置条件中说明这一点。并不是所有用例都有后置条件。

⑤基本事件流：描述该用例的基本流程，指每个流程都正常运作时所发生的事情。

⑥备选事件流：描述这个行为或流程是可选的或备选的，并不是总要执行它们。

⑦错误流：描述系统本身不能完成的一些功能。

以话费查询为例，用例描述如下。

用例名称：话费查询

简要描述：显示每月通话记录、短消息记录、月租费信息的查询结果。

前置条件：执行用例前，用户已经登录系统，且具备查询权限。

后置条件：用例执行成功后，计费人员将统计结果反馈给用户。

基本事件流：显示要查询的话费信息；确认信息；提示用户结果已统计，有异议拨打咨询电话等。

备选事件流：检索要查询的信息是否存在，若不存在则由计费人员确定继续检索还是退出用例。

6.5.3 系统分析

系统分析并不是确定如何解决问题的过程，而是在寻找系统究竟处理什么的过程。在这一环节中，需要把那些复杂的需求分解为若干对象及其关系，并在此基础上提出系统的解决方案。

系统分析分为两部分：静态分析和动态分析。静态分析部分主要使用分析类图来描述系统要处理的对象和这些对象之间的相互关系，而动态分析部分主要使用交互图来证明静态分析部分的可行性。

1. 静态分析——分析类图

静态分析的主要任务是建立反映对象静态结构的分析类图，即确定分析类、分析类的属性及分析类的关系。

（1）确定分析类

对象是面向对象方法中最基本的概念，是数据和操作的封装体。系统功能是通过对象之间相互通信、不断变化来实现的。因此，为了更清晰地了解系统的运行过程，有必要建立对象的分析类图，从而可以很容易地观察到某一时刻活动的对象以及它们之间的关系。

分析类是从现实世界业务映射出来的，是对问题域的抽象。因此，分析模型中所有的分析类都应该只描述对象的高层次的属性和操作。

在分析阶段，对于分析类来说不会在软件中实现它，通常只用自然语言去描述其属性和操作。分析类是为定义设计类做准备，一个分析类可以创建一个或多个设计类。

静态分析的第一步是确定那些备选的、执行用例行为的分析类。这些分析类的实例可以满足用例的所有需求。第 3 章中已经介绍了 3 种不同的分析类：实体类、控制类和边界类。在确定分析类时，可以使用 3 种不同的模式来识别和提取这些类。

（2）分析类的属性

在识别出分析类后，下一步是识别出类的属性，继续细化和补充分析模型。

在找到实体类后，就要研究类的属性。类包括信息和行为，这些信息就称为属性。可以查阅需求描述和用例描述来获得属性，事件流中的名词有一些是属性。在标记属性时，要将其赋予适当的类，属性是与类相关的信息。

标识对象/类属性的规则如下。

①常识性：按一般常识，该对象应具有的属性。

②专业性：在当前问题论域中，该对象应具有的属性。

③功能性：根据系统功能的要求，该对象应具有的属性。

④管理性：建立该对象是为了保存和管理哪些属性。

⑤操作性：为了实现对象的操作功能，需要增设哪些属性。

⑥标志性：是否需要增设属性来区别对象的不同状态。

⑦外联性：用什么属性来表示对象的整体—部分联系和实例链接。

（3）分析类的关系

第 3 章已经介绍了类之间的关系有关联关系、聚合关系、组合关系、泛化关系、依赖关系。

描述类之间关系的手段是绘制类图。分析阶段绘制的类图称为分析类图，逻辑上每个用例对应一张完整的分析类图。分析类图可分为两种：简略的分析类图和详细的分析类图。

简略的分析类图没有描述每个类的属性和操作，而是突出类之间的关系。某银行系统简略的分析类图如图 6-22 所示。

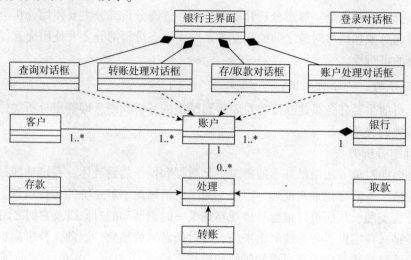

图 6-22　某银行系统简略的分析类图

详细的分析类图用标准方式描述了类，在描述类之间的关系的同时，还展示了每个类的属性和操作。

在用例驱动的开发过程中，通过分析各个用例及参与者得到类图。在这个过程中需要根据面向对象的原则设计类和关系，根据用例的细节设计类的属性和操作。

某演出售票系统用例图如图 6-23 所示。参与者有信息亭（Kjosk），信用卡服务商（Credit Card Service），监督员（Supervisor）、接待员（Clerk）；其系统用例图包括 4 个用例：买个人票（Buy Tickets），买套票（Buy Subscription），信用卡付款（Make Charges），调查销售（Survey Sales）。

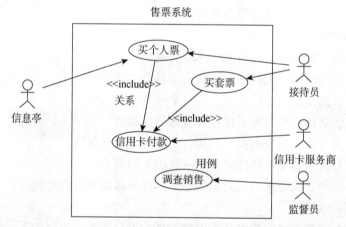

图 6-23　某演出售票系统用例图

该演出集票系统详细的分析类图如图 6-24 所示，只考虑买个人票（Buy Tickets），买套票（Buy Subscription），信用卡付款（Make Charges）3 个用例。

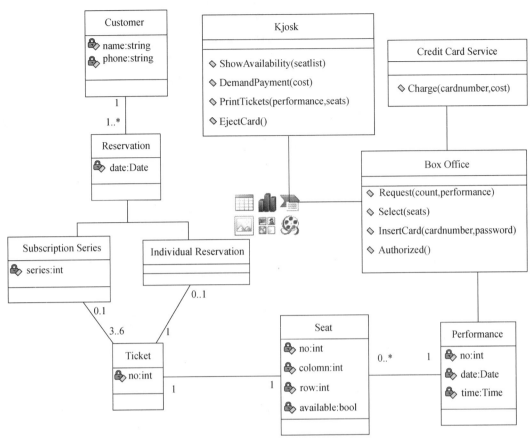

图 6-24 某演出售票系统详细的分析类图

2. 动态分析交互图

静态分析完成后,下一步的重要工作是检查系统用例的实现问题。用例可以转变为对象之间的协作,可以跟踪对象之间的消息传递,从而模拟并检验用例的实现。

顺序图和协作图是专门为用例的实现而设计的,它们可以记录对象之间传递的消息。同时,顺序图和协作图都可以记录相同的信息,但相较而言协作图更适合于用例的实现,因为协作图更多关注的是对象及其链接,而不是传递消息的顺序,而且协作图比较容易生成。

(1)顺序图

绘制顺序图主要从以下 5 个方面入手。

① 识别参与交互的对象。

② 确定系统对象的交互过程。

③ 为每个对象设置生命线,即确定哪些对象存在于整个交互过程中,哪些对象在交互过程中被创建和撤销。

④ 从引发交互过程的初始消息开始,在生命线之间自顶向下依次画出随后的个别消息。

⑤ 如果需要表示消息的嵌套或表示时间,则采用控制焦点;如果需要说明时间约束,则在消息旁加上说明。

图 6-25 所示是某售票系统的顺序图，对象包括信息亭（Kjosk），售票中心（Box Office），信用卡服务（Credit Card Service），顾客在信息亭与售票中心通话触发了这个用例的执行。顺序图中付款具体为：信息亭发 Request（count，performance）消息给售票中心，表示调用售票中心类的 Request（count，performance）操作来查询演出的信息。售票中心发 Show Available（seat-list）消息给信息亭，表示调用信息亭类中的 Show Available（seat-list）操作，给出可用的座位表。信息亭与售票中心还需要一些插卡（Insert Card）、弹卡（Eject Card）的消息传递。

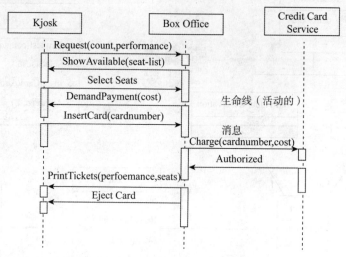

图 6-25 某售票系统的顺序图

（2）协作图

协作图和顺序图比较类似，但它不考虑消息的通信时间，而更关心对象之间的交互（或协作）。因此，协作图主要是用于描述系统的行为是如何由系统的对象协作完成的。

协作图侧重描述对象、对象间的链接以及链接对象之间如何发送消息。它只对相互之间具有交互作用的对象和对象间的关联建模，而忽略其他对象和关联。

绘制协作图主要从以下 8 个方面入手。

①识别参与交互过程的对象。

②确定对象之间的交互过程。

③如果需要，则为每个对象设置初始特性。

④确定对象之间的链，以及沿着链的消息。

⑤从引发交互过程的初始消息开始，将随后的每个消息附到相应的链上。

⑥根据需要表示消息的嵌套。

⑦根据需要说明消息的时间约束。

⑧根据需要为每个消息附上前置条件和后置条件。

售票系统的协作图可自行绘制。

（3）活动图

UML 提供了一种能够描述用例逻辑流程的工具，称为活动图，其可用于对系统的活动过程进行建模。活动图非常类似于业务流程图，它也是用图形的方式来描述业务的过程、用例的工作步骤、流程的图形。但它也有不同于业务流程图的地方，即支持对于并行活动的描述。

活动图用来描述一个操作执行过程中所完成的一系列动作，包括操作的活动、判定点和分支等部分。在 UML 动态建模过程中，活动图能够被附加到任何建模元素上，以描述其动作行为，这些元素包括用例、类、接口、组件、节点、合作、操作和方法。

绘制活动图主要从以下 5 个方面入手。

①识别要对其工作流进行描述的类。

②确定各类的动态行为。

③确定动作流。

④对动作流建模。

⑤对建模结果进行精化和细化。

图 6-26 所示的活动图描述了某售票系统处理订票订单的用例执行过程。

①执行 Set Up Order（建立订单）。

②根据 Order 的类型执行不同的分支。Single Order：执行 Assign Seats（分配座位）、Charge Credit Card（信用卡结算）；Subscription：同时执行 Assigns Seats、Debit Account（借记账号结算）或 Award Bonus（优惠）；Single Order 与 Subscription 两步可同时进行。

③最后 Mail Packet（邮包）。

图 6-27 为一个按活动职责（带泳道）组织的处理订单用例的活动图（模型中的活动按职责组织）。活动被按职责分配到用垂直实线分开的不同区域（泳道）：Customer（顾客），Sales（销售），Stockroom（仓库）。

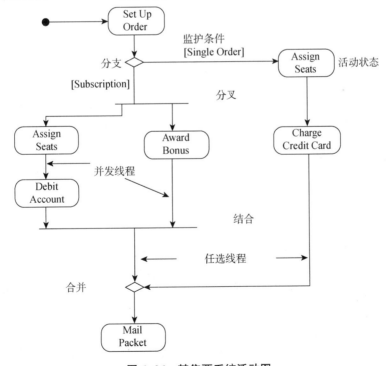

图 6-26　某售票系统活动图

①顾客要求服务，Sales 负责接收订单，并提交到 Stockroom。

②Stockroom 处理订单，与此同时，Customer 付款，并由 Sales 处 Deliver Order 至 Customer。

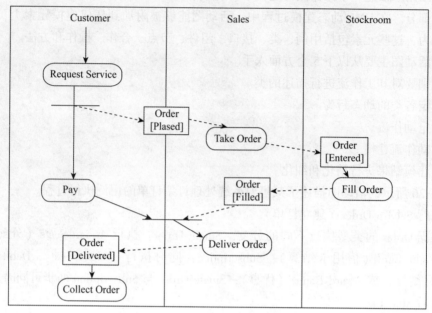

图 6-27　某售票系统带泳道的活动图

6.6　电子商务系统分析报告

电子商务系统分析的过程必须以一个完整、一致、正确、清晰的方式来进行，系统分析的成果也必须满足系统最终用户的需求。

需求说明书是电子商务系统分析阶段形成的主要文档，它应该能够准确地描述出最终用户的需求。这个文档可以由最终用户起草，也可以由系统开发团队来完成。前者对用户来说，难度比较大；后者可能造成软件开发团队在书写需求说明书时，用户什么也不做。在这种情况下，技术人员必须与用户经常沟通交流之后书写需求说明书的内容。因此该需求分析的文档由用户和开发团队共同来完成。电子商务系统分析报告根据设计方法的不同分为以下 2 种。

（1）结构化设计方法的报告

结构化设计方法的系统分析报告包含以下 4 个方面的内容。

①引言：包括名称、开发目标、主要功能、开发背景等。

②现行系统概况：包括现行系统现状详细调查说明，如组织机构图、系统目标、功能一览表、业务流程图、业务流量以及存在的薄弱环节、数据、主要算法等。现行系统分析用户需求及主要存在的问题等。

③新系统逻辑方案：包括新系统目标（要求具体），新系统逻辑模型（数据流程图、数据字典、实体关系图），新系统功能分析（改进、补充、优越之处），新系统在各个处理环节上采用的管理方法、模型，与新系统相配套的管理制度和运行体制的建立。

④下阶段进度计划。

（2）面向对象的设计方法的报告

面向对象的设计方法的系统分析报告包含以下3个方面的内容。

①引言：包括编写目的、背景和参考资料等。

②系统需求分析：包括用例列表和用例模型。

③系统分析：建立分析类图静态模型和顺序图、协作图、活动图等动态模型。

本章小结

本章首先介绍了系统详细调查、结构化系统分析；再介绍了面向对象的需求分析、静态分析和动态分析建模，并提供了两种方法的系统分析报告的一般模板格式。

思考与练习

一、填空题

1. 电子商务系统分析的任务包括描述未来系统所应实现的功能，设计出系统的_____模型。

2. 常见的电子商务系统的调查方法有开调查会、参加业务实践、面谈法和_____。

3. 结构化系统分析方法建立的系统逻辑模型的核心部分包括_____和_____。

4. 采用UML分析工具进行对象建模，包括面向对象的需求分析模型和_____模型。

二、简答题

1. 什么是电子商务系统分析？

2. 零售业电子商务系统的基本需求包括哪些内容？

3. 电子商务系统的详细调查方法有哪些？

三、设计题

1. 试根据以下储蓄所取款过程绘制数据流程图：储户将填好的取款单及存折交储蓄所，经查对存款账户，将不合格的存折和取款单退回储户，合格的存折和取款单被送交取款处理，处理时要修改存款账户，处理的结果是将存折、利息单和现金交储户，同时将取款单存档。

2. 经对某公司原系统调查得知业务处理过程：每月的20～25日由财务科根据已存档的上月工资发放清单和人事科送来的人员工资变动表，抄写本月工资发放清单中的前3项（工资发放清单共6项：部门、姓名、基本工资、扣款、应发工资和签名栏），总务科每月的26日将扣款清单送交财务科，由财务科按扣款清单将扣款数填入本月工资发放清单，最后计算出每个职工应发工资数，并填入工资发放清单。请按以上过程绘制数据流程图。

3. 请根据下述库存量监控功能的处理逻辑绘制判断树：若库存量小于等于0，则按缺货处理；若库存量小于等于库存下限，则按下限报警处理；若库存量大于库存下限，而又小于等于储备定额，则按订货处理；若库存量大于库存下限，小于库存上限，而又大于储备定额，则按正常处理；若库存量大于等于库存上限，而又大于储备定额，则按上限报警处理。

4. 创建"图书选购"用例图。有一个参与者（即顾客）和一个用例（即图书选购），根据分析可知，"图书选购"用例可以分解成两个用例，即"浏览图书"和"加入购物车"，最终得到用例图"图书选购"。

5. 请识别学校运动会管理系统中的对象，并进行分析类，画出运动会管理系统的分析类图。

6. 若某商场中发行一种购物卡，用户可以根据自己的需要提出申请去办理购物卡。商场的卡管理员可以根据申请，创建新的购物卡。用户可以向购物卡预存费用，商场卡管理员为该用户添加相应的预存费用。用户可以用购物卡在商场进行消费，每进行一次消费，售货员就从购物卡中扣除相应的费用。当购物消费每满一定数额时，商场自动在卡中添加奖励费。请绘制顺序图。

7. "会员下订单"用例是在客户端下客户登录后可以浏览上架的商品，并能搜索相应的商品，根据需要选择商品并下订单，该用例的流程如下。

（1）用户指定相应的商品种类进行搜索，得到相应的商品信息；

（2）选中自己需要的商品并选择其定购的数量放入购物车；

（3）提交下订单请求，系统检查用户是否登录，若用户未登录则转（4），否则返回个人信息由用户确认，转（5）；

（4）用户登录系统，重新进入购物车页面，转（3）；

（5）顾客确认自己的信息后，由系统数据库记录订单信息及订单的细节更新订单表和订单细节表；

（6）数据库更新成功后，返回顾客下订单成功的消息。

请根据用例的流程绘制分析类图和协作图。

第7章 电子商务系统设计

知识导入

　　电子商务系统分析给出了电子商务系统开发的逻辑方案，定义了电子商务系统"做什么"的问题。而电子商务系统设计要在此基础上设计出电子商务系统的物理方案，解决"怎么做"的问题。电子商务系统设计不仅与电子商务系统分析阶段的成果密不可分，而且还是电子商务系统实施阶段的依据，是电子商务系统开发从逻辑设计到物理设计、从理论到实践的一个重要的过渡阶段。

学习目标

- 熟悉电子商务系统设计原则和内容。
- 熟悉总体结构设计、运行平台的设计内容。
- 熟练掌握结构化系统设计过程和描述工具。
- 熟练掌握面向对象的系统设计过程和描述工具。

案例导入

　　美特斯邦威公司概况：2010 年，美特斯邦威旗下的邦购网上线，集合了网络购物、时尚资讯和互动社区等多个板块，宣称，"时尚、快乐购物就从邦购开始"以及"无论您在何地，轻点鼠标，丰富多元、快速变化的时尚品款将会让您第一时间体验到惊喜和购物愉悦"。美特斯邦威希望走向传统渠道与电子商务渠道结合并行的双渠道模式，为此美特斯邦威还同时推出线上品牌——AMPM。据悉，2011 年 1 月，邦购网的日销售额突破 30 万元，日交易量超过 1 000 单，每单平均价值超过 300 元。但在之后不到一年的时间，美特斯邦威发布公告称，因盈利难以保障，公司决定停止运营电子商务业务，网购平台交由控股股东打理，邦购网在赔损 6 000 多万元后于 2011 年 10 月黯然收场。

　　失败原因分析：对电子商务困难估计不足，以及电子商务人才的缺乏；美特斯邦威只是引进电子商务这种新型的销售模式，并没有进行分析、认清电子商务与传统渠道的不同，并未进行相应的资源整合、录用专业人员管理，最后将网站交由控股股东打理，必然导致失败。无论是资源配置、物流配送，还是营销运营都无法适应邦购网的发展需求；美特斯邦威的线下物流与电子商务的要求并非完全匹配，而且美特斯邦威自始至终都没有有效地解决资源配置等问题；网络技术的不成熟，缺乏专业技术的支持；在筹备以及运营中，美特斯邦威三度更换域名，网站的技术也没有很好地支撑大规模用户的涌入，极大地影响了用户体验感，最终导致失败。

（编者整理，资料来源：https：//wenku.baidu.com/view/50df51b4afaad1f34693da ef5ef7ba0d4a736d37.html）

思考： 本案例和电子商务系统设计内容相关的有哪几个方面？

7.1 电子商务系统设计原则

为了保证电子商务系统设计的顺利完成，电子商务系统设计应遵循以下原则。

1. 系统性原则

电子商务系统作为一个整体而存在，因此在电子商务系统设计中要从整个电子商务系统的角度进行考虑，注意保证电子商务系统的一致性和完整性。电子商务系统的代码要统一，设计规范要标准，传递语言要尽可能一致。

2. 灵活性原则

灵活性是指电子商务系统对外界环境变化的适应能力。企业的电子商务系统必须具有相当程度的灵活性才能支持企业在不断变化的外界环境中取得竞争优势。

3. 可靠性原则

可靠性是指电子商务系统抵御外界干扰的能力及受外界干扰时的恢复能力。一个成功的管理信息系统（Management Information System，MIS）必须具有较高的可靠性才能保证电子商务系统的质量并得到用户的信任。衡量电子商务系统可靠性的指标有平均故障时间，平均维护时间，安全保密性，抗病毒、防火墙能力等。平均故障时间指平均的前后联系发生故障的时间，反映了电子商务系统安全运行的时间；平均维护时间指故障后平均每次所用的修复时间，反映了电子商务系统的可维护性。

4. 经济性原则

经济性是指在满足电子商务系统要求的前提下，不仅追求给用户带来一定的效益，还应尽可能减少电子商务系统不必要的开销。一方面在硬件的投资上不过分追求先进，另一方面电子商务系统应尽可能简单，避免不必要的复杂化，使设计更加简洁，从而减少处理费用，提高电子商务系统效益，便于实现和管理。

5. 安全性原则

安全性是指保证系统物理实体（主机、网络、存储等）及交易过程具有抗攻击、不受侵害的能力。在系统设计时，至少要从两个方面考虑系统安全：一是主机系统、操作系统、网络、数据存储与备份等安全问题；二是从电子交易方面考虑身份认证、数据加密等安全措施。

7.2　电子商务系统设计内容

电子商务系统设计的主要任务是从电子商务系统的总体目标出发，根据系统分析阶段建立的逻辑模型及外部环境的要求，确定电子商务系统的总体结构和系统各组成部分的技术方案，合理选择计算机和通信的软、硬件设备。

电子商务系统设计的主要工作包括以下3个方面。

1. 系统总体结构设计

系统总体结构设计是一个自顶向下的分解过程，目的是将复杂的问题、难以理解的问题分解为简单的子问题，从而建立出具有整体性的系统模型，即确定整个系统由哪些部分组成，以及各部分在物理、逻辑上的相互关系。

2. 系统运行平台设计

根据新系统的目标，在各种技术手段和方法中权衡，选择适当的计算机操作系统、数据库管理系统等软件和硬件，网络软件和硬件等。

3. 应用系统设计

应用系统是电子商务系统的核心，是在系统分析阶段的逻辑模型的基础上，针对不同模式的电子商务系统分别设计的。它主要包括模块设计、数据库设计、网站设计、支付子系统设计、安全子系统设计等。

7.3　电子商务系统总体结构设计

电子商务系统的总体结构设计是指确定整个系统由哪些部分组成，以及各部分在物理、逻辑上的相互关系。它是在系统体系结构的基础上，针对电子商务的目标，界定系统的外部边界和接口，确定系统的内部组成及其相互关系，确定未来电子商务系统的逻辑结构。

电子商务系统总体结构设计包括如下2个方面的内容。

1. 确定系统的外部接口

通过分析，将电子商务系统与其外部环境区分开来，从而使总体结构设计有一个明确的范围，因此必须设计外部接口。电子商务系统与其外部环境的接口，包括以下4个方面。

①与企业合作伙伴之间的接口。

②与企业内部既有信息系统的接口。

③与交易相关的公共信息基础设施之间的接口。

④其他接口，如企业与政府或其他机构之间的接口。

电子商务系统与其外部环境的接口如图7-1所示。

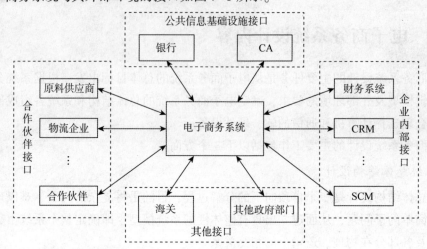

图7-1　电子商务系统与其外部环境的接口

2. 确定系统的组成结构

系统的组成结构主要说明目标系统内部的组成部分，以及系统内部与外部环境的相互关系。

第1章中描述了电子商务系统的体系结构包括基础层、服务层、应用层和表达层。根据系统的体系结构，电子商务系统的总体结构重点描述前3层，如图7-2所示。表达层设计内容可以在电子商务系统网站设计中进行。

图7-2　电子商务系统的总体结构

系统应用层的软件总体结构设计就是构建电子商务系统总体功能结构，并进行分层功能结构设计，经过层层分解，可以把一个复杂的电子商务系统分解为多个功能较为简单的、大小适当、任务单一、相对独立、易于实现的功能模块。顶层功能较为综合，低层功能更加具体，最后以电子商务系统总体结构图的方式反映电子商务系统的各项功能关系。该过程可以用图7-3所示的某家具公司电子商务系统的树形图来描述。

系统应用层和服务层的结构设计也可以用类似于图7-4所示的框图，其既可以表示应用层软件的组成，也可用于表示系统的整体组成。图7-4为某公司电子商务系统的组成结构。

系统基础层的内容见本章第4节。

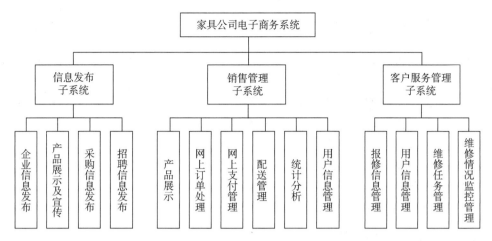

图 7-3 某家具公司电子商务系统的树形图

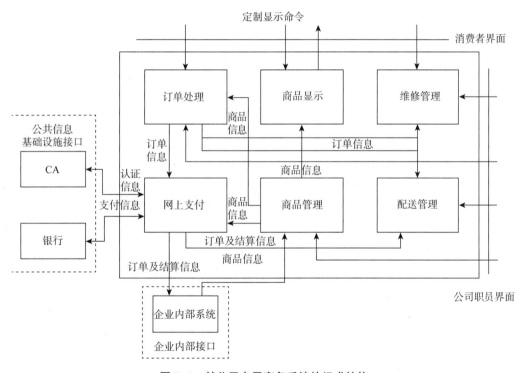

图 7-4 某公司电子商务系统的组成结构

7.4 电子商务系统运行平台设计

系统运行平台是指系统运行所依赖的硬件和软件，主要包括网络支撑平台、系统软件支撑平台和系统硬件支撑平台的设计及相关设备的选择。这一部分主要对应电子商务系统体系结构中的基础层。对企业而言，这一部分主要通过选择合适的产品来实现。

7.4.1 网络支撑平台设计

网络支撑平台设计的任务是要将规划中的各个子系统从内部用局域网连接起来，使系统今后通过网站与外部交互。

电子商务系统网络支撑平台的设计通常有以下2种方案：一种是依靠自身力量建立自己的完整的计算机网络环境；另一种是外包给网络运营服务商来建立网络环境。

但无论哪种设计方案，设计内容包括以下2个方面：一是网络逻辑结构设计：指设计Internet接入方式、网络拓扑结构、子网划分、各类服务器的配置、安全设备的配置等。二是网络硬件设计：指确定各种网络逻辑设备都是由哪些物理设备构成的。

图7-5所示是电子商务系统的网络平台设计示意。

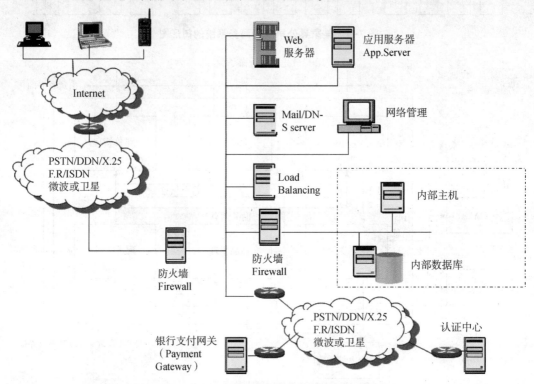

图7-5 电子商务系统网络平台设计示意

此电子商务系统的 Internet 接入方式有 PSTN/DDN/X.25 等专线接入方式，也可以采用 ISDN（综合业务数字网）等电路交换的电话网络接入形式，还可以采用微波或卫星等无线接入方式。服务器有配置 Web 服务器、应用服务器、邮件（Mail）服务器、数据库服务器、负载均衡器（Load Balancing）等。网络设备包括防火墙（Firewall）、网关（Gateway）、路由器等。

电子商务系统的网络平台包括企业的局域网、Internet、Intranet、Extranet 等组成部分。

Internet 是由许多小的网络（子网）互联而成的一个逻辑网，每个子网中连接着若干台计算机（主机）。Internet 以相互交流信息资源为目的，基于一些共同的协议，并通过许多路由器和公共互联网而成，是一个信息资源和资源共享的集合。计算机网络只是传播信息的载体，而 Internet 的优越性和实用性则在于其本身。

Intranet 称为企业内部网，是 Internet 技术在企业内部的应用。它实际上是采用 Internet 技术建立的企业内部网络，其核心技术是基于 Web 的计算。Intranet 的基本思想是在内部网络上采用 TCP/IP 作为通信协议，利用 Internet 的 Web 模型作为标准信息平台，同时建立防火墙把内部网和 Internet 分开。当然 Intranet 并非一定要和 Internet 连接在一起，它完全可以自成一体作为一个独立的网络。

Extranet 称为企业外联网，是一个使用 Internet/Intranet 技术使企业与其客户和其他企业相连来完成其共同目标的合作网络。Extranet 可以作为公用的 Internet 和专用的 Intranet 之间的桥梁，也可以被看作是一个能被企业成员访问或与其他企业合作的 Intranet 的一部分。

电子商务系统的基本网络结构如图 7-6 所示。

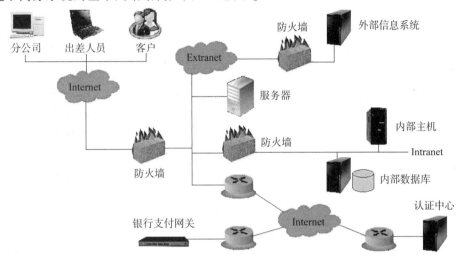

图 7-6　电子商务系统的基本网络结构

7.4.2　系统软、硬件支撑平台设计

电子商务系统的基础层除了设计网络支撑平台，还要进行软件支撑平台和硬件支撑平台的设计任务。

1. 软件支撑平台设计

软件支撑平台的设计包括网络操作系统、Web 服务器、应用服务器和数据库管理系统的选择。

（1）网络操作系统的选择

网络操作系统主要是指运行在各种服务器上的操作系统。目前比较流行的用于电子商务系统的主要有 Windows、UNIX、Linux 网络操作系统，这些网络操作系统所面向的服务领域不同，在很多方面有较大的差异，用户可以结合系统的需求适当选择。

①Windows 系列产品包括 NT，其简单易用，应用软件丰富但安全性较差。

②UNIX 安全、稳定、性能优良，但主要使用命令行方式，缺乏开放性，缺乏应用软件。

③Linux 安全性高，使用方便，开源系统具有越来越多的应用软件，但其免费版本的可靠性无法保证。

（2）Web 服务器的选择

Web 服务器也称为 WWW 服务器，是指驻留于 Internet 上某种类型计算机的程序。可以处理浏览器等 Web 客户端的请求并返回相应响应，也可以放置网站文件，让全世界浏览；还可以放置数据文件，让全世界下载。

目前最主流的 Web 服务器有 IIS、Apache 等。

①微软公司的 Web 服务器产品为 Internet Information Services（IIS），IIS 是允许在公共 Intranet 或 Internet 上发布信息的 Web 服务器，提供了一个图形界面的管理工具，称为 Internet 服务管理器，可用于监视配置和控制 Internet 服务，很多著名的网站都是建立在 IIS 的平台上。

②Apache 是 Apache 软件基金会的一个开放源码的 Web 服务器，仍然是世界上用得最多的 Web 服务器，市场占有率达 60% 左右。它快速、可靠并支持跨平台的应用（可以运行在几乎所有的 UNIX、Windows、Linux 系统平台上），由于其多平台和安全性被广泛使用。

（3）应用服务器的选择

应用服务器也是一个电子商务系统软件平台，该软件在操作系统之上将一些通用的、与企业核心商务应用无关的环境和软件包集成在一起，作为一个软件包向开发者提供。这样，在软件包中可以预装部分功能，从而简化用户的接口，降低开发的难度。它接收 Web 服务器发来的请求，并执行相应的业务处理功能，有时也兼指运行此软件的计算机。

应用服务器为应用程序提供的服务主要包括高性能的应用环境，为应用提供会话管理、支持多种应用编程模式、目录及内容管理、商务引擎、系统管理等。应用服务器在电子商务系统的结构如图 7-7 所示。大多数应用服务器产品中自带增强功能的 Web 服务器，但通常 Web 服务器还是要单独部署。

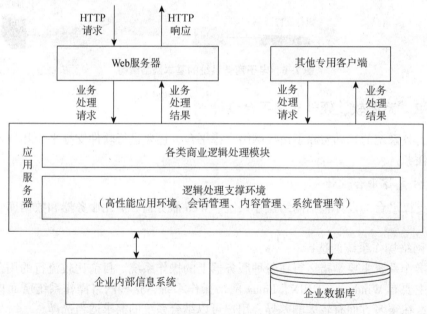

图 7-7　应用服务器在电子商务系统的结构

主流的应用服务器产品有 BEA WebLogic Server，WebSphere Application Server，Oracle Application Server（OAS）。

①BEA WebLogic Server 是一种多功能、基于标准的应用服务器，为企业构建自己的应用提供了坚实的基础。

②WebSphere Application Server 是一种功能完善、开放的应用程序服务器，是 IBM 电

子商务计划的核心部分，是基于 Java 的应用环境，用于建立、部署和管理 Internet 和 Intranet Web 应用程序。

③Oracle Application Server 是 Oraclc 公司的应用服务器，是建立新型企业应用框架的有力武器，同时也是企业构建 Web 系统的有力工具。OAS 采用流行的瘦客户三层体系结构，中间层又分为 3 个层次：HTTP 层、OAS 层和应用层。其中每一层都包含多个功能组件，这 3 个层次可以分布在多个节点上以提高系统的伸缩性和健壮性。

系统设计人员可以根据以上 3 种主流的应用服务器的特点为开发的电子商务系统进行设计，从而选择相应的应用服务器产品。

（4）数据库管理系统的选择

电子商务系统中处理的数据一般包括结构化和非结构化的数据。

①结构化的数据如字符型、数值型、日期型等各种数据类型的数据，用关系数据库管理系统进行管理。

②非结构化的数据如各种网页、声音、图像等，一般以文件等形式进行管理，在设计这类数据的管理方式时，应注意其检索问题。一般采用全文检索或全文数据库方式处理这类数据的查询、检索。有些关系数据库管理系统也能够对这些数据进行管理。

关系数据库管理系统易于管理结构化的数据，其数据冗余度较低，有比较丰富的开发工具，一般还支持联机事务处理、联机事务分析，部分关系数据库还支持数据挖掘、数据仓库、数据集市。

在电子商务系统中，常选择的数据库管理系统的主流产品有 Oralce、DB2（具体在第 9 章中介绍）、Sybase、SQL Server、MySQL 等。可以从跨平台特性、性能（包括并行处理能力、可伸缩性、稳定性）、开发特性、价格、管理难度进行对比分析后选择。

在跨平台特性上，除 SQL Server 外，其余均可跨平台应用。

性能方面，并行处理能力上 Oracle 和 DB2 优于 SQL Server 和 Sybase，SQL Server 和 Sybase 优于 MySQL；可伸缩性上 Oracle 优于 DB2 和 Sybase，DB2 和 Sybase 优于 SQL Server 和 MySQL；稳定性上 Oracle、DB2 和 Sybase 优于 SQL Server 和 MySQL。

开发特性上均支持 ODBC 方式连接，开发难度依环境和用户开发习惯而定。

价格上对于普通低端应用，除 MySQL 开源外，其余成本相差不大；对于中高端应用，DB2 价格高于 Oracle，Oracle 价格高于 Sybase 和 SQL Server。

管理难度上，DB2 和 Oracle 难于 MySQL，MySQL 难于 Sybase，最容易管理的是 SQL Server。

2. 硬件支撑平台设计

硬件支撑平台的设计包括网络硬件设备和服务器设备的选择。

（1）网络硬件设备的选择

网络设备及部件是连接到网络中的物理实体。网络设备的种类繁多，基本的网络设备有网络接口卡、集线器、交换机、网桥、调制解调器、路由器、网关、无线接入点、光纤收发器等。这些网络设备在专业相关课程中都有详细的介绍，在这我们仅概括一下。

①网络接口卡（NIC）是计算机或其他网络设备所附带的适配器，用于计算机和网络间的连接。每一种类型的网络接口卡都是分别针对特定类型的网络设计的，如以太网、令牌网、光纤分布式数据接口（FDDI）或者无线局域网。网络接口卡使用物理层（第一层）和数据链路层（第二层）的协议标准进行运作。网络接口卡主要定义了与网络线进行连接

的物理方式和在网络上传输二进制数据流的组帧方式。它还定义了控制信号，为数据在网络上进行传输提供时间选择的方法。

②集线器（Hub）是最简单的网络连接设备。计算机通过一段双绞线连接到集线器，在集线器中，数据被转送到所有端口，无论与端口相连的系统是否按计划都要接收这些数据。集线器还可以级联集线器以便形成更大的网络。

③交换机（Switch）是一种用于电（光）信号转发的网络设备。它可以为接入交换机的任意两个网络节点提供独享的电信号通路。最常见的交换机是以太网交换机。交换机工作于 OSI 参考模型的第二层，即数据链路层。交换机在同一时刻可进行多个端口对之间的数据传输。

④网桥（Bridge）工作于 OSI（开放式系统互连）体系结构中的数据链路层，OSI 体系结构中的数据链路层以上各层的信息对网桥来说是毫无作用的。网桥是早期的两端口二层网络设备。网桥的两个端口分别有一条独立的交换信道，不是共享一条背板总线，可隔离冲突域。网桥比集线器性能更好，集线器上各端口都是共享同一条背板总线的。后来，网桥被具有更多端口，同时也可隔离冲突域的交换机所取代。

⑤调制解调器（Modem）是一种接入设备，将计算机的数字信号转译成能够在常规电话线中传输的模拟信号。调制解调器在发送端调制信号并在接收端解调信号。

⑥路由器（Router）工作在 OSI 体系结构中的网络层，这意味着它可以在多个网络上交换路由数据包。路由器通过在相对独立的网络中交换具体协议的信息来实现这个目标。路由器不但能过滤和分隔网络信息流、连接网络分支，还能访问数据包中更多的信息。

⑦网关（Gateway）又称网间连接器、协议转换器。网关在网络层以上实现网络互连，是复杂的网络互连设备，仅用于两个高层协议不同的网络互连。网关既可以用于广域网互连，也可以用于局域网互连。

⑧无线接入点（Access Point，简称 AP）是一个无线网络的接入点，俗称"热点"，主要有路由交换接入一体设备和纯接入点设备。一体设备执行接入和路由工作，纯接入设备只负责无线客户端的接入，纯接入设备通常作为无线网络扩展使用，与其他 AP 或者主 AP 连接，以扩大无线覆盖范围，而一体设备一般是无线网络的核心。

光纤收发器是一种将短距离的双绞线电信号和长距离的光信号进行互换的以太网传输媒体转换单元，在很多地方也被称为光电转换器（Fiber Converter）。产品一般应用在以太网电缆无法覆盖、必须使用光纤来延长传输距离的实际网络环境中，且通常定位于宽带城域网的接入层应用。

（2）服务器设备的选择

服务器是网络环境中的高性能计算机，可侦听网络上的其他计算机（客户机）提交的服务请求，并提供相应的服务。

在我国中小企业发展到一定阶段时，随着电子商务业务量的增加，就需要添置更多的服务器设备来支撑运营。选择服务器，可以考虑以下 5 个因素。

①服务稳定性。为了保证网络能正常运转，选择的服务器首先要确保稳定。一方面，一个性能不稳定的服务器，即使配置再高、技术再先进，也不能保证网络能正常工作，严重的话可能给使用者造成难以估计的损失。另一方面，性能稳定的服务器还意味着为公司节省维护费用。

②硬件扩展性。由于网络处于不断发展之中，快速增长的应用不断对服务器的性能提

出新的要求，为了减少更新服务器带来的额外开销和对工作产生的影响，服务器应当具有较高的可扩展性，可以及时调整配置来适应发展。

③服务器配件搭配。为了能使服务器更高效地运转，企业要确保购买的服务器的内部配件的性能必须合理搭配。企业购买了高性能的服务器，但是服务器内部的某些配件使用了低价的兼容组件，就会出现有的配件处于瓶颈状态，有的配件处于闲置状态，导致整个服务器系统的性能下降。

④售后服务与技术支持。由于服务器的使用和维护包含一定的技术含量，这就要求操作人员必须掌握一定的使用知识。但对于普通公司来说，可能没有专职人员来维护服务器。因此选择售后服务好的销售场所来购买，应该成为普通用户明智的决定。

⑤服务器价格。高档服务器的价格比低档服务器的价格高是无可非议的事情，并不要以为价格最低的服务器就是最好的，另外不一定非得购买价格昂贵的服务器。企业在选择服务器时尽量选择适合自己企业发展、性能稳定、价格适中的服务器。

7.5 电子商务应用系统设计

电子商务应用系统是电子商务系统的核心，在系统总体结构设计中，应当确认应用系统的主要功能，说明应用系统的构成，各子系统的主要功能和相互之间的关系。而在电子商务应用系统设计部分，需要进一步描述各子系统具体由哪些模块构成。它是在系统分析阶段的逻辑模型的基础上，针对不同模式的电子商务系统分别设计的。

电子商务应用系统设计的核心内容包括模块设计、数据库设计、网站设计。

①模块设计：从计算机实现的角度，将应用软件分解为功能相对独立的子系统，并将其进一步细分为功能独立的模块，分析确定每个模块的处理流程，以指导后续的编程工作。

②数据库设计：对于一个给定的应用环境，构造最优的数据库模式，建立数据库及其应用系统，使之能够有效地存储数据，满足各种用户的应用需求（信息要求和处理要求）。具体来说就是利用数据库管理系统（DBMS）管理结构化数据，对数据库的概念结构、逻辑结构、物理结构进行设计。

③网站设计：电子商务系统采用 B/S 结构，用户客户端通过浏览器与服务器的资源进行交互，所以网站设计就成为电子商务应用系统设计的重要内容。电子商务网站是指面向供应商、顾客或者企业产品（服务）的消费群体，提供属于企业业务范围的产品或服务，以交易为主的一类企业网站。它是企业、机构或者个人开展电子商务的基础设施和信息平台，是实施电子商务的交互窗口，是从事电子商务的一种手段。

本节重点介绍分别采用结构化设计方法和面向对象的设计方法进行模块设计、数据库设计的内容，网站设计将在第 8 章做详细介绍。

7.5.1 模块设计

1. 结构化设计

结构化设计的目的是在结构化分析过程中建立的逻辑模型基础上，重点阐述结构化设计的原理与方法，建立系统的结构。它的基本思想是自顶向下地将电子商务系统划分成若干子系统，再将每个子系统划分模块，对每个模块内容进行细化，确定每个模块的处理流程，描述模块间的数据关系，以指导后续的编程工作。

在前面系统总体结构设计已经将系统划分成子系统，再划分成模块的工作。模块设计阶段主要完成模块的细化任务，确定每个模块的处理流程，这个过程是处理流程设计；然后描述模块间的数据关系，这个过程是系统流程设计。

（1）子系统和模块划分的依据

按照结构化设计的思想，对电子商务系统进行模块划分的依据如下。

①按逻辑划分，把相类似的处理逻辑功能放在一个子系统或模块中。

②按时间划分，把要在同一时间段执行的各种处理结合成一个子系统或模块。

③按过程划分，即按工作流程划分。从控制流程的角度看，同一子系统或模块的许多功能都应该是相关的。

④按通信划分，把相互需要较多通信的处理结合成一个子系统或模块，这样可减少子系统间或模块间的通信，使接口简单。

⑤按职能划分，即按管理的功能，如财务、物资、销售子系统等。

一般来说，按职能划分子系统、按逻辑划分模块的方式是比较合理和方便的。

（2）模块内外的联系

在一个电子商务系统中，系统的各组成部分之间总是存在着各种联系。若将系统或子系统划分成若干模块，则一个模块内部的联系就是块内联系，而穿越模块边界的联系就是块间联系。

模块设计的一个基本思想是系统模块结构的独立性，因此衡量模块的独立性程度有两个重要的指标：模块耦合和模块内聚。它们从不同的角度反映了模块的独立性。

1）模块耦合。模块间的信息联系称为模块耦合，表现了模块的外部特征，反映出模块之间连接的紧密程度。模块耦合形式和独立性如图7-8所示。

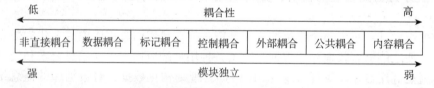

图7-8　模块耦合形式和独立性

①非直接耦合：两个模块之间没有直接关系，两者之间不传递任何信息。

②数据耦合：两个模块之间通过数据交换实现相互之间的联系。

③标记耦合：一个模块调用另一个模块时，不是传送数据本身，而是传送存放数据的变量名或文件名等标记符号。

④控制耦合：如果一个模块调用另一个模块，那么所传递的是控制信息，这两个模块就构成了控制耦合。控制耦合的耦合程度较高，增加了编程和理解的复杂性

⑤外部耦合：一组模块全都访问同一全局简单变量，而且不是通过参数表传递该全局变量的信息。

⑥公共耦合：一组模块全都访问同一个公共数据环境，则它们之间的耦合就称为公共耦合。

⑦内容耦合：一个模块直接访问另一个模块的程序、代码或内部数据。这是最不好的一种耦合形式，它对模块的独立性破坏最大。

从通用性、可读性和可修改性上讲，数据耦合最好，其他依次减弱；从与其他模块间的联系看，数据耦合最弱，其他依次增强。由此可见，在模块设计时应尽量多地使用数据耦合，限制使用控制耦合，尽量避免使用公共耦合和内容耦合。

2）模块内聚。模块内部自身功能的内在联系称为模块内聚，也称为模块内部紧凑性。它是用以衡量模块内部自身功能的内在联系是否紧密的指标。模块内聚形式和独立性如图7-9所示。

图7-9 模块内聚形式和独立性

①功能内聚：一个模块中各个部分都是完成某一具体功能必不可少的组成部分，或者说该模块中所有部分都是为了完成一项具体功能而协同工作、紧密联系、不可分割的，则该模块为功能内聚模块。

②顺序内聚：在模块内，各成分的执行顺序以确定的顺序进行。一般前一功能成分的输出，就是后一功能成分的输入，执行顺序不能改变，而且这些成分是与同一功能密切相关的。

③通信内聚：如果一个模块内各功能部分都使用了相同的输入数据，或产生了相同的输出数据，则把这种模块称为通信内聚模块。

④过程内聚：如果一个模块是由若干个为实现某项业务处理、执行次序受同一个控制流支配的功能组合在一起构成的，那么把这种模块称为过程内聚模块。

⑤时间内聚：模块中的任务必须在同一时间段内执行，如初始化模块或终止模块。

⑥逻辑内聚：将几个逻辑、功能上相似的模块合并，形成一个新的模块。该模块包括若干个在逻辑上具有相似功能的程序段，由传送给模块的参数来确定该模块完成哪一程序段的功能。

⑦偶然内聚：当模块内各部分之间没有联系，或者即使有联系，这种联系也很松散，则称这种模块为偶然内聚模块。

模块内聚的好处是使电子商务系统模块容易理解、功能单一、重复利用性好，也会使后期的程序界面清晰。内聚和耦合是密切相关的，与其他模块存在强耦合的模块通常意味着弱内聚，而强内聚的模块通常意味着与其他模块之间存在弱耦合。模块设计追求高内聚和低耦合。

（3）处理流程设计

处理流程的设计就是将模块细化，确定每个模块的内部特征，即内部的执行过程，包括局部的数据组织、控制流、每一步的具体加工要求及种种实施细节。通过这样的设计，为编写程序制订一个周密的计划。当然，对于一些功能比较简单的模块，也可以直接编写程序。处理流程设计的主要内容包括以下2方面。

①选择或设计算法。算法设计涉及所开发项目的具体要求和每个模块的具体功能。为每一模块设计可靠、高效的算法或处理流程是这一活动的目标。

②精确表达算法。对于算法需要给出适当的算法表达形式，或者说应该选择某种表达

工具来描述处理流程。目前最常用的程序结构流程的表达工具有程序流程图。

程序流程图（Program flow chart）又称程序框图，是历史最久、流行最广的一种图形表示方法。流程图包括 3 种基本成分：加工步骤，用方框表示；逻辑条件，用菱形表示；控制流，用箭头表示。图 7-10 所示为几种程序流程图的标准结构。

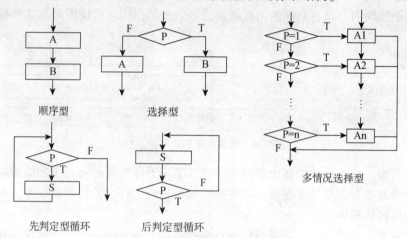

图 7-10   程序流程图标准结构

图 7-11 所示是某电子商务系统的订单管理模块的程序流程图。

订单管理的流程：买家提交订单后，生成一个订单，再判断买家是否取消订单，如果是，则订单结束；否则买家支付完成后，由卖家发货。买家收到商品之后，如果确认收货，则由平台代收的货款就到了商家银行，订单结束；如果买家提出退款申请，则由卖家确认是否同意退款，如果卖家不同意，则双方协商后由买家再次提出退款申请，一直到卖家同意，退款完成，订单结束。

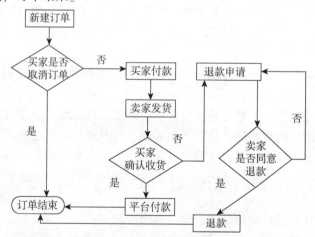

图 7-11   某企业电子商务系统订单管理模块程序流程图

程序流程图的优点是直观、形象，所以容易理解。但从结构化程序设计的角度看，程序流程图不是理想的表达工具。其缺点之一是表示控制的箭头过于灵活。若使用得当，则流程图简单易懂；若使用不当，则流程图可能非常难懂，而且无法维护。程序流程图的另一个缺点是只描述执行过程而不能描述有关数据。

（4）系统流程设计

数据流程图是结构化系统分析阶段描述电子商务系统从输入到信息输出的逻辑过程。结构化系统设计阶段中模块设计使用程序流程图是将模块细化，确定每个模块内部的执行过程。但在电子商务系统实施时，还需要了解各个功能模块之间的数据传递关系，因此需要在模块设计阶段对电子商务系统的系统流程进行设计。事实上，电子商务系统功能模块数据传递大多是以数据库表的形式进行的，本节以数据流程图为基础，将其转换成系统流程图，用电子商务系统流程图的方式来描述模块间的数据关系。

电子商务系统流程图的图例元素如图7-12所示。

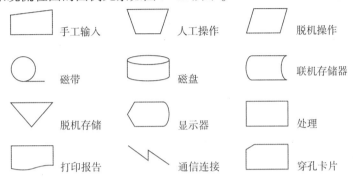

图7-12　电子商务系统流程图图例元素

数据流程图中的数据存储可以转换成系统流程图中的数据库或磁盘文件，数据流程图中数据处理可以转换成系统流程图处理。但从数据流程图到系统流程图并非仅仅是符号的改换，还应考虑哪些处理功能可以合并，或者可以进一步分解，然后把有关的处理看成是系统流程图中的一个处理功能。图7-13是一个数据流程图转换为系统流程图的示例。数据流程图中的处理1和处理2进行了合并，并增加了一个中间文件。

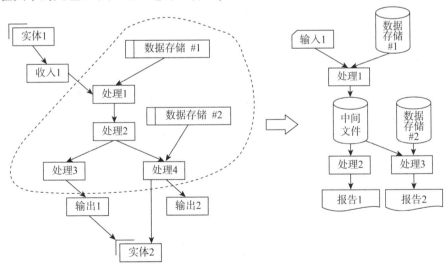

图7-13　数据流程图转换为系统流程图示例

按照上面的转化过程，可以设计系统流程图。图7-14所示是某企业电子商务系统订单管理模块的系统流程图。

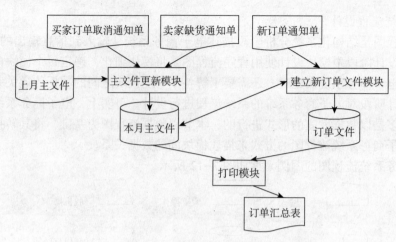

图7-14　某企业电子商务系统订单管理模块的系统流程图

2. 面向对象的设计

电子商务系统完成了面向对象的系统分析工作，提取、整理出了用户的所有需求，并构建了系统分析模型，接下来的系统设计工作的主要任务是将系统分析阶段得到的用户需求转变成符合成本和质量要求的、抽象的系统设计方案，即将系统分析模型转换成系统设计模型，而且在系统设计过程中不断加深和补充对系统需求的理解，不断完善系统分析的成果。与结构化方法不同的是，从面向对象的系统分析到系统设计，是一个反复迭代的过程，也是一个不断扩充和完善的过程。从电子商务系统分析到电子商务系统设计的过渡是平滑的，它们之间没有明显的分界线。

在结构化方法中，虽然系统设计也需要系统分析的结果作为输入，但两个阶段所使用的术语、描述工具等存在很大的区别，这必然增加系统分析和系统设计实现转换和衔接的难度。

而在面向对象的开发方法中，系统分析的结果多数都可以直接映射成设计结果，并在设计过程中不断扩充和改进，从而进一步加深对需求的理解。

（1）子系统设计

对一个业务比较多的电子商务系统来说，不可能把所有的业务实体和业务过程放在一个电子商务系统中，否则会导致电子商务系统过于复杂而难以使用，因此考虑把电子商务系统分解成若干个子系统。

在 UML 中，将使用包的机制来说明电子商务子系统。因此，这个阶段的研究任务是考虑如何把一个电子商务系统分成若干包（子系统），如何描述包与包之间的依赖关系，如何定义电子商务子系统之间的接口。

1）子系统划分。子系统的划分方法比较多。可以按照电子商务系统的部门划分，将同一部门应用的软件划分为一个子系统，也可以按照功能来划分，将具有相似功能的模块放在一个子系统中。此外，子系统的划分也可以利用电子商务系统分析阶段对用例分类的结果。

子系统划分完成后，还要确定子系统之间的关系，而且在确定子系统之间的关系时，注意尽量使子系统之间的关系保持低耦合。

2）子系统接口设计。一般而言，一个电子商务系统的各个子系统之间往往存在一定的依赖关系。它们在业务操作中相互关联。对于这种子系统间的关联，在设计时需要对其定义接口。

为了降低各子系统之间的耦合性，对于子系统之间的通信只允许通过接口来实现。定义的接口中包含了子系统间的通信形式和通过子系统边界的消息。外部子系统只能通过接口间接地使用它提供的服务，不能直接地操作子系统的内容。因此，只要子系统对外接口不改变，不管子系统内部发生怎样的变化，也不会对依赖于该系统的其他子系统产生影响。

在 UML 中子系统及其它们之间关系可以使用组件图来表示。组件图由组件及组件间的接口和依赖关系来构成。图 7-15 所示是一个 "购票" 用例的组件图。其中购买个人票可以通过公用信息亭订购也可直接向售票员购买，但购买团体票只能通过售票员购买。买票的人可以选择预订销售或个人销售或团体销售中的任意一种方式，售票处为了方便销售，需要信用卡付款服务的支持，同时也必然需要票数据库处在有票可卖的状况中。

图 7-15 的依赖关系包括以下 6 种。

①顾客需要信息亭接口提供服务。

②售票员需要职员接口提供服务。

③信用卡付款需要信用卡代理提供服务。

④职员接口需要预订销售、个人销售和团体销售提供服务。

⑤管理接口需要数据库状态提供服务。

⑥售票处需要付款和购买提供服务。

图 7-15 的实现关系包括以下 3 种：

①信用卡付款提供付款服务。

②票数据库提供购买和状态查询服务。

③售票处提供预订购买、个人购买和团体购买服务。

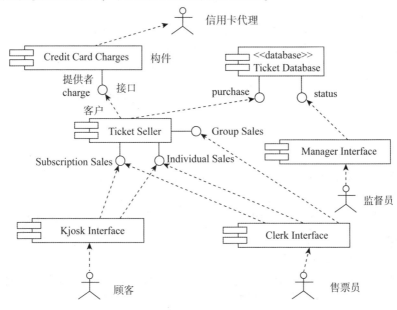

图 7-15 "购票" 用例的组件图

对于子系统接口的内容描述主要包括以下 4 个方面。

①操作的名称。

②操作的返回值及其类型。

③操作时要使用的参数名及其参数类型。

④操作主要做什么（给出处理的文字描述，包括关键的算法）。

（2）设计类图的建立

在电子商务系统分析阶段所构造的分析模型称为分析类图，进入设计阶段后需要将其转变为设计类图。虽然在 UML 中对于分析类与设计类的符号表示并没有什么区别，但两者在本质上是有区别的。例如，设计模型和分析模型的目标不同，分析模型描述的是用户环境下的业务系统，而设计模型更多的是从电子商务系统、软件角度出发。

设计类有很多不同类型，UML 为其提供了一种特殊符号，称为构造型，可以为不同的类型指定不同的构造型。在 UML 中用<< >>符号表示。构造型根据模型元素特定的类型进行分类，并将类型的名称放到<< >>符号中。

在电子商务系统分析阶段，分析类有实体类、控制类、边界类 3 种类型，设计类同样也包括这 3 种类型。图 7-16 所示的表示形式更接近于软件类。

图 7-16　实体类、控制类、边界类构造型

图 7-17 所示为实体类、控制类和边界类之间的协作。

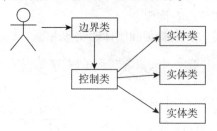

图 7-17　实体类、控制类、边界类之间的协作

3. 转化

下面给出了从分析类图到设计类图的转化步骤。

（1）把分析类图中的类和类之间的关系直接转到设计类图中

把电子商务系统分析中确定的各个分析类、类之间的关系以及类的一些属性和方法直接转到设计类图当中，从而构建出初步的设计类图。这些类中既包括了实体类，也包括了边界类和控制类。

（2）细化设计类中的操作及属性

分析类图中所表示的属性都是分析类最主要和最基本的属性，其并不全面，需要在设计过程中进一步补充。与此同时，还要确定这些属性所属的类型。在面向对象的编程语言中既可以使用那些通用的属性类型，包括日期型、布尔型、整数型等，也可以使用一些用户定义的属性类型，操作也要进行细化。

图 7-18 所示是"资金转账"在分析阶段的顺序图，细化操作及其属性，得到图 7-19 所示的设计阶段的顺序图。

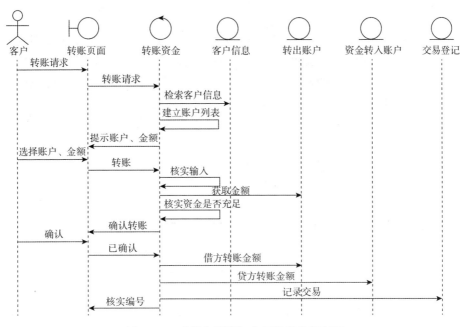

图7-18 "资金转账"分析阶段的顺序图

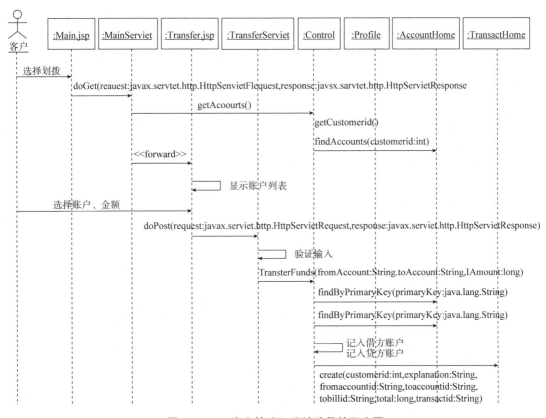

图7-19 "资金转账"设计阶段的顺序图

（3）关联关系设计

在设计类图中需要为关联类之间添加导航箭头，表示源类和目的类之间所发送的带有方向的消息。

识别类之间的关联关系需要注意：两个对象之间若要进行协作，则要建立关联关系。如果协作只在一个方向进行，则建立单向关联。顺序图也描述了设计对象间的相互作用。研究顺序图的消息有助于发现类之间的关联，也可以根据顺序图或协作图确定关联关系等。

图 7-20 为根据顺序图确定关联关系。

图 7-20 根据顺序图确定关联关系

（4）添加边界类与控制类之间的依赖关系

对于设计类图中出现的边界类，为了说明边界类与控制类之间的依赖关系，还需要画出它们与控制类之间的依赖关系线。

根据以上设计步骤，下面给出了电子商务系统"订单处理"设计类图，如图 7-21 所示。

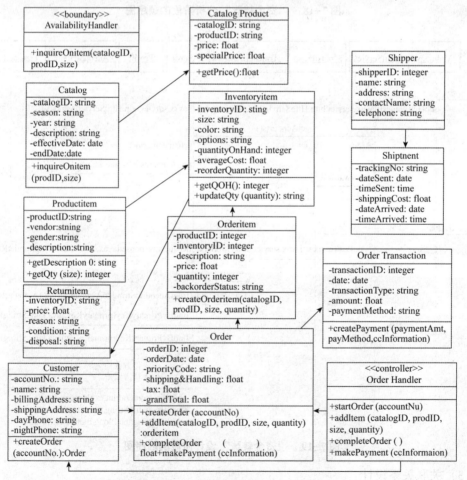

图 7-21 电子商务系统"订单处理"设计类图

4. 包的设计

在电子商务系统分析阶段使用分析包对电子商务系统的逻辑结构进行了分解，进入设计阶段后还要继续使用包的概念对子系统进行组织设计。包图是 UML 中一个高层次的图，使用包图设计人员可以将具有一定关联性的类联系起来。

将系统中的类进行分组或分包，可以使模型元素在逻辑上更有秩序，也体现了系统结构高内聚、低耦合的原则。

电子商务系统设计阶段和分析阶段的包的表示方法基本相同，同样是使用一个制表方框来表示，包名一般放在制表方框的标签上，也可放在方框内部。图 7-22 所示是电子商务系统按功能划分子系统的包图。

在包与包之间，或者包中的类与类之间一般存在一定的依赖关系。它表示如果系统中的一个包（或类）发生了变化，那么另一个包（或类）也一定会发生变化。在 UML 图中，依赖关系在包图中一般使用带箭头的虚线来表示。其中箭头指向被依赖的包，箭尾指向有依赖性的包。

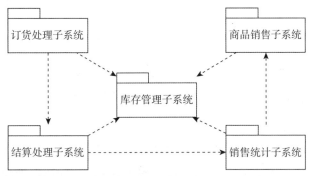

图 7-22 电子商务系统按功能划分子系统的包图

设计阶段还可以根据每个设计类所属的具体层次放在不同的包内。在这个过程中，需要分析每个用例的设计类图和交互图，最终绘制出电子商务系统的包图。图 7-23 为电子商务系统设计阶段包图。就这个电子商务系统而言，系统分解分为 3 个层次，顶层是登录及主控程序包；中间层是 6 个业务处理包，即用户管理包、购物车管理包、订单管理包、商品管理包、发货管理包和支付管理包；底层是电子商务系统实体类包和报表包。

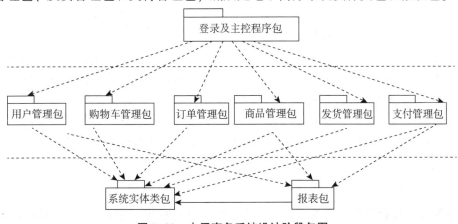

图 7-23 电子商务系统设计阶段包图

7.5.2 数据库设计

数据库设计是 MIS 电子商务系统设计的核心工作之一，从 20 世纪 70 年代以来，由于计算机硬件技术的进步，数据库技术得到迅速发展，MIS 中的数据很多是以数据库为组织形式来存储的。

数据库设计在用户需求分析基础上，进行数据库的概念结构、逻辑结构和物理结构 3 部分内容的设计工作。数据库设计是根据电子商务系统数据的加工处理过程、数据的分布和存储形式、安全保密要求等方面，来决定数据的整体组织形式、数据库表或文件的存放形式、数据库表的物理结构和相互关系等一系列的问题。

数据库设计的主要步骤如图 7-24 所示。

图 7-24 数据库设计的主要步骤

1. 数据库设计的目标

数据库设计是电子商务系统设计的关键环节之一，其设计目标是在选定的 MIS 电子商务系统基础上建立数据库的过程，是数据存储的具体实现，为数据处理过程实现提供数据的输入和输出平台。良好的数据库设计应体现在对电子商务系统各类数据的管理上，满足组织管理工作的需求，操作简单，维护方便等。

数据库设计应满足以下 3 点要求。

（1）用户的应用需求

数据库设计首先应满足用户的各类信息要求和各种数据处理请求，其次要考虑所选用的 MIS 电子商务系统性能是否满足用户的需求，最后考虑数据库对电子商务系统经济效益的影响。

（2）良好的数据库管理性能

数据库设计除了满足用户的应用需求外，还应保证电子商务系统数据的完整性、一致性、可靠性、共享性、最小冗余以及数据安全，同时还要有良好的数据维护功能。

（3）数据库设计人员的要求

由于数据库设计涉及 MIS 开发的各个环节，因此，在数据库设计时要求有电子商务系统分析员、设计员、编程人员、数据库理论专家、电子商务系统数据库管理员等人员的共同参与。

2. 数据库设计的步骤

数据库设计过程具有一定的规律和标准。在设计过程中，通常采用"分阶段法"，即"自顶向下，逐步求精"的设计原则。将数据库设计过程分解为若干相互依存的阶段，称之为步骤。每一阶段采用不同的技术、工具解决不同的问题，从而将一个大的问题局部化，减少局部问题对整体设计的影响及依赖，并利于多人合作。

目前数据库设计主要采用以逻辑数据库设计和物理数据库设计为核心的规范化设计方法，即将数据库设计分为需求分析、概念结构设计、逻辑结构设计、数据库物理设计、数据库实施、数据库运行和维护6个阶段。

（1）需求分析阶段

需求分析是对用户提出的各种要求加以分析，对各种原始数据加以综合、整理，是形成最终设计目标的首要阶段，也是整个数据库设计过程中最困难的阶段，是以后各阶段任务的基础。因此，对用户的各种需求及数据，能否进行准确无误、充分完备的分析，并在此基础上形成最终目标，是整个数据库设计成败的关键。

（2）概念结构设计阶段

概念结构设计是对用户需求进行进一步抽象、归纳，并形成独立于DBMS和有关软、硬件的概念数据模型的设计过程，这是对现实世界中具体数据的首次抽象，完成从现实世界到信息世界的转化过程。数据库的逻辑结构设计和物理结构设计，都是以概念结构设计阶段所形成的抽象结构为基础进行的。因此，概念结构设计是数据库设计的一个重要环节。数据库的概念结构通常用E-R图等来表现。

（3）逻辑结构设计阶段

逻辑结构设计是将概念结构转化为某个DBMS所支持的数据模型，并进行优化的设计过程。由于逻辑结构设计是一个基于具体DBMS的实现过程，所以选择什么样的数据模型尤为重要，其次是数据模型的优化。数据模型有层次模型、网状模型、关系模型、面向对象模型等，设计人员可选择其中之一，并结合具体的DBMS实现。在逻辑结构设计阶段后期的优化工作，已成为影响数据库设计质量的一项重要工作。

（4）数据库物理设计阶段

数据库物理设计是将逻辑结构设计阶段所产生的逻辑数据模型，转换为某种计算机系统所支持的数据库物理结构的实现过程。这里，数据库在相关存储设备上的存储结构和存取方法，称之为数据库的物理结构。完成物理结构设计后，对该物理结构进行相应的性能评价。若评价结果符合原设计要求，则进一步实现该物理结构；否则，对该物理结构做出相应的修改。若属于最初设计问题所导致的物理结构的缺陷，则必须返回到概念结构设计阶段修改其概念数据模型或重新建立概念数据模型，如此反复，直至评价结构最终满足原设计要求为止。

（5）数据库实施阶段

数据库实施阶段，即数据库调试、试运行阶段。一旦数据库物理结构形成，就可以用已选定的DBMS来定义、描述相应的数据库结构，装入数据库数据，以生成完整的数据库，编制有关应用程序，进行联机调试并转入试运行，同时进行时间、空间等性能分析。若不符合要求，则需调整物理结构、修改应用程序，如此反复，直至高效、稳定、正确地运行该数据库电子商务系统为止。

（6）数据库运行和维护阶段

数据库实施阶段的结束，标志着数据库电子商务系统投入正常运行工作的开始。

随着对数据库设计的深刻了解和设计水平的不断提高，人们已经充分认识到数据库运行和维护工作与数据库设计的紧密联系。数据库是一种动态和不断完善的运行过程，其运行和维护阶段的开始，并不意味着设计过程的结束，任何哪怕只有稍微的结构改变，也许就会引起对物理结构的调整、修改，甚至使物理结构改变，因此数据库运行和维护阶段是保证数据库日常活动的一个重要阶段。

本章重点介绍用结构化开发方法和面向对象的开发方法完成数据库设计的主要阶段。

3. 结构化的数据库设计

结构化数据库设计方法的概念结构设计阶段是绘制 E-R 图建立概念模型；逻辑结构设计阶段是将 E-R 图转化为 DBMS 所支持的数据模型，目前大多 DBMS 都支持关系模型；数据库物理设计阶段是将关系模型转换为某种计算机系统所支持的数据库物理结构。

（1）概念结构设计阶段

采用 E-R 方法进行数据库的概念结构设计，建立概念模型。

E-R 方法是设计概念模型常用的方法。用设计好的 E-R 图再附以相应的说明文件可作为阶段成果。E-R 方法有以下 3 种。

1）从用户的需求出发，为每个用户建立一个局部概念模型。建立局部 E-R 图的步骤如下。

①确定局部概念模型的范围。

②定义实体。

③定义联系。

④确定属性。确定属性的原则：属性是不可再分解的语义单位，实体与属性间应是 $1：n$ 的关联，隶属不同实体型的属性间无直接关联，不宜隶属任一实体型的属性应作为联系的属性。

⑤逐一画出所有的局部 E-R 图，附以相应的说明文件。

2）建立全局概念模型。建立全局 E-R 图的步骤如下。

①确定公共实体类型。检查存在于多个局部 E-R 图的公共实体类型。这里的公共实体类型是指同名的实体类型和具有相同键的实体类型。

②合并局部 E-R 图。把局部 E-R 图逐一合并到全局 E-R 图中，对每个局部 E-R 图，首先合并公共实体类型，其次合并那些有联系的局部结构，最后加入其他独立的局部结构。

③消除不一致因素。局部 E-R 图间存在的不一致又称冲突。冲突可分为命名冲突、属性冲突、结构冲突等。

命名冲突有同名异义，异名同义。例如：商品实体有编号属性，订单实体有编号属性，合并后要修改成不一样的名称，这就是同名异义；在两个局部 E-R 图中都有订单实体的属性，一个是订单号，一个是订单编号，合并后用其中一个属性名称，这就是异名同义。

属性冲突是指属性域的冲突，即属性值的类型、取值范围、属性取值单位或取值集合不同。例如：某些部门用出生日期表示职工的年龄，而另一些部门用整数表示职工的年龄；重量单位有的用公斤，有的用克。

结构冲突是指同一对象在不同应用中的不同抽象。例如，对于性别，在某个应用中为实体，而在另一个应用中为属性。同一实体在不同局部 E-R 图中属性组成不同，包括属性个数、次序。实体之间的联系在不同的局部 E-R 图中呈现不同的类型。例如：E1，E2

在某一应用中是多对多联系，而在另一应用中是一对多联系；在某一应用中 E1 和 E2 发生联系，而在另一应用中，E1、E2、E3 三者之间有联系。

④优化全局 E-R 图。经合并得到的全局 E-R 图需要进行优化。

⑤画出全局 E-R 图，附以相应的说明文件。

3）概念模型的优化与评审。一个好的全局 E-R 图除能反映用户功能需求外，还应满足下列条件：实体类型个数尽可能少；实体类型所含属性尽可能少；实体类型间联系无冗余。优化就是要满足这 3 个条件，即相关实体类型的合并；冗余属性的消除；冗余联系的消除。但要注意效率，根据具体情况可存在适当冗余。

全局 E-R 图的优化原则主要有以下 3 个。

①实体类型的合并。这里的合并不是前面的"公共实体类型"的合并，而是相关实体类型的合并。在公共模型中，实体类型最终转换成关系模式，涉及多个实体类型的信息要通过联接操作获得。因而减少实体类型个数，可减少开销，提高处理效率。一般可以把 1:1 联系的两个类型合并。具有相同码的实体类型常常是从不同角度刻画现实世界，如果经常需要同时处理这些实体类型，那么也有必要合并成一个实体类型。但这时可能产生大量空值，因此，要对存储代价、查询效率进行权衡。

②冗余属性的消除。通常在各个局部结构中是不允许冗余属性存在的。但在综合成全局 E-R 图后，可能产生全局范围内的冗余属性。例如，在教育统计数据库的设计中，一个局部结构中含有高校毕业生数、招生数、在校学生数和预计毕业生数，另一局部结构中含有高校毕业生数、招生数、分年级在校学生数和预计毕业生数。各局部结构自身都无冗余，但综合成一个全局 E-R 图时，在校学生数即成为冗余属性，应予以消除。

一般同一非码的属性出现在几个实体模型中，或者一个属性值可从其他属性值导出，此时应把冗余属性从全局 E-R 图中去掉。

冗余属性消除与否，也取决于它对存储空间、访问效率和维护代价的影响。有时为了兼顾访问效率，有意保留冗余属性。这当然会造成存储空间的浪费和维护代价的提高。如果人为地保留一些冗余数据，则应把数据字典中数据关联的说明作为完整性约束条件。

③冗余联系的消除。在全局模式中可能存在有冗余的联系，通常利用规范化理论中函数依赖的概念消除冗余联系。

下面以某电子商务企业库存管理来看看如何消除冗余联系。图 7-25、图 7-26 分别是该电子商务企业的局部 E-R 图和全局 E-R 图。

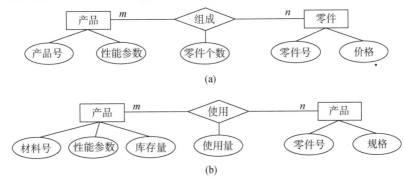

图 7-25 某电子商务企业局部 E-R 图

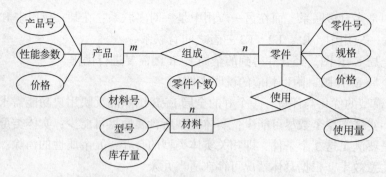

图 7-26　某电子商务企业全局 E-R 图

（2）数据库的逻辑结构设计

在逻辑结构设计阶段，将概念结构设计阶段所得到的以概念数据模型表示且与 DBMS 无关的数据模式，转换成以 DBMS 的逻辑数据模型表示的逻辑模式，并对其进行优化。这些模式在功能、性能、完整性和一致性约束及数据库可扩充性等方面均应满足用户提出的要求。

1）关系数据库的逻辑结构设计过程。

①从 E-R 图导出初始关系模式。将 E-R 图按规则转换成关系模式。

②规范化处理。消除异常，改善完整性、一致性和存储效率，一般达到第三范式要求即可。

③模式评价。模式评价的目的是检查数据库模式是否满足用户提出的要求，包括功能评价和性能评价。

④优化模式。优化包括对于在设计过程中疏漏的要新增关系或属性，性能不好的要采用合并、分解或选用另外结构等内容。

⑤形成逻辑结构设计说明书。

2）E-R 图向关系模型的转换。

关系模型的逻辑结构是一组关系模式的集合。E-R 图则是由实体、实体的属性和实体之间的联系 3 个要素组成的。所以要将 E-R 图转换成关系模型实际上就是要将实体、属性和实体之间的联系转化为关系模式，转化方法有以下 3 种。

①1∶1 联系的转换方法。一个 1∶1 联系可以转换为一个独立的关系模式，也可以与任意一端对应的关系模式合并。1∶1 联系的 E-R 图如图 7-27 所示。

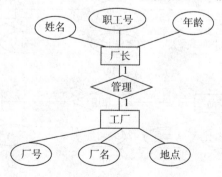

图 7-27　1∶1 联系的 E-R 图

根据 E-R 图，转换后的关系模型如下。

工厂（<u>厂号</u>，厂名，地点）

厂长（姓名，<u>职工号</u>，年龄）

②1：n 联系的转换方法。在向关系模型转换时，实体间的 1：n 关系可以有两种转换方法：一种是将联系转换为一个独立的关系，其关系的属性由与该联系相连的各实体集的键以及联系本身的属性组成，而该关系的键为 n 端实体集的键；另一种方法是在 n 端实体集中增加新属性，新属性由联系对应的 1 端实体集的键和联系自身的属性构成，新增属性后原关系的键不变。1：n 联系的 E-R 图如图 7-28 所示。

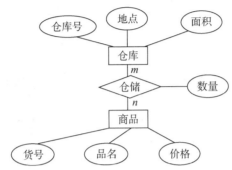

图 7-28 1：n 联系的 E-R 图

转换后的关系模型如下。

方案一：1：n 联系形成的关系独立存在。

仓库（<u>仓库号</u>，地点，面积）

商品（<u>货号</u>，品名，价格）

仓储（<u>仓库号</u>，<u>货号</u>，数量）

方案二：联系形成的关系与 n 端对象合并。

仓库（<u>仓库号</u>，地点，面积）

商品（<u>货号</u>，品名，价格，仓库号，数量）

③m：n 联系的转换方法。在向关系模型转换时，一个 m：n 联系转换为一个关系。转换方法：与该联系相连的各实体集的键以及联系本身的属性均转换为关系的属性，新关系的键为两个相连实体键的组合。m：n 联系的 E-R 图如图 7-29 所示。

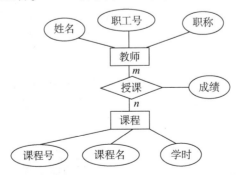

图 7-29 m：n 联系的 E-R 图

转换后的关系模型如下。

教师（<u>职工号</u>，姓名，职称）

课程（<u>课程号</u>，课程名，学时）

授课（<u>职工号</u>，<u>课程号</u>，成绩）

（3）数据库的物理结构设计

物理结构设计是根据数据库管理电子商务系统的特征，确定数据库的物理结构即存储结构。对一个给定的逻辑数据模型选取一个最适应应用环境的物理结构（存储结构与存取方法）的过程，就是数据库的物理结构设计。

1）物理结构设计的内容。物理结构设计依赖于具体的 DBMS 电子商务系统。要着手物理数据库设计，就必须充分了解所用 DBMS 的内部特征，特别是文件组织方式、索引和它所支持的查询处理技术。

通常对关系数据库物理结构设计的主要内容：为关系模式选择存取方法；设计关系、索引等数据库文件的物理存储结构。

2）存储结构的选择。物理数据库设计的主要目标之一就是以有效方式存储数据。数据库包含两种存储结构，分别为顺序存储结构和链式存储结构。顺序存储结构是把逻辑上相邻的结点存储在物理位置上相邻的存储单元中，结点之间的逻辑关系由存储单元的邻接关系来体现；而链式存储结构是在计算机中用一组任意的存储单元存储线性表的数据元素。

3）性能评价。衡量一个物理结构设计的好坏，可以从时间、空间、维护开销和各种用户要求着手，具体有以下 3 个方面。

①存取效率。

②存储效率。

③其他性能。

4. 面向对象的数据库设计

目前大多数 DBMS 数据库都支持面向对象的设计方法。面向对象的数据库设计的主要任务就是将对象模型映射成数据库模式。相对于结构化的数据库设计而言，面向对象的数据库设计方法更具优势，因为它可以实现应用电子商务系统对象到数据库对象的直接映射，转换自然、方便。同时，数据库逻辑模型又可以直接模拟电子商务系统中各个实体对象的关系。

面向对象的电子商务系统分析阶段建立了实体类图，它描述了实体类及其之间的静态关系，不仅定义电子商务系统中的实体类，表示类之间的联系（关联、依赖、聚集等），还阐述了类的内部结构（类的属性和操作）。

由于电子商务系统数据库中的每张表都有对应的实体类，因此，在面向对象的开发方法中通常采用实体类图来描述数据库结构。它不仅指明了电子商务系统数据库中有哪些表和表的具体组成，还表明了各表之间的联系。

（1）对象在数据库中的存放策略

用关系数据库存放对象的基本策略：把由每个类直接定义并需要永久存储的全部对象实例存放在一个数据库表中。每个这样的类对应一个数据库表，经过规范化之后的类的每个属性对象对应数据库表的一个属性（列），类的每个对象实例对应数据库表中的一个元组（行）。

（2）确定关键字

一个数据库表的关键字是一组能够唯一标识该表的每个元组（行）的属性。对类而言，关键字就是一组能唯一标识该类的每个对象实例的属性，用尽可能少的属性（最好是只用一个属性）作为关键字将给查询和更新操作带来方便。采用对象标识符 OID（对象唯一的标识符）作为相应的数据库中所有表的主键，也是常用的手段。

（3）类映射成表的策略

实现类到数据库表的映射，既可以从分析类图入手，也可以从设计类图开始。因为分析类图与关系模型更接近，而且没有显示关联的方向，因此最好先从分析类图入手将分析类映射到表，然后结合设计类图进行适当地调整和修改，并且根据设计类的属性类型确定表中字段的类型。

将单个简单类映射成表，一般按下列步骤进行。

①类的名称映射成关系模型的名字。

②类的所有属性映射成关系模型的属性。

③类的关键字映射成关系模型的主键，同时指出关系模型中的外键、列的域以及能否为空值等选项。

④类中任意一个对象集映射成关系模型的一个实例（即关系），对象集中每一个对象称为此关系中的一个元组。

单个简单类映射成关系模型如图7-30所示。

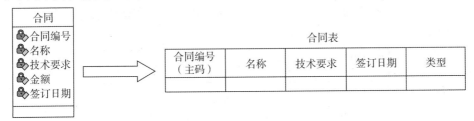

图7-30　单个简单类映射成关系模型

（4）关系映射的策略

关系映射不仅必须将类或对象映射到数据库中，还必须将类或对象之间的关系进行映射。类之间有4种类型的关系：泛化、关联、聚合和组合。要有效地映射这些关系，必须理解它们之间的差异。

从数据库的角度来看，关联和聚合/组合之间的唯一不同是对象相互之间的绑定程度。对于聚合和组合，在数据库中对整体所做的操作通常需要同时对部分进行操作，而关联就不是这样。

对象间无论是聚合关系还是关联关系，从数据库的角度来看，都是通过表的联系来实现的。关系数据库中的关系是通过使用外码来实现的，即将主表中的主码加入另一张表的属性作为外码。一对一和一对多的关系就是通过这种方法实现的。其中，对象的 OID 就是联系的外码。下面主要介绍关联关系、聚合关系和单继承关系的映射。

1）关联关系的映射。关联关系可分为一对一、一对多和多对多关联。

①一对一的关联的映射。一对一关联映射的关系模型有 3 种算法。

算法 1：一般的一对一的关联，其关联每一端的类映射为一张表，外键可放置在任意一边的表中，具体情况依赖于性能等因素。

算法 2：将两个类合并映射成一张表。映射过程如图 7-31、图 7-32 所示。

图 7-31　一对一的关联对象模型

部门表

部门代码（主码）	部门名称	部门电话	编号	姓名	任职时间

图 7-32　一对一的关联映射为关系模型

算法 3：如果一对一关联是可选的 1（0..1）或强制的 1（1），则外键放置在可选的一端，且该外键不能为空值。映射过程如图 7-33、图 7-34 所示。

图 7-33　可选的 1 或强制的 1 的一对一的关联对象模型

员工表

员工OID	姓名	工资

计算机表

计算机OID	员工OID	类型

图 7-34　可选的 1 或强制的 1 的一对一的关联映射为关系模型

②一对多的关联的映射。其指的是将外键放置在"多"的一方。如果"1"方是可选的，则外键可以有空值，以表明"多"方的记录可以独立于"1"方存在；如果"1"方是强制性的，则外键一定要非空。映射过程如图 7-35、图 7-36 所示。

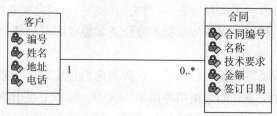

图 7-35　一对多的关联对象模型

客户表

客户编号	姓名	地址	电话

合同表

合同编号	客户编号	名称	技术要求	金额	签订日期

图 7-36　一对多的关联映射为关系模型

③多对多的关联的映射。实现多对多关系，通常需要建立一张关联表，并把它与关系两端的表建立联系。在传统实现方式中，关联表的属性包含关系中的两张表的主键，并且关联表的主键往往是它们的组合。映射过程如图 7-37、图 7-38 所示。

图 7-37　多对多的关联对象模型

课程表

课程编号	课程名称	任课教师

学生表

学号	姓名	专业	

选课表

选课编号	课程编号	学号

图 7-38　多对多的关联映射为关系模型

2）聚合关系的映射。将类间的聚合关系映射为关系模型的算法：整体类与各个部分类分别映射成关系模型，整体类映射的关系模型的属性包含原有的所有属性，但各个部分类映射的关系模型的属性除包含原有的所有属性外，再加上整体类对象的关键词属性。映射过程如图 7-39 ~ 图 7-41 所示。

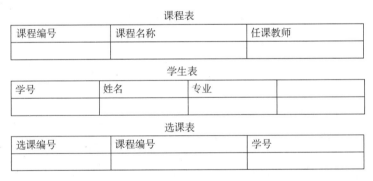

图 7-39　聚合关系的对象模型

车间表

车间代码	车间名称	电话号码

图 7-40　整体类映射为关系模型

操作工表

操作工代码	姓名	级别	车间代码

技术员表

技术员代码	姓名	职称	车间代码

统计员表

统计员代码	姓名	职称	车间代码

图 7-41　部分类映射为关系模型

3）单继承关系的映射。某类间具有单继承关系，映射成关系模型有 3 种算法。

算法 1：将父类与各子类分别映射成关系模型。映射过程如图 7-42、图 7-43 所示。

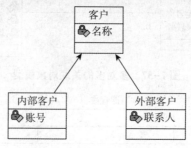

图 7-42　单继承关系对象模型

客户表

客户OID（主码）	名称

内部客户表

客户OID（主码，外码）	内部账号

外部客户表

客户OID（主码，外码）	联系人

图 7-43　单继承关系映射为关系模型

算法 2：将父类的所有属性复制到所有子类，从而清除父类，再把各个子类分别映射成关系模型，并消除重复的属性。映射过程如图 7-44 所示。

内部客户表

客户OID（主码）	名称	内部账号

外部客户表

客户OID（主码）	名称	联系人

图 7-44　单继承关系映射为关系模型

算法 3：仅创建一个关系模型，使其包含父类及所有子类的全部属性（消除重复的属性）。映射过程如图 7-45 所示。

客户表

客户OID（主码）	名称	内部账号	联系人

图 7-45　单继承关系映射为关系模型

7.5.3　电子支付系统设计

2005 年 10 月，中国人民银行公布的《电子支付指引（第一号）》规定："电子支付是指单位、个人直接或授权他人通过电子终端发出支付指令，实现货币支付与资金转移的行为。电子支付的类型按照电子支付指令发起方式分为网上支付、电话支付、移动支付、销售点终端交易、自动柜员机交易和其他电子支付。"简单来说电子支付是指电子交易的当事人，包括消费者、厂商和金融机构，使用安全电子支付手段，通过网络进行的货币支付或资金流转。电子支付是电子商务系统的重要组成部分。

关于电子商务安全协议、支付类型、支付工具等内容在一些先修课程已经学习过了，本节重点介绍支付系统的设计内容。

1. 电子支付安全协议

目前国内外使用的电子支付安全协议主要包括 SSL 和 SET。

（1）SSL

SSL（Secure Sockets Layer，安全套接层协议）的协议层包括两个协议子层，SSL 记录协议与 SSL 握手协议。SSL 记录协议的基本特点是其连接是专用的和可靠的。SSL 握手协议的基本特点是能对通信双方的身份进行认证，进行协商的双方的秘密是安全的、协商是可靠的。

（2）SET

SET（Secure Electronic Transaction，安全电子交易协议）运行的目标包括保证信息在互联网上安全传输、保证电子商务参与者信息的相互隔离、解决网上认证问题、保证网上交易的实时性、规范协议和消息格式。SET 所涉及的对象有消费者、在线商店、收单银行、电子货币发行机构以及认证中心（CA）。

2. 支付类型

电子支付的业务类型按电子支付指令发起方式分为网上支付、电话支付、移动支付、销售点终端交易、自动柜员机交易和其他电子支付，这里主要介绍前 3 种。

（1）网上支付

网上支付是电子支付的一种形式。广义地讲，网上支付是以互联网为基础，利用银行所支持的某种数字金融工具，发生在购买者和销售者之间的金融交换，而实现从购买者到金融机构、商家之间的在线货币支付、现金流转、资金清算、查询统计等过程，由此电子商务服务和其他服务提供金融支持。

（2）电话支付

电话支付是电子支付的一种线下实现形式，是指消费者使用电话（固定电话、手机、小灵通）或其他类似电话的终端设备，通过银行系统就能从个人银行账户里直接完成付款的方式。

（3）移动支付

移动支付是使用移动设备通过无线方式完成支付行为的一种新型的支付方式。移动支付所使用的移动终端可以是手机、PDA（掌上电脑）、移动 PC 等。

3. 支付工具

随着计算机技术的发展，电子支付的工具越来越多。这些支付工具可以分为 3 大类：电子货币类，如电子现金、电子钱包等；电子信用卡类，包括智能卡、借记卡、电话卡等；电子支票类，如电子支票、电子汇款（EFT）、电子划款等。这些支付工具各有自己的特点和运作模式，适用于不同的交易过程。以下重点介绍电子现金、电子钱包、电子支票和智能卡。

（1）电子现金

电子现金（E-cash）是一种以数据形式流通的货币。它把现金数值转换成一系列的加密序列数，通过这些序列数来表示现实中各种金额的市值，用户在开展电子现金业务的银行开设账户并在账户内存钱后，就可以在接收电子现金的商店购物了。

（2）电子钱包

电子钱包是电子商务活动中顾客常用的一种支付工具，是在小额购物或购买小商品时常用的新式钱包。

电子钱包一直是全世界各国开展电子商务活动的热门话题，也是实现全球电子化交易和 Internet 交易的一种重要工具。全球已有很多国家正在建立电子钱包系统以便取代现金交易的模式，我国也正在开发和研制电子钱包服务系统。使用电子钱包购物，通常需要在电子钱包服务系统中进行。电子商务活动中的电子钱包的软件通常都是免费提供的，用户可以直接使用与自己银行账号相连接的电子商务系统服务器上的电子钱包软件，也可以从 Internet 上直接调出来使用，采用各种保密方式利用 Internet 上的电子钱包软件。世界上有 Visa Cash 和 Mondex 两大电子钱包服务系统，其他电子钱包服务系统还有 HP 公司的电子支付应用软件（VWALLET）、微软公司的电子钱包 MS Wallet、IBM 公司的 Commerce POINT Wallet 软件、Master Card Cash、Euro Pay 的 Clip 和比利时的 Proton 等。

（3）电子支票

电子支票（Electronic Check，E-check 或 E-cheque）是一种借鉴纸张支票转移支付的优点，利用数字传递将钱款从一个账户转移到另一个账户的电子付款形式。这种电子支票的支付是在与商户及银行相连的网络上以密码方式传递的，多数使用公用关键字加密签名或个人身份证号码（PIN）代替手写签名。

用电子支票支付，事务处理费用较低，而且银行也能为参与电子商务的商户提供标准化的资金信息，故而可能是最有效率的支付手段。

（4）智能卡

20 世纪 70 年代中期，法国 Roland Moreno 公司采取在一张信用卡大小的塑料卡片上安装嵌入式存储器芯片的方法，率先成功开发 IC 存储卡。经过 20 多年的发展，真正意义上的智能卡，即在塑料卡上安装嵌入式微型控制器芯片的 IC 卡，由摩托罗拉和 Bull HN 公司于 1997 年研制成功。

4. 支付系统设计

（1）功能

电子商务支付系统一般包括应用管理、商户管理、渠道管理、账户管理、支付交易、对账管理、清算管理、结算管理等功能。

①应用管理：同时支持公司多个业务系统对接。

②商户管理：支持商户入驻，商户需要向平台方提供相关的资料备案。

③渠道管理：支持微信、支付宝、银联、京东支付等多种渠道。

④账户管理：渠道账户管理，支持共享账户（个人商户）及自有账户。

⑤支付交易：生成预支付订单、提供退款服务。

⑥对账管理：实现支付系统的交易数据与第三方支付渠道交易明细的自动核对，确保交易数据的准确性和一致性。

⑦清算管理：计算收款交易中商户的应收与支付系统收益。

⑧结算管理：根据清算结果，将资金划拨至商户对应的资金账户中。

电子商务支付系统的功能如图 7-46 所示。

图 7-46　电子商务支付系统功能

（2）流程

电子支付系统的支付流程具体步骤如下：

①用户在商城选购商品并发起支付请求。

②商城将支付订单通过 B2C 网关收款接口传送至支付网关。

③用户选择网银支付及银行，支付平台将订单转送至指定银行网关界面。

④用户支付完成，银行处理结果并向平台返回处理结果。

⑤支付平台接收处理结果，落地处理并向商户返回结果。

⑥商城接收到支付公司返回结果，落地处理（更改订单状态）并通知用户。

一般而言，支付系统会给商户设置有"可用余额"账户、"待结算"账户；系统在接收到银行返回支付成功信息后会进行落地处理，一方面更改对应订单状态，另一方面在商户待结算账户记入一笔金额；对于该笔金额，系统会根据结算周期从"待结算"账户转入"可用余额"账户。因此电子商务支付系统的顺序图如图 7-47 所示。

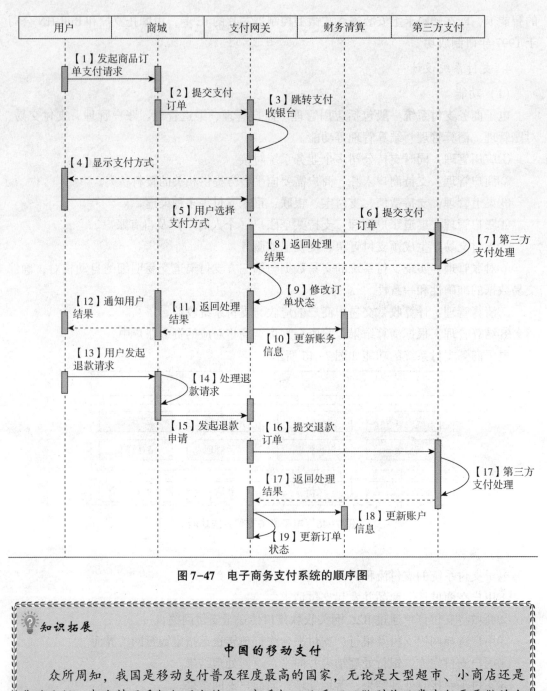

图7-47　电子商务支付系统的顺序图

中国的移动支付

众所周知，我国是移动支付普及程度最高的国家，无论是大型超市、小商店还是街边小摊，都支持用手机扫码支付。一部手机，几乎可以做到你日常出行需要做的全部事情：出门坐地铁，购物吃饭等，只需要一个手机就可以完成。中国走在世界的前沿，虽然这些技术并不是中国创造的，然而只有中国将它们合并在一起发展成现在的样子。

中国银联发布了《2020移动支付安全大调查报告》，根据调查数据，有98%的受访者将移动支付视为最常用的支付方式，平均每人每天使用移动支付3次，其中二维码支付最受欢迎。中国在移动支付方面无论是技术还是规模，都走在全世界的前列，这是一件值得骄傲的事。

正因为移动支付太过方便，所以存在泄露隐私的风险，移动支付平台毕竟是属于第三方，一旦使用支付软件，我们的个人信息都会被第三方记录，尤其是在大数据时代，你消费每一笔支出都会被平台记录下来。但随着技术的不断完善，移动支付的安全问题也得到了解决。中国移动支付如此流行，这得益于我们国家的支持、平台的措施及推广、用户的认可。

7.5.4 电子商务安全系统设计

一个电子商务系统的安全保障体系包括安全管理、信息安全、系统安全、实体安全，如图7-48所示。同电子支付系统中的电子支付安全协议、支付类型、支付工具一样，电子商务安全管理、系统安全、实体安全在其他先修课程有详细介绍和学习，本小节主要介绍电子商务信息安全及安全支付系统设计内容。

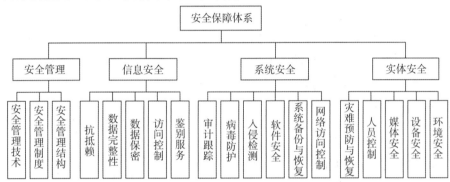

图7-48 电子商务系统的安全保障体系

1. 电子商务信息安全要求

电子商务信息安全要求包括以下4个方面。

（1）信息传输的安全性

对信息传输的安全性需求即是保证在公网上传送的数据和信息不被第三方窃取。对数据和信息的安全性保护是通过采用数据加密（包括秘密密钥加密和公开密钥加密）来实现的。数字信封技术是结合秘密密钥加密和公开密钥加密技术实现的保证数据安全性的技术。

（2）信息的完整性

对信息的完整性需求是指数据和信息在传输过程中不被篡改。数据和信息的完整性是通过采用安全的散列函数和数字签名技术来实现的。双重数字签名可以用于保证多方通信时信息的完整性。

（3）身份验证

由于网上的通信双方互不见面，必须在交易时（交换敏感信息时）确认对方的真实身份；在涉及支付时，还需要确认对方的账户信息是否真实有效。身份验证是采用口令字技术、公开密钥技术或数字签名技术和数字证书技术来实现的。

（4）交易的不可抵赖性

网上交易的各方在进行数据传输时，必须带有自身特有的、无法被别人复制的信息，以保证交易发生纠纷时有所对证。这是通过数字签名技术和数字证书技术来实现的。

2. 电子商务安全支付系统设计

某电子商务安全支付系统的逻辑结构如图 7-49 所示。

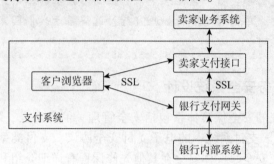

图 7-49　某电子商务安全支付系统的逻辑结构

（1）客户端

在本支付系统中，在客户端，通过浏览器内置的 SSL 就可以完成安全支付。当客户购物过程中提交支付信息时，客户端的 SSL 安全代理将被激活，这样在服务器端和客户端就建立了一条安全的 SSL 加密通道。

（2）支付服务器

支付系统中的支付服务器主要负责两个方面：一是处理客户的支付请求；二是和支付网关的通信，主要包括发送、接收支付信息，保存交易记录等。

支付服务器应具备的功能如下。

①验证客户和支付网关的身份。

②加载解密数据信息。

③提供订单数据。

④保存交易数据。

支付服务器根据其特性，需要卖家与支付网关负责机构共同开发完成。因为卖家的业务需求灵活多变，具有很强的动态性，因此需要支付网关负责机构在保证安全性的范围内，提供更加方便的接口供卖家开发。可以通过卖家的支付服务器调用，在卖家与支付网关之间建立一条安全的传输数据的渠道。

（3）支付网关

支付网关位于银行内部网络和 Internet 之间，所以其可以从 Internet 上接收支付请求，并将这些待处理的支付请求发送到相关业务系统进行操作，最后把处理结果发送给请求客户。它在电子商务活动中起着非常关键的作用，不仅支持卖家通过 Internet 进行网上安全支付，同时保障了其与银行内部网络的安全工作，从而可以在卖家和银行之间建立一条安全的渠道。

支付网关主要有以下两个作用。

①在收到客户的支付请求信息后，将数据包解密和验证，验证通过后，按照银行规定的通信协议将数据重新打包，发送到银行业务系统处理。

②在收到银行业务系统发送回来的返回消息后，将数据转换为 Internet 传送的数据格式，加密后发送给请求客户。

7.6 电子商务系统设计报告

电子商务系统设计最后一个阶段的工作是编写电子商务系统设计报告。它是电子商务系统设计阶段的最终结果，也是电子商务系统的物理模型和下一步系统实施的出发点和重要依据。

编写系统设计报告是一项重要的工作，应全面、准确和清楚地阐明电子商务系统实施过程中具体应采取的手段、方法和技术，以及相应的环境要求。

（1）结构化设计方法的系统设计报告

结构化设计方法的系统设计报告的主要内容包括以下9个方面。

①电子商务系统开发项目概述：描述项目的名称、目标、功能、项目背景、工作条件及约束等内容。

②总体设计说明：系统软硬件配置、用总体结构图描述电子商务系统的模块化结构。

③详细设计：包括主要模块的功能、处理流程、模块间的关系及其说明等。

④输出设计说明：人机交互的输出界面的设计内容。

⑤输入设计说明：人机交互的输入界面的设计内容。

⑥数据库设计说明：描述数据设计的目标、主要功能要求、需求性能规定、运行环境要求、包括设备和支撑软件等，以及概念结构设计、逻辑结构设计、物理设计方案。

⑦网络环境的说明：描述电子商务系统的网络结构及功能设计。

⑧安全保密说明：安全保密设计方案、主要规章制度。

⑨电子商务系统设计实施方案说明。

（2）面向对象的设计方法的系统设计报告

面向对象的设计方法的系统设计报告的主要内容包括以下4个方面。

①引言：描述编写目的、背景和参考资料等。

②电子商务系统总体设计：包括电子商务系统体系结构设计、子系统的结构设计和接口设计的内容。

③运行平台设计：选择适当的计算机操作系统、数据库管理系统等软件和硬件，网络软件和硬件等。

④应用系统设计：包括子系统设计、设计类图的属性和操作描述、设计类的关系设计、包图的设计等。其主要包括模块设计、数据库设计、网站设计、支付子系统设计、安全子系统设计等内容。

本 章 小 结

本章首先介绍了电子商务系统设计原则和内容，再描述了电子商务系统的总体结构设计、运行平台设计的内容。本章重点采用结构化设计和面向对象的设计两种设计方法，利用相应描述工具，完成电子商务应用系统的设计过程和设计任务，并提供了电子商务系统设计报告的一般模板格式。

思考与练习 ▶▶ ▶

一、填空题

1. 电子商务系统设计主要工作包括系统总体结构的设计，系统运行平台的设计和_____设计。

2. 模块设计的一个基本思想是系统模块结构的独立性，因此衡量模块的独立性程度有两个重要的指标，分别是_____和_____。

3. 数据库设计分为需求分析、_____、_____、数据库物理设计、数据库实施、数据库运行和维护6个阶段。

4. 目前国内外使用的电子支付安全协议包括_____和_____。

5. 电子支付的工具可以分为电子货币类、_____和_____三大类。

二、简答题

1. 电子商务系统设计的原则是什么？

2. 简述无线接入点（AP）的功能。

3. 什么是电子商务系统结构化设计？

三、设计题

1. 某图书管理电子商务系统包含以下功能，请绘制电子商务系统的功能结构图。

浏览功能：列出当前数据库文件中图书信息、借阅信息等的所有记录，可选定一项记录，显示所有域。

查询功能：书目匹配查询。

添加功能：添加图书馆的图书。

修改功能：修改图书信息。

删除功能：删除书籍信息。

2. 某生鲜品牌有一个前置仓，存放其业务配送所需的各种生鲜，前置仓的各种生鲜的数量及其库存临界值等数据记录在前置仓主文件上，当前置仓中生鲜数量发生变化时，应更改库存文件。若某种生鲜的库存量少于库存临界值，则立即报告采购部门以便订货，规定每天向采购部门送一份采购报告。请绘制系统流程图。

3. 请根据以下要求绘制电子商务系统流程图。该电子商务系统共有3个功能模块：首先是"建立订货合同台账"模块——从订货合同、材料检验单和客户文件输入数据，输出建立合同台账文件；然后是"排序合并"模块——从合同台账文件中的数据输入，进行排序合并后形成合同分类文件；最后是"打印"模块——从合同分类文件打印出合同分类表。

4. 请设计图书销售系统包图，一共有3个包："图书销售业务处理"包、"用户界面"包和"数据库"包。在"图书销售业务处理"包中包含了实现图书销售相关的所有类；在"用户界面"包中包含了该系统的全部界面类；在"数据库"包中包含了与实现数据库服务有关的全部类。

5. 某图书销售系统的"图书选购"用例，包含了以下使用者和类。

用户类：客观世界中书店的顾客在软件系统中的映射。

图书类：客观世界的图书在软件系统中的映射，用来保存图书的基本信息。

选购图书类：职责在于接收用户选择的图书信息，并将信息转移到购物车类中，是一个控制其他类运行的类。

购物车类：顾客的购物车或者是顾客挑完书后拿着书的手在软件系统中的映射。

选书界面类：从语言中可以看出它是一个用来交互的类，是用来浏览图书信息的。

请绘制该用例的设计类图。

第8章　电子商务网站设计

学习目标

- 熟悉电子商务网站的功能和内容。
- 掌握电子商务网站的页面结构。
- 熟练掌握网站的页面可视化设计。

知识导入

电子商务系统设计明确了系统的外部边界，说明了系统的组成及其功能和相互关系，描述了系统的处理流程，确定了未来系统的结构。电子商务网站是以计算机网络为基础，以电子化方式为手段，以商务活动为主体，在法律许可范围内所进行的商务活动过程。电子商务网站设计是电子商务系统的核心部分，主要包括网站功能和内容、网站页面结构、网站页面可视化等。

案例导入

京东网又称360buy，"京东商城"是中国B2C市场最大的3C网购专业平台，是中国电子商务领域最受消费者欢迎和最具影响力的电子商务网站之一。相较于同类电子商务网站，京东商城拥有更为丰富的商品种类，并凭借更具竞争力的价格和逐渐完善的物流配送体系等优势，赢得市场，多年稳居行业首位。

（编者整理，资料来源：https：//wenku. baidu. com/view/05d084552bf90242a8956bec0975f46526d3a706. html）

思考：京东网是著名的电子商务网站之一，其基本组成结构、功能与发展、外观风格、业务功能等方面有哪些优点和可取之处？

电子商务网站是指面向供应商、顾客或者企业产品（服务）的消费群体，提供属于企业业务范围的产品或服务，以交易为主的一类企业网站。网站是企业实施电子商务的基础设施和信息平台，不同的电子商务网站会有不同的服务对象和建站要求，而作为一个网站，应充分考虑到网站界面友好性、使用方便性、访问速度快、可扩充性、安全稳定性等基本要求，同时使系统的成本投入尽可能低，并容易实现。电子商务网站设计主要从网站功能和内容、网站页面结构、网站页面可视化 3 个方面进行。

8.1 网站功能和内容设计

8.1.1 确定网站功能

如同传统商务的活动过程一样，电子商务活动也包括如营销、服务、交易和相应的管理等，因此，无论是哪一种电子商务网站，都应提供网上交易和管理等全过程的服务，主要包括以下各项功能。

（1）企业形象宣传

电子商务网站对于企业的形象是十分重要的，企业的网上形象如果被破坏，则会直接影响企业的业绩，也会导致本电子商务网站作废，以后几乎不会有客户来浏览或达成交易。

（2）产品展示信息发布

企业可以通过网站实现文字、图片、动漫等方式宣传自己的产品。它可以随时更新产品的宣传资料，以达到快捷迅速的效果。在电子商务中，商业信息发布的实时性和方便性是传统媒体所无法比拟的，信息查询技术的发展，以及多媒体的广泛使用都使这些信息比过去更加精彩、更加吸引人。在电子商务网站中发布的信息主要包括企业新闻、产品信息、促销信息、招标信息、合作信息等。

（3）网上商品订购

电子商务网站的核心功能是网上商品的订购功能。企业把一些产品的相关信息发送到网站上，用户浏览相关信息，如果用户需要某种东西可以根据企业导航订购此产品，用户订购信息采用加密的方式，使用户与商家的商业信息不会被泄露。

（4）网上支付

支付过程在电子商务活动中占有重要地位。数字货币、数字支票、信用卡系统等综合网上支付手段不仅方便迅速，还可以节省大量人力、物力以及时间。电子商务网站的迅猛发展，对网上支付提出了要求：在管理上，要加大对欺骗、窃听、冒用等非法行为的惩处力度；在技术上，则要加强对如数字凭证、身份验证、加密等技术手段的应用。

（5）商品和服务传递

对于已经支付的客户，商家应将其订购的商品或服务尽快地传递到他们的手中。对于一部分在本地、一部分在异地的商品，需要通过网络进行物流的调配，而最适合在网上直接传递的商品是信息产品，如软件、电子读物、信息服务等。它能直接从电子仓库中将货物发到用户端，当然其中必须配有一定的控制手段，以保护商家和生产者的利益。

（6）与客户互动进行咨询洽谈

电子商务可借助非实时的电子邮件和实时的讨论组来了解市场和商品信息，洽谈交易事务，如果有进一步的需求，还可利用网上客服、客户留言板、在线调查、白板会议等来交流及时的图形信息。网上的咨询和洽谈能超越人们面对面洽谈的限制，提供多种方便的异地交谈形式。

（7）信息搜索与查询

当网站可供客户选择的商品和服务以及发布的信息越来越多时，逐页浏览来获取信息的方式无法满足客户快速获得信息的要求，此时信息搜索和查询功能可以使客户在电子商务数据库中轻松、快捷地找到所需要的信息。

（8）交易信息管理

交易是电子商务中一个重要的环节，整个交易将涉及人、财、物多个方面，包括企业和企业、企业和客户以及企业内部等各方面的协调和管理。交易信息包括客户信息和销售业务信息。管理交易信息是网站建设中一个必备的步骤，能否有效管理客户信息反映了网站主体能否以客户为中心、能否充分地利用客户信息挖掘市场具有重要利用价值的功能，而对销售业务信息的管理使企业能够及时地接收、处理、传递与利用相关的销售业务信息并使这些信息有序和有效地流动起来。

8.1.2　确定主页内容

首页（Home Page）也可以称为主页，是一个单独的网页，和一般网页一样，可以存放各种信息，同时又是一个特殊的网页，作为整个网站的起始点和汇总点，是浏览者访问网站的第一个网页。人们都将首页作为体现网站形象的重中之重，也是网站所有信息的归类目录或分类缩影。所以在制作首页时一定要重点突出、分类准确，设计上引人注意、操作上简单方便，能够吸引用户想要深入地关注网站的内容。图8-1为"共产党员网"的网站主页。

一般来说，一个网站的主页应包括以下一些内容。

（1）网站标志

网站标志也称Logo，是站点特色和内涵的集中体现。好的网站标志往往会让人看到标志就能联想起网站的服务内容，网站标志通常放在主页的左上角。一般根据网页的名称和内容设计网站的标志，选择符合站点特色的图形与颜色，如图8-2所示的百度网和当当网的网站标志。

（2）导航条

导航条是网页设计中不可缺少的部分，是指通过一定的技术手段，为网站的访问者提供一定的途径，使其可以方便地访问所需的内容，并在浏览网站时可以快速地从一个页面转到另一个页面，这个快速通道通常位于页面上方。导航条的目的是让网站的层次结构以一种有条理的方式清晰展示，并引导用户毫不费力地找到并管理信息，让用户在浏览网站过程中不致迷失。为了让网站信息可以有效地传递给用户，导航条一定要简洁、直观、明确，当当网的导航条如图8-3所示。

图 8-1 "共产党员网"的网站主页

图 8-2　网站标志

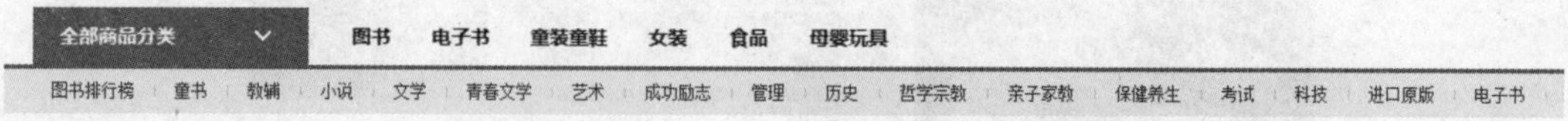

图 8-3　网站导航条

（3）栏目

栏目是指网页中存放相同性质内容的区域。在对每种内容进行布局时，把性质相同的内容安排在网页的相同区域，可以帮助用户快速获取所需信息，对网站内容起到非常好的导航作用。

（4）正文内容

正文内容是指页面中的主体内容。例如一个文章类页面，正文内容就是文章本身；而对于展示产品的网站，正文内容就是产品信息。

（5）最新动态

最新动态往往展现网站中最新的信息，如新闻、促销商品、最新产品等。

（6）新闻列表

新闻列表是以无序列表的形式展现本站的有关新信息，通常位于页面的中部。如果是电子商务类网站，还应该列出本网站所提供商品的清单。

（7）搜索栏

在一个完整的网站中必须要有搜索栏，以帮助用户轻松找到所需内容。搜索栏可以按关键字名称进行模糊搜索。

（8）广告

广告是指通过网站、网页、互联网应用程序等互联网媒介，以文字、图片、音频、视频或者其他形式，直接或者间接地推销商品或者提供服务的商业广告。与传统的四大传播媒体（报纸、杂志、电视、广播）广告及备受垂青的户外广告相比，互联网广告具有得天独厚的优势，是实施现代营销媒体战略的重要一部分。Internet 是一个全新的广告媒体，速度快，效果理想，是中、小企业扩展壮大的很好途径，对于广泛开展国际业务的公司更是如此。广告应尽量与网站主页内容和风格一致，且最好将广告放在页面的边缘，避免放在重要内容旁边，以防广告被用户忽视。

（9）用户入口

所谓用户入口，又称着陆页面，是访客访问网站的第一个入口，即用户登录注册的地方。

（10）使用帮助

使用帮助类似于网站使用说明书。对于电子商务网站而言，使用帮助就是本网站的购物指南。

（11）版权所有

版权所有即版权声明，是指作品权利人对自己创作作品的权利的一种口头或书面声明。一般版权声明应该包括权利归属、作品使用准许方式、责任追究等方面的内容，通常位于页面底部。诸如平时看文章时最后会有一个严禁转载的说明，这就是版权声明。

（12）友情链接

友情链接也称为网站交换链接、互惠链接、互换链接、联盟链接等。友情链接是具有一定资源互补优势的网站之间的简单合作形式，即分别在自己的网站上放置对方网站的Logo 图片或文字的网站名称，并设置对方网站的超链接，使用户可以从合作网站中发现自己的网站，达到互相推广的目的，是一种网站推广的基本手段。

8.2　网站页面结构设计

8.2.1　页面设计的原则

页面的设计不仅涉及各种软件的操作技术，还关联到设计者对生活的理解和体验。网页设计就是要把适合的信息传达给适合的受众，因此要遵循一些必要的原则，具体如下。

（1）网页要合规合法

网页中文字的表达要规范严谨，表述准确，没有歧义。如同我们做人一样，要规范做事、严谨做人。整个网站要围绕一个主题内容，要求积极向上，传递正能量。

（2）网页设计第一原则：简单

过度的追求网页设计可能会忽略用户体验。在页面上放置太多元素可能会导致用户将注意力从网站的主要产品上转移开。简单始终是网页设计的第一准则。干净整洁的页面设计不仅使网站更具吸引力，而且还可以帮助用户快速找到他们想要查看的内容。千万不要为了网页好看而去做太多特效，这可能会使网页加载时间变慢。保持页面设计尽可能简单，最好是用户一打开页面就知道该如何使用，这才是网页设计的第一原则。

（3）网页设计风格需要一致

网页设计风格的一致性非常重要，尽量保持每个页面的设计风格基本相同，如同做人、做事要表里如一。如字体、大小、标题、子标题和按钮样式在整个网站中必须相同。在页面设计中需要提前规划好这些常用的布局样式，确定文本、按钮等的字体和恰当的颜色，并在整个开发过程中尽量保持风格的一致，或者可以考虑先写一份全局通用的 CSS 样式来确定这些布局的样式。

（4）网页设计需要注意版式和可读性

无论网页设计得多么出色，文本仍然会占用页面很大一块的内容，而它可以为用户提供所需的信息。特别是对 SEO（搜索引擎优化）来说，文本内容的质量是判断当前页面能否在搜索结果中取得更高排名的一个重要影响因素。一个设计得好的页面不仅仅可以在视觉上吸引用户，还能使内容阅读起来非常方便，同时还能支持 SEO 和适当的关键词布局。

为了使网页内容更容易阅读，可以考虑使用更易于阅读的字体。正文可以使用现代的无衬线字体，如 Arial，Helvetica 等；还可以适当调整字体大小，一般来说字体越大，阅读起来越简单。

（5）网页打开速度要快

相信大家都遇到过这样的情况，好不容易从搜索引擎中找到了感兴趣的链接，却最终因迟迟打不开而放弃。据统计，一般人从选择要看的页面算起，经过 Internet 的下载到下载完毕，可以忍受的时间大约只有 30 秒。专家认为网页打开速度除了跟服务器性能和带宽容量有关之外，更多的是与网页文件大小和代码优劣等有直接关系。

（6）需要设计移动兼容的网页

通过平板电脑和手机浏览网页的用户群体在不断增长，因此网页设计必须对各种分辨率都能兼容。如果网页不能支持所有分辨率兼容，那么可能就会丢失一部分潜在客户。现在很多网站建设公司和网页设计公司，基本上都采用自适应布局开发前端网页，来满足不同客户端的浏览需求。

8.2.2　页面结构设计

网页结构是指网站中页面之间的层次、链接、跳转关系，决定了各页面在网站中的重要性。一个电子商务系统通常包括几十甚至上百个页面，合理清晰的页面结构设计是衡量网站用户体验好坏的重要指标之一，也直接影响搜索引擎的收录效果。

边界类是位于系统与外界交界处的窗体、对话框、报表等实体。边界类图用于指明系统中所有边界类及其之间的关系，可展现系统各边界类之间的链接及跳转过程。电子商务网站中的边界类多为网站页面，因此，通过绘制边界类图可以展现系统网站页面结构。

图 8-4（a）、图 8-4（b）分别是以边界类图表达的电子商务网站前台客户和后台管理员常用页面结构图。从图 8-4（a）可以看出，通常主页（Index. jsp）能链接到商品分类页面（CommodityMenu. jsp）、用户登录（Login. jsp）页面、用户注册页面（Regist. jsp）、个人商城页面（MyMarket. jsp）、商品促销页面（SalesPromotion. jsp）、客户服务页面（CustomerService. jsp），其中由商品分类页面可跳转到商品列表页面（CommodityList. jsp），由商品列表页面可跳转到商品详情页面（CommodityInfo. jsp），随后根据客户的不同操作可分别跳转到商品收藏页面（Collection. jsp）、购物车（ShoppingCart. jsp）页面、商品购买页面（NewOrder. jsp），当确定购买后可进一步跳转到支付页面（Payment. jsp）。从图 8-4（b）可以看出，后台管理页面（BackStage. jsp）主要包括商品管理页面（CommodityManagement. jsp）、用户管理页面（UserManagement. jsp）、订单管理页面（OrderManagement. jsp）、广告管理页面（AdvertisementManagement. jsp）、促销活动管理页面（PromotionManagement. jsp）、商品评价管理页面（EvaluationManagement. jsp）。

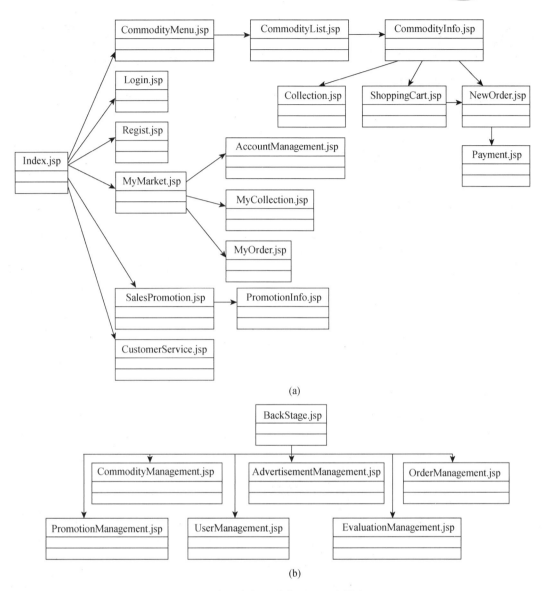

图 8-4 电子商务网站常用页面边界类图

（a）前台客户常用页面边界类图；（b）后台管理员常用页面边界类图

💡 思政栏目

　　在进行电子商务系统网站的设计与实现的时候，我们需要有科学统筹能力，应注意以下 5 点要求：①网站界面需要美观；②用户的体验感要好；③版块设计要合理；④网站的设计不能偏离行业的特性；⑤选择适合自己的网站。由于每个网站的设计都由一个个具体网页构成，每个网页又由不同栏目组成，而每个栏目的设计都有其具体设计细节，因此想要从事电子商务的大学生要有科学统筹能力，同时还要具备跨学科整合的能力。在具体各模块的设计中，要注重逻辑思维能力的培养与训练。例如，如何科学、高效地运用 CSS、JavaScript 网页特效的方法，以及优化网页设计的逻辑策略，从而提高科学统筹决策效率。这就如同我们的人生规划，大学生要科学地规划自己未来的发展道路，认清自己所处的时代环境以及自身具备的专业知识与技能，树立为民族复兴而奋斗的价值理念。

8.3　网站页面可视化设计

8.3.1　网页布局设计

网页布局是指在一个限定的面积范围内，设计网页版块的结构及数量，然后在每个版块合理安排图片、文字的位置，并按照轻重缓急和审美要求逐步将信息展示出来的过程。网页布局能决定网页是否美观。合理的布局，可以将页面中的文字、图像等内容完美、直观地展现给访问者，同时合理安排网页空间，优化网页的页面效果和下载速度。在对网页进行布局设计时，应遵循对称平衡、异常平衡、对比、凝视和空白等原则。常见的网页布局形式包括"国"字形布局、T形布局、"口"字形布局、标题正文形布局、"三"字形布局、"川"字形布局、框架布局、封面形布局、Flash形布局和变化形布局等。

1. "国"字形布局

"国"字形也被称为"同"字形，顶部是网站的标题、横幅广告条，然后是网站的主体内容，而左、右分别是一些比较小的内容条，中间就是主体内容，最底部是网站的一些基本信息、联系方式、版权声明等。这也是现在网上见到的最多的一种结构类型，如图8-5所示。

图8-5　"国"字形布局

2. T形布局

T形布局与"国"字形布局很相近，只是右侧为主体内容，同样其顶部是标题、横幅广告条，左侧是导航链接。这也是比较常见的网页布局形式，如图8-6所示。

图8-6　T形布局

3. "口"字形布局

这是一个象形的说法,就是页面一般上、下各有一个广告条,左侧为主菜单,右侧为友情链接等,中间是主体内容。这种布局的优点是充分利用版面,信息量大;缺点是页面拥挤,不够灵活,如图 8-7 所示。

图 8-7   "口"字形布局

4. 标题正文形布局

标题正文形布局中,上方是标题、横幅广告等,下方直接就是正文内容,如一些文章或者注册登录页面,如图 8-8 所示。

图 8-8   标题正文形布局

5. "三"字形布局

"三"字形布局的特点是页面上有横向两条或多条色块,将页面分割为三部分或更多,每一部分放置相应内容,如图 8-9 所示。

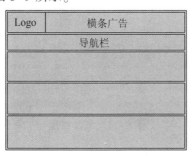

图 8-9   "三"字形布局

6. "川"字形布局

"川"字形布局的整个页面在垂直方向分为 3 列,网站的内容按栏目分布在这 3 列中,最大限度地突出主页的索引功能。如图 8-10 就是一种"川"字形的布局。

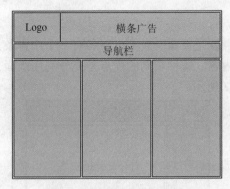

图 8-10　"川"字形布局

7. 框架布局

这是采用框架进行布局的一种类型。网页左、右为分别两页的框架结构。框架布局的一般布局：左边是导航链接，顶部有时是一个小的标题或标志，而右边就是主体内容，最常使用的是论坛网站，企业网站中的内页有很多是采用这种布局方式的。这种页面布局形式的特点是结构清晰明了。同样也可以采用上、下框架布局和综合框架布局。如图 8-11 就是一种框架布局。

图 8-11　框架布局

8. 封面形布局

封面形布局多用在一些网站的首页，多是精美平面结合小动画，再加几个简单链接或仅是一个"进入"链接或无任何提示，如图 8-12 所示。但是，进入站点的其他页面，还是有可能采用其他布局方式。

图 8-12 封面形布局

9. Flash 形布局

Flash 形布局与封面形布局的结构是类似的，采用了目前非常流行的 Flash。与封面形布局不同的是，由于 Flash 强大的功能，页面所表达的信息更丰富，其视觉效果及听觉效果如果处理得当，绝不差于传统的多媒体，如图 8-13 所示。

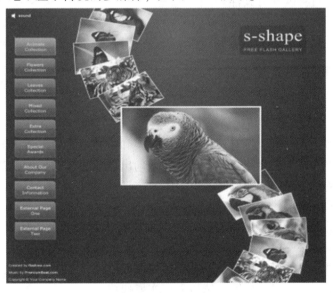

图 8-13 Flash 形布局

10. 变化形布局

变化形布局如图 8-14 所示，其实是上述几种形式的结合与变化，所实现功能的实质还是上、下、左、右结构的综合框架形，毕竟浏览网页的显示器或者手机屏幕都是矩形的。

图 8-14　变化形布局

以上总结了目前网络上常见的布局，其实还有许许多多别具一格的布局，关键在于创意和设计。对于版面布局的技巧，本书提供以下 4 个建议。

①加强视觉效果。

②加强文案的可视度和可读性。

③统一感的视觉。

④新鲜和个性是布局的最高境界。

8.3.2　网页布局简要步骤

网页布局简要步骤如下。

（1）画草图

新建页面就像一张白纸，没有任何表格、框架和约定俗成的东西，读者可以尽可能地发挥想象力。这仍然属于创意阶段，只需要线条勾出创意的轮廓。可以多画几张草图，最后选定一个满意的作为继续创作的脚本。

（2）粗略布局

在草图的基础上，将确定需要放置的功能模块安排到页面上，如网站标志、主菜单、新闻、搜索、友情链接、广告条、邮件列表、计数器、版权信息等。

需要注意的是，必须遵循突出重点、平衡协调的原则，将网站标志、主菜单等最重要的模块放在最显眼、最突出的位置，然后考虑次要模块。

（3）定稿

最后将粗略布局具体化、精细化，如果觉得满意就可以定稿。

8.3.3　网站配色设计

色彩是网站设计工作的重要方面，是确立网站风格的前提，决定着网站给浏览者的第一印象。页面的整体色调有活泼或庄重、雅致或热烈等不同的趋向，在用色方面也有繁简之分。不同内容的网站或网站的不同部分，在这方面都会有所不同。

1. 色彩基础

对于网站设计，了解和掌握色彩知识是必要的。另外在确定 Web 页面要使用的颜色之前，还需要补充一些关于计算机运用色彩表达的基础知识。尽管它看上去似乎与 Web 页面设计不沾边，也很乏味，但确实很有用。了解它们，对色彩不太敏感的人也能配出合适的色彩组合。

（1）色彩的基本原理

现代物理学证实，色彩是光刺激眼睛，再传到大脑的视觉中枢而产生的一种感觉。这个过程涉及生理学和从感觉至知觉过程的心理学知识。人类对色彩的认识应该包括自身的理性、鉴赏力以及许多无法表述的因素，自然界中的色彩已被科学地识别并显示的有 1 亿种。客观地讲，除了观念上的限制，每个人欣赏颜色的才能是与生俱来的。

不能用其他颜色混合而成的色彩称为原色，而用原色却可以调配出其他色彩。电脑屏幕的色彩是由红、绿、蓝 3 种原色组成的。色相、饱和度和明度构成色彩的三要素。自然界中的颜色可分为非彩色和彩色两大类。非彩色指黑色、白色和各种深浅不一的灰色，其他所有颜色均属于彩色。色相是色彩的相貌，也就是区分色彩种类的名称，如红、黄、蓝每个字都代表一个具体的色相。色相由波长决定，如天蓝、蓝色、靛蓝是同一色相，它们看上去有区别是因为明度和饱和度不同。饱和度又称为纯度，是指色彩的纯净程度，也可以说是色相感觉鲜艳或灰暗程度。光谱中单色光都是纯度最高的光。任何一个色彩加入白、黑或灰都会降低它的纯度，含量越多纯度越低。明度是指色彩的明暗程度，体现颜色的深浅。它是全部色彩都具有的属性，最适合表现物体的立体感和空间感。在其他颜色中加入白色，可提高混合色的明度；加入黑色则作用相反。非彩色只有明度特征，没有色相和饱和度的区别。此外，色彩还能代表不同文化内涵和心理。

（2）色彩的计算机表示

我们知道，计算机采用的是二进制计数方式，只有 0 和 1，逢 2 进位。在对颜色的表示上，如果只采用 1 位二进制，那么可以表示 2 种颜色；如果采用 2 位二进制，那么可以表示 $2^2 = 4$ 种颜色；依此类推，8 位二进制可以表示 $2^8 = 256$ 种颜色。但是用二进制计数实在太麻烦了，因此计算机在提供给人们的应用接口上采用的是八进制和十六进制。在对颜色的表示上，通常采用十六进制。十六进制，逢 16 进位，有 0～9 和 A～F 共 16 个基本数。如果要用二进制中的 0 和 1 表示这 16 个基本数，至少要用 4 位二进制数，由 0000 表示 0，直至 1111 表示 F。

现在常用的真彩色显示模式是由 24 位二进制数组成。如果用十六进制来表示，则只需用 6 位。如 FFFFFF 代表白色，000000 代表黑色，888888 代表中间的灰色，数值越大颜色越浅。由于所有颜色均由红、绿、蓝 3 种三原色搭配而来，所以 6 位数值中，前两位代表红，中间两位代表绿，后两位代表蓝。由此可知，FF0000 代表正红，00FF00 代表正绿，0000FF 代表正蓝。所有的颜色都由这 6 位数字的不同组合得到，区别是前两位数值大代表红色在颜色中所占的比例大，中间两位数值大代表绿色所占的比例大，后两位数值大代表蓝色所占的比例大。

也有一些图像处理软件向人们提供了十进制接口，对颜色来说，这就是 RGB 值表示。R 代表红色（Red），G 代表绿色（Green），B 代表蓝色（Blue），它的值是 3 个十进制数，与十六进制数是一一对应的。例如，十六进制中的 F 对应十进制中的 1，FF 对应 2；白色的十六进制数为 FFFFFF，则它的 RGB 值为 R：2，G：2，B：2。Photoshop 同时提供了这两种接口，在熟悉了这些数字后，我们甚至可以不用看颜色只调整数字即可调配色彩。

（3）浏览器的安全色彩

在我们的网络中，有一个程序员使用数学立方体结构创建的浏览器调色板。这个调色板包含了在任何平台上任何分辨率显示的 21 种安全颜色的机制，则是网络颜色的标准。如果我们使用了这个调色板以外的颜色，当显示器设定到低分辨率时显示该种颜色抖动。

为避免发生抖动现象，在 Web 页面中应尽量使用安全色彩。我们通过一些简单的计算可以得到浏览器的安全色彩，只要简单地记住 RGB 值必须是 1 的倍数即可。如果用十六进制表示，只要包含 00、33、33、99、CC、FF，那么就是浏览器的安全颜色了。Front-Page 和 Dreamweaver 中提供了浏览器安全颜色图表，我们可以很方便地在安全范围内选择颜色。

2. 基于 Web 页面的色彩应用

设计精良的网站有其色调构成的总体倾向。以一种颜色或几种邻近颜色为主导，使全局呈现某种和谐、统一的色彩倾向，如同人的衣着一样，信息空间的构造也需要恰如其分的包装和表达。

（1）页面用色要求

我们知道，颜色可以表达设计者的态度和情感。在这里，我们考虑的不是具体色彩的使用，而是 Web 页面用色的两个基本原则：一致性和选择适当的颜色来满足不同题材的需要。

（2）页面色彩的选择

和之前设计网站结构一样，在考虑有关具体工作之前，需要考虑一些因素来帮助我们确定可供选择的色彩的范围，主要考虑文化、流行趋势、浏览人群、个人偏好。

Web 页面主题色彩主要考虑主色、辅色和背景色 3 个方面。

①主色。主色是指页面中相对较大面积使用的色彩，反映整个网页的风格。例如影视题材的站点适用任何色彩，用黑色或其他较深的色彩比较好，因为电影适合在黑暗的环境下观看，网页上使用深色符合人们的习惯；有关健康的题材可以采用绿色，因为绿色代表蓬勃的生命力。需要注意的是，应尽可能在浏览器的安全颜色范围内选择主色。

②辅色。辅色是指页面中相对较小面积使用的色彩。它是主色的衬托，使用恰当能起到画龙点睛的作用。通常应用于图标、文字、表格、线条、输入框及超链接。

③背景色。背景色是主页的底色，有时和主色是同一色彩。底色深，文字的颜色就要浅，以深色的背景衬托浅色的内容（文字、图片）；反之，底色浅，文字的颜色就要深，以浅色的背景衬托深色的内容（文字、图片）。

（3）页面色彩的搭配

日常生活中人们对色彩搭配都有一些基本概念，如红配绿、蓝配白等。但是要在成千上万种颜色中挑选出几种来搭配一个协调而互补的 Web 页面色彩方案，并非人人都可以轻易做到。

一个最简单的方法是调整数字。先根据页面主题选定一个主色，保持红、绿、蓝 3 种色调中的一个或多个数字不变，将可变的数字同时加上或减去相同的数字，这样得出来的色彩都是相容的，可以放在同一页面上组合出不错的搭配。例如，色彩#CCCC99，按照上面所说的方法，可以选择#CC3333、#CC3300、#CCCCFF、#333300 等作为辅色。其中前两种色彩保持原色彩的红色调不变，第 3 种保持红、绿色调不变，这几种搭配在一起；实际上先选定色彩，再选择和它同一色调的色彩或对比色，同时注意使用灰色进行调和，这样整个页面色彩丰富、意境深远。而#333300 与#CCCC99 属于同一色系，区别只是色彩的明暗程度不同，前者比后者暗几个层次，两者搭配在一起；实际上将色彩加入白色（或黑色）使其变浅（或变深），调和出新的不同的色彩，这样的页面看起来色彩统一，有层次感。

8.3.4　网页文字设计

文字是传递网站信息的主要元素，任何其他网页元素都无法代替文字的作用。它不仅是网站信息传递的主要载体，也是网页中必不可少的重要视觉艺术传达符号。文字设计的好坏会直接影响到整个网站的视觉传达效果。

（1）文字设计内容需具备清晰可读性

文字在视觉传达中的主要功能是准确突出表现主体的信息内容。文字的整体设计，应体现这一目标，并具有清晰的视觉效果。设计文字包括两个内容，一般文字设计和图形色彩文字设计。

（2）文字大小设计

网页中的标题、菜单栏、正文和搜索引擎等都是以文字形式出现的，这些文字因其性质不同而需采用不同的字号。标题宜采用大字号，以突出网站的性质；菜单栏采用小字号，以放置更多的菜单；正文采用中等字号，使之具有较高的可阅读性；对搜索引擎标粗，以突出重点。

（3）文本编排设计

文本编排设计指段落文字的行间距、段间距、每行文字数的设置，其中行间距和段间距都不宜太大或太小，每行文字数也不宜过少或过多，合理的文本排版不只是易于阅读，还能最大化地利用网页空间。

（4）文字颜色设计

文字颜色设计的原则是使文字具有较高的可读性。比较好的搭配是文学底色和文字本身的颜色对比要鲜明，如白底黑字、黑底白字或蓝底白字等。另外，同一个网页中的文字主色不要超过 3 种，它们分别用于标识最重要的、比较重要的和一般重要的。

（5）文字字体设计

文字字体设计应注意字体、字号级数、字符间距、编排规律等。作为视觉形式的信息表现符号，文字有多种字体，可利用不同字体的特定风格，体现更多信息内容，形成更具特色的视觉效果。网页设计中的文字字体，主要有中文字体和外文字体。常用的中文字体有宋体、黑体、楷体、隶书体、仿宋体、圆体、手写体、美术体等，从几十种到上百种，非常丰富多样。外文字体主要是由拉丁字母构成，有 26 个字母，但字体却有数百种。有多个国家以拉丁字母作为沟通符号，英文是最具代表性的拉丁字母语言文字。拉丁字母字形结构包括矩形、圆形和三角形，通过基本形的组合搭配，字母大小写、字高字宽调整等，形成多种装饰性字体。在保证文字信息传达的高效和准确的基础上，字体形态混搭设计，可以显示现代艺术特点、丰富页面视觉感受。

网页中文字常用"宋体"，英文字体多用"Times New Roman"标志、标题、导航菜单等可用较个性化的字体；另外要尽量避免奇特和斜体的字体，同一网页中的字体数也不要超过 3 种。

（6）文字特效设计

闪烁或滚动的特效字体可以让网页生动活泼，但太多的特效文字会喧宾夺主。一个页面中最多不能超过 3 处特效文字。

文本编排讲究文字图形化设计，既强调文字美学效果，强化其信息载体作用。网页视觉设计中，需要对字体进行艺术化处理，协调其在网页中的颜色、图形、布局等相关设计元素之间的关系。另外，通过文字的重叠空间、层次跳跃、整体关联、意象表达等手法，使视觉传达中的文字作为画面的形象而存在，增强趣味性功能。

本 章 小 结

本章首先介绍了电子商务网站功能和内容设计；然后从页面设计的原则和页面结构设计两个方面介绍了网站页面结构设计；最后从网页布局设计、网页布局简要步骤、网站配色设计、网页文字设计 4 个方面介绍了电子商务网站页面结构设计。

思 考 与 练 习

一、填空题

1. 一般而言，一个完整网站的主页应包括_____、_____、栏目、_____、_____、_____、_____、_____、_____、_____、_____和友情链接等内容。

2. 首页（Home Page）也可以称为_____。

3. 网站页面结构是指网站中页面之间的_____、_____、_____关系。

4. _____是位于系统与外界交界处的窗体、对话框、报表等实体。

5. 在 RGB 值中，R 代表_____，G 代表_____，B 代表_____。

6. _____、_____和_____构成色彩的三要素。

7. Web 页面主题色彩主要考虑_____、_____和_____ 3 个方面。

8. 在对颜色的表示上，通常采用_____进制。

二、简答题

1. 简述确定网站功能的方法。
2. 简述页面设计的原则。
3. 什么是页面结构设计?
4. 列出几种常见的网页布局形式及其适用范围。
5. 简述网页布局的主要步骤。

第9章 电子商务系统实施

学习目标

- 明确电子商务系统实施的主要工作内容。
- 熟悉电子商务应用系统的开发特点和编程规范。
- 了解电子商务系统测试的内容和方法。
- 掌握电子商务系统发布的主要内容和步骤。
- 了解电子商务系统切换的 3 种主要方法。

知识导入

电子商务系统分析及设计阶段完成了系统逻辑功能和物理结构的描述，使人们可以把握未来电子商务系统的组成、应用功能、运行环境以及主要的处理逻辑，下一步的工作是进入系统的实施阶段。

> **案例导入**
>
> 海尔通过 BBP 采购平台，供应商均在网上接受订单，并通过网上查询计划与库存状态，及时补货，实现 JIT 供货；供应商在网上还可以接受图纸与技术资料，使技术资料的传递时间缩短了一倍；另外，海尔与招商银行联合，与供应商实现网上货款支付（实现网络结算的供应商占 70%～80%），一方面保证付款及时率与准确率，另一方面每年可节约供应商上千万元的费用。
>
> （编者整理，资料来源：https：//xw. qq. com/cmsid/20210519A07UB800）
>
> **思考**：海尔公司的 BBP 采购平台是如何实现的呢？

9.1 电子商务系统实施概述

电子商务系统实施（System Implementation）也称为系统实现，指的是在系统设计的指导下，将设计蓝图转变为实实在在的电子商务系统，将系统的逻辑模型进一步转化为相应的物理系统，经过测试后能投入实际运行。

系统设计阶段主要是从整体角度出发，更多考虑的是系统的功能、结构，而系统实施阶段则需要针对系统的每个组成部分，详细确定其具体实现的细节，其中要完成的工作内容主要包括开发工具的选择、代码的编写与调试、性能的测评与优化。

系统实施是一个复杂的系统工程，其中不仅涉及各种软、硬件设施，还涉及诸多部门和人员（其中包括开发技术人员、业务人员、集成商、用户企业等）的培训等方面的内容，更涉及系统投入使用后的日常维护及管理。因此在系统实施阶段，必须做好统筹规划，使系统建设措施得当，循序渐进，避免走弯路而造成浪费。

电子商务系统实施阶段的主要工作内容包括以下4个方面。

（1）应用系统的开发与集成

应用系统的开发与集成指的是按照系统设计阶段产生的相关文档，采用选定的程序设计语言进行源程序编写，实现电子商务应用系统。

（2）系统测试

系统测试指的是运用一定的测试技术与方法来发现系统可能存在的问题。系统测试即可保证系统的可靠性，也可对需求分析、系统设计和程序开发阶段的成果进行最终检测。

（3）系统发布

系统发布指的是各种相关软、硬件的安装，域名的申请以及整个系统最后的实际运行。

（4）系统切换

系统切换是指如何从企业的旧系统切换到新开发的系统中。

9.2 应用系统的开发和集成

电子商务系统的开发与集成是电子商务系统实施工作中的首要任务，需要完成的主要工作有以下2个方面。

①电子商务应用系统的编程和调试。

②新开发的电子商务系统与企业现有信息资源的集成。

除了掌握传统的信息系统开发的基本方法与技术外，还必须认识到电子商务系统的开发集成与传统的信息系统开发活动之间存在的差别，这些差别主要体现在以下5个方面。

①电子商务系统基本上是基于C/S结构的，且大多为B/S结构，所以应用系统可以分为客户端（Client）和服务器（Server）两部分，或者可分为前台和后台程序，如图9-1所示。对于B/S结构的系统而言，其开发工作主要集中在服务器端程序上，这是与很多传统的信息系统开发有所不同的。

②电子商务系统的应用程序基本上是在Web服务器或者应用服务器（Application Server）上运行的，而传统的应用程序则直接运行在操作系统之上。

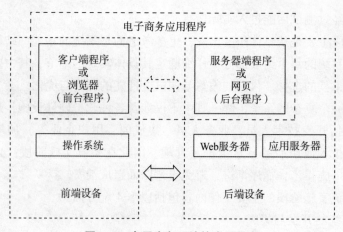

图 9-1　电子商务系统的应用程序

③电子商务系统应用程序的开发语言和开发方式与传统的应用程序相比，也有一些区别。传统的应用程序大多利用 Visual Basic、C/C++等语言进行开发，而电子商务系统的应用程序通常使用 Java、C#、ASP、PHP 等语言进行开发。此外，由于应用服务器的引入，各种组件技术（如 Java Bean、EJB 等）的应用也较为广泛，因此应用的可重用性较强。

④电子商务应用系统是运行在分布式环境中的，同一个系统的客户端可能运行在不同的操作系统之上，因此电子商务应用系统的开发还需要大量使用分布式系统开发及分布式数据库技术。

⑤通常，电子商务系统需要与企业现有的数据库和信息系统进行集成，此外，企业也常常需要与合作伙伴之间进行数据交换，或者与合作伙伴的信息系统进行协同处理，这就涉及很多应用的互操作和异构数据源的处理问题，因此电子商务应用系统的开发可能会非常复杂。

由于电子商务系统的开发和集成不仅复杂，还很灵活，因此在系统开发和集成的工作中存在着多种应用程序的构建方式，也存在着不同的开发技术。

9.2.1　电子商务系统的编程模式

电子商务系统的编程模式通常指的是应用程序的开发和构建方式。目前，电子商务系统的开发模式基本上可以分为以下两类。

（1）传统的 Web 开发模式

这种模式通常以 Web 服务器为核心进行开发，编程工作主要集中在 Web 服务器上的各种静态、动态网页的制作方面。

（2）基于组件的开发模式

这种模式主要利用了软件的可重用思想，是基于面向对象程序设计的方法，以应用服务器为核心进行开发，开发的重点在于各类组件程序组装及少量编程方面。这种模式的编程工具和手段有很多，较有代表性的是 J2EE 编程模式和基于 Microsoft DCOM 的开发编程模式。这是两种常用的编程模式，因此，开发电子商务系统时可以根据软件的需求，综合应用这两种编程模式。

电子商务系统的编程模式通常包括以下 4 种。

1. 基于 Web 的编程模式

基于 Web 的编程模式是一种电子商务系统开发早期常用的编程模式，该模式目前应用于中、小型电子商务系统中。此类模式将开发工作集中在 Web 服务器上各类静态及动态网页的开发方面，其编程模式如图 9-2 所示。

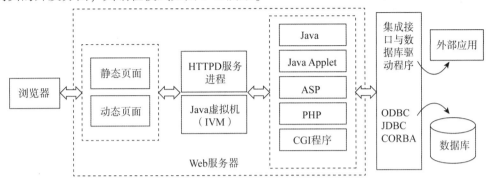

图 9-2　基于 Web 的编程模式

基于 Web 的编程模式具有以下 4 个特点。

①目标系统的编程工作分为两部分：静态网页制作和动态网页制作。

②静态网页制作可以通过各种网页制作工具（如 Dreamwaver）来完成，但需要注意各个页面在 Web 服务器中的组织与管理、网页组织分级目录的设计以及网页的检索等问题。

③动态网页的制作主要是对各类 CGI 程序及脚本程序的编写。其中，CGI 程序可以利用高级语言、命令注释语句和其他一些编程语言进行编写，脚本程序则可以选用 ASP、PHP、JavaScript 等进行编写。

④电子商务应用系统如果需要和数据库或其他外部应用进行集成，则需要通过动态网页的 CGI 程序、脚本程序的数据库接口驱动程序来实现。

此种开发模式比较适用于两层结构的电子商务系统，由于在网上难以找到很多共享程序或程序模板，因此编码时加以参考可以加快编码的进度。但是这种编程模式的可重用性并不高，应用软件与企业其他信息资源及组件的集成也将成为一个难题。

2. J2EE 的编程模式

J2EE 的编程模式最早由 SUN 公司提出，该模式中有 3 个层次：客户层、中间层和企业信息系统层。客户层可支持不同的客户端，包括基于浏览器的瘦客户端及其他客户端，中间层能够完成企业服务的存取，企业信息系统层则负责存储企业内部的关键商务数据。

在 J2EE 编程模式中，应用服务被分为两部分：一部分是由开发人员实现的商务及表达逻辑，另一部分是由 J2EE 平台提供的标准的系统服务。

其中，J2EE 编程模式的中间层的商务功能是通过一系列的 EJB 组件实现的。中间层的 JSP 主要用以实现业务逻辑处理结果的动态发布，构成动态的 HTML 页面，而 Servelet 则侧重于实现更为灵活的动态页面。中间层可以通过以下 5 种方式访问企业信息系统层中的信息资源。

①JDBC，数据库访问接口 API。

②Java 名字及目录接口 JNDI（Java Naming and Directory Interface）。JNDI 可以获取名字服务和目录服务，如 DNS（域名系统）、NDS（网络数据服务）、LDAP（轻型目录访问

协议）和 CORBA 的名字服务。

③Java 消息服务 JMS（Java Message Service）。JMS 作为一个标准的 API 接口可以和企业基于消息的中间件系统交互。

④Java Mail，基于 Java 的电子邮件 API 接口。

⑤Java IDL（Interface Definition Language）是一种接口定义语言，Java IDL 可以通过建立远程接口支持 Java 和 CORBA 应用的通信，利用 Java IDL 应用系统可以调用 CORBA 的服务。

基于 J2EE 编程模式如图 9-3 所示。J2EE 编程模式的优势在于通过编写各个 EJB 模块来提高软件的可重用性，同时通过使用现有的 EJB 来减少开发工作量，加快开发的速度。此外，采用 J2EE 规范编写的系统跨平台的能力也较强。

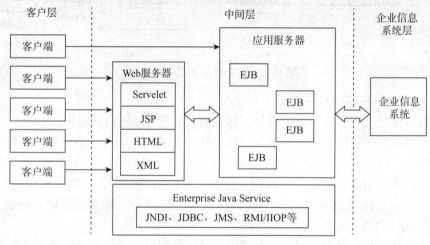

图 9-3　J2EE 的编程模式

3. Microsoft DCOM 和 Windows DNA

微软公司的分布式应用集成方案以组件对象模型（COM）为基础，提出了 DCOM 和 Windows DNA 的体系结构。Windows DNA 的体系和 SUN 公司的 J2EE 标准相似，如图 9-4 所示。

Windows DNA（Windows Distributed Internet Applications Architecture）是一种分布式的 Internet 应用框架，Windows DNA 与 Microsoft Windows 操作系统紧密结合。它在原来 Microsoft 的分布式对象服务（如 COM、事务服务器 MTS 等）的基础上构造得到。

在 Windows DNA 结构中，分布式应用系统被分解，整个应用系统由表示层（Presentation）、业务逻辑层（Business Logic）和数据服务层（Data Service）3 个部分组成。其中作为用户界面部分的表示层，主要是通过在客户端的浏览器中展示和运行 HTML、DHTML、Java Applet、ActiveX 和 XML，以实现用户与应用逻辑处理结果的通信。在 Internet 应用环境中，表示层的工作通常用浏览器来完成。业务逻辑层主要负责处理表示层的应用请求，完成业务逻辑的计算任务，并将处理结果返回给客户端。业务逻辑层通常将客户端的业务逻辑集中于服务器端，为所有用户共享。业务逻辑层是整个应用的核心，而组件是 COM 的核心。业务逻辑层通过 COM 进行业务处理后，由 IIS 和 MTS（Microsoft Transaction Server）为各种应用组件提供完善的管理。数据服务层能够为应用提供数据来源，数据库不再和每个活动客户保持一个连接，而是若干个客户通过应用逻辑组件共享数据库的连接，从而减少连接次数，提高数据库服务器的性能和安全性。开发者可以根据需求选择 Microsoft SQL Server、Oracle 或任何与 OLE DB 或 ODBC 兼容的数据源。

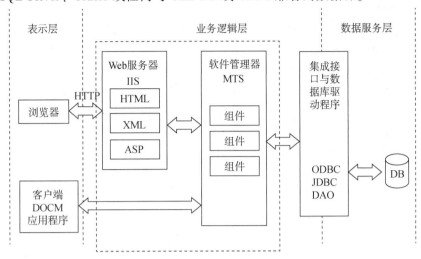

图 9-4 Windows DNA 体系

采用 Windows DNA 技术思想开发系统时分工明确，一部分人员完成业务逻辑层 COM 组件的开发和测试工作，另一部分人员则可以根据业务逻辑的需要选择和使用 COM 组件，在无须了解其功能实现的内部细节情况下使用组件提供的统一对外接口，将组件集成在页面之中，从而有效地降低开发难度。

组件对象 COM 的可重用性能够在一定程度上减少应用系统的整体管理和维护费用。当业务逻辑发生改变时，开发者只需调整或替换中间层相应的 COM 组件即可，而不必改变整个页面源代码。这样，系统可以在更新后的业务逻辑处理环境下运行，避免客户端应用程序版本的控制和更新。由于所有的复杂事务处理都在中间层进行，客户端只需配置最基本的浏览器就可以与服务器及其他客户进行事物交流。

这种应用模式大大提高了系统的运行效率和安全性。在中间层，IIS 负责应用逻辑层 Web 页面的管理，MTS 负责应用逻辑层 COM 组件的管理。MTS 在多线程的支持下工作，实现对 COM 组件的分布式连接管理、线程池的自动管理及高性能事物处理的监视。应用程序使用组件还可以共享与数据库的连接，从而降低数据库的负担，提高系统性能。此外，客户通过组件访问数据库时，MTS 的安全管理可以按权限将特定组件授予不同的用户组，从而将商务活动的安全性和系统的结构有机地结合在一起。

DCOM 组件通常与开发语言无关，常见的 Microsoft Visual C/C++、Visual Basic 等都支持组件的开发，组件既可在 ASP 脚本中调用，也可在一个 ActiveX 的动态链接库中调用。Windows DNA 可以利用分布式组件对象访问数据库，并完成复杂的计算，同时提高开发效率，但这种方式只能运行于 Microsoft 平台之上。

4. 混合编程模式

除了以上 3 种编程模式之外，还可以根据不同应用系统的特点采用混合编程方式来进行电子商务应用系统的开发，如图 9-5 所示。

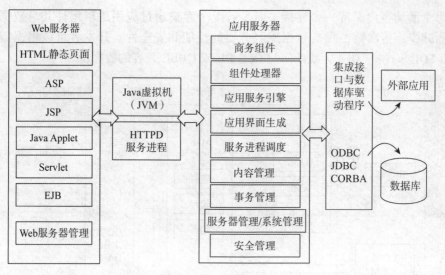

图 9-5 混合编程模式

在混合编程模式下，组件对象需要在特定的软件平台上运行，如支持 J2EE 标准的应用服务器平台、Microsoft MTS 等。因此，基于 Java 的编程模式与基于 Microsoft 产品的编程模式之间很少混用。此外，由于每种编程模式都有着自身的优点，因此在实际开发过程中还是需要根据实际情况来进行选择混合编程的方式。

9.2.2 电子商务系统的应用集成

电子商务系统是企业信息系统一个重要组成部分，其应用系统是以企业现有信息资源为基础的。因此，如何将电子商务系统与企业现有信息系统集成从而满足企业商务处理的整体需求，也是电子商务系统开发过程中的一个重要问题。

电子商务系统和企业现有信息系统的集成是一个较为复杂的问题，通常集成分为以下3 个方面。

1. 数据集成

数据集成通常指的是电子商务应用系统如何通过消息、网络文件系统等方式存取外部数据。其目标是将不同系统、不同形式的数据集合统一在一起，实现分布式的数据共享，从而支持电子商务系统的运行。

在数据集成过程中可能会涉及异构数据转换及接口标准、应用存取异构数据源的协议标准及异构数据的统一管理等问题。迄今为止，尽管已经有了一些解决方案和产品，但还没有一套完整的标准来定义并规范这些方案。

（1）异构数据源的存取问题

如果应用系统试图采用相同的方法访问不同的数据源，那么必须解决存取数据的过程及方法的规范化，且数据源的数据格式应当可转换。

针对这一问题，目前数据库系统的数据存取方式、接口方面已经有了一些工业标准，如数据库数据的存取标准 SQL（Structured Query Language，结构化查询语言）、应用访问数据库的接口标准 ODBC（Open Database Connectivity，开放数据库连接标准）、JDBC（Java Database Connectivity，Java 数据库连接标准）和 UDA（Universal Data Access，统一数据存取标准）。

其中，ODBC 是由微软公司提供的，定义了数据库访问的应用程序接口（API）。ODBC 能屏蔽各种数据库存取 API 接口的差异，为访问数据库的应用程序提供一致的接口，应用程序可以通过 ODBC 驱动程序的不同的数据库引擎访问不同的数据库管理系统。JDBC 则是为 Java 应用程序提供统一的 API 接口，其中一部分的 JDBC 是为程序员提供不同的数据库连接方式的面向开发者的 JDBC API，另一部分则是 JDBC 驱动程序。它能将 JDBC 访问转化为 ODBC，之后利用 ODBC 来完成数据库的访问。UDA 是由微软公司为关系数据库、非关系型的数据文件、图形图像等数据源给出的一种标准。应用程序可以通过 ADO（Advanced Data Object，高级数据对象）接口访问数据，而 ADO 则可以通过 OLE DB 访问非关系型的数据或者通过 ODBC 驱动程序访问不同的数据库。UDA 对不同的数据源提供了一致的存取方式，但并未得到广泛的支持。

（2）异构数据的统一管理问题

异构数据的统一管理指的是利用统一的操作方式管理不同格式的数据源，并且实现不同数据之间的相互促进转换。这样，应用程序可以使用一致的方式来存取结构化和非结构化的数据。当异构数据统一管理之后，其可移植性也得到增强。能够提供统一管理异构数据服务的标准和产品有 Microsoft UDA、XML 以及中间件产品（如 Interwoven 的 TeamSite、Banta 的 E-media 和 MediaBridge 等）。

数据集成还经常会使用中间件产品来实现。这些中间件产品主要以异步方式（客户端可以不必等待服务器返回结果）来支持应用消息、远程过程调用（RPC）、联机事物等。支持 RPC 的中间件产品有微软的 DCOM 机制、Borland 公司的 Entera、Noblenet RPC。支持应用消息队列的中间件产品有 IBM 公司的 MQ Series、BEA Tuxedo 的 Message Q、微软公司的 Message Queue 以及东方通的 TongLINK/Q。交易数据集成平台（也称为交易处理监视器）是可以对联机事务处理提供服务的工具。

除了以上通用的中间件产品之外，电子商务系统和 ERP 系统数据集成的产品也可以用于数据集成。

2. 网络集成

网络集成主要是指将支持电子商务系统的企业内部网、电子商务系统的局域网、Internet 和企业外部网络连接在一起，构成互连的网络。TCP/IP 族中的 TCP（Transmission Control Protocol，传输控制协议）和 UDP（User Datagram Protocol，用户数据报协议）是电子商务系统进程通信的基础，而业务逻辑的应用则基本在应用层（如 HTTP）实现。对于电子商务系统的网络集成来说，由于中、高层基本是基于 TCP/IP 的应用级互连，且 TCP/IP 是与物理网络无关的协议，因此电子商务系统低层网络（物理层、链路层和网络层）的互连更为重要。

低层网络互连的实质是实现通信子网的互通，包括物理层网络的扩充、数据链路层和网络层的互连，其目标是解决通信子网的连接、寻址及路由问题。

对电子商务系统来说，其本身是以无连接的 TCP/IP 为基础的，但是它与银行、认证中心甚至一些大客户进行数据通信时在很多情况下是借助 PSTN、X.25 这样的有连接的通信子网实现的，因而必须解决电子商务系统无连接的网络层（即 IP 层）和有连接的通信子网（如 X.25）之间的转接问题。

低层网络互连的方式通常是指以下两个方面。

①物理层互连，可通过如中继器、局域网的交换机和各种集线器（如智能集线器、交换式集线器等）实现。

②数据链路层和网络层的互连，可通过各种路由设备来实现。路由设备通常具有多个数据链路端口，支持路由选择和链路层多协议选择，因此常见的多协议路由器在电子商务系统网络集成中被广泛应用。

3. 基于 XML 实现电子商务应用开发与集成技术

由于电子商务系统与其他信息系统之间的数据交换，会涉及不同类型的企业，企业信息系统的主机、操作系统、数据格式等都存在很大差异，因此数据交换的复杂性造成了技术实现上的困难。XML 技术可以在一定程度上解决这个难点。

XML（eXtensible Markup Language，可扩展置标语言）是一种和 HTML 一样的标记型语言，具有良好的扩展性、很强的开放性、多平台上的互操作性，所以被认为代表了未来电子商务系统开发技术的发展方向。

XML 技术在电子商务系统中的应用涉及以下 5 个方面。

①企业间的数据传输。其中业务数据（如发票、采购订单、会计和税务信息等）是以 XML 格式在厂商之间进行电子传输的。与 EDI（Electronic Data Interchange，电子数据交换）相比，XML 提供了许多优点，而不仅仅是将一种发票格式转换成另一种格式。

②分布式编程。XML 提供了多平台应用程序构造方案，这样使 Windows 服务器和其他操作系统的集成成为可能。

③构建 Web 站点体系结构。由于 XML 的层次结构和分布式特性，故被广泛应用于 Web 站点的体系结构、导航结构中，且越来越多的目录表、索引表、跟踪用户信息及 Web 站点状态的 XML 结构、基于 HTML 的组建和处理数据流的渠道，都可使用 XML 和 XSLT 编写。

④数据库操作。在 SQL 查询中可以检索 XML 数据集，还可以使用 XML 记录更新数据库。

⑤文档管理。使用 XML 格式编写的文档更易于检索或提供链接到文档的注释，以便更有效地进行参考。

由于 XML 采用了结构化的数据，所以在存储或在不同数据库之间交换时，操作起来非常容易。使用 XML 来格式 Internet 上一次性传输的大量数据，能很好地表示报表的结构，不但能传送报表的数据，还能准确表示数据在报表中的位置，且 XML 格式的文件传送到客户端时也可以很容易地将其恢复成原来的报表。

9.3 系统测试

在电子商务系统开发过程中，开发人员难免会出现差错，因此为了保证系统的质量，在系统初步实现之后必须对系统进行测试。系统测试是将已确定的软件、硬件、外部设备和网络等元素结合起来，进行系统的各种组装测试和确认测试，以保证系统的正确性、完整性和可用性。

9.3.1 系统测试的目的

系统测试的主要目的是尽可能地找出系统中存在的错误，并将这些可能的错误加以修改。在系统测试过程中出现的主要错误，按其范围和性质可以分为以下5类。

①功能错误：通常指由于说明书的不够完整或对说明书的叙述及理解不够准确，造成在编码时系统功能产生的错误。

②系统错误：通常指与外部接口的错误、参数调用的错误、子程序调用错误、输入/输出地址错误以及资源管理错误等。

③过程错误：通常指算术运算错误、初始过程错误、逻辑错误等。

④数据错误：通常指数据结构、内容、属性错误，动态数据与静态数据混淆，参数与控制数据混淆等。

⑤编码错误：通常指语法错误、变量名错误、局部变量与全局变量混淆、程序逻辑错误和编码书写错误等。

9.3.2 系统测试的基本原则

系统测试是保证系统质量的重要手段和不可缺少的一个阶段，是对系统设计、设计和实施的最后检验与总结，在进行测试时应当遵循以下6条基本原则。

1. 程序员应避免测试自己编写的程序

如果要求程序员在完成设计工作之后对自己的程序进行测试，往往会因为固定的程序逻辑思维以及对问题叙述或说明的误解而难以发现错误。因此，测试工作应当由专门的测试人员来进行，这样测试得到的结果才能更加客观和准确。

2. 确定预期输出

在设计测试方案时，不仅需要确定输入的数据，还需要根据系统功能来确定预期的输出结果，这样将实际输出结果与预期阶段进行比较才能发现测试对象是否有错误。

3. 彻底检查每个输出结果

在测试结果的输出表上，一些人为粗心而被遗漏的错误，以及一些包含一定逻辑和推导关系的错误需要经过测试人员的分析才能发现，因此需要耐心、细致地检查每一个输出结果。

4. 要设计非法和非预期的输入情况

在设计测试用例时，不仅要设计合理预期的输入条件，也要设计非法和非预期的输入条件。当以新的、意外的方式使用程序时，往往会发现程序中出现许多错误，因此用非法和非预期输入情况进行测试，可能会比用合法输入情况进行的测试取得更大收获。

5. 检查程序是否做了不该做的事情

为保证程序只完成它应该完成的工作，而不因为多余的工作带来问题，在测试程序时不仅要检验程序是否完成了该做的事情，还要检验其是否做了不该做的事情。

6. 保留测试数据和测试结果

当测试完成后，测试计划、测试用例应当被妥善保存，将其作为软件文档的组成部分，能够为将来的重新测试、追加测试和系统维护提供方便。

9.3.3 系统测试的方法

目前常用于系统测试的方法主要有以下 3 种。

1. 黑盒测试法

黑盒测试也称为功能测试或数据驱动测试，注重于测试软件的功能性需求。黑盒测试通常将系统看作一个密闭的黑盒子，在无须考虑系统内部结构和处理过程的情况下，以检查在一定的输入条件下，系统的输出是否与期望相同，从而达到对系统功能的测试。

黑盒测试采用穷举法输入测试值，不仅要测试所有合法的输入，还要测试所有不合法但是可能的输入。可能发现的错误类型有功能错误或遗漏、界面错误、性能错误、数据库访问错误、初始化设置不完全等。

2. 白盒测试法

白盒测试法也称为结构测试或逻辑驱动测试。该方法是把程序看成装在一个透明的白盒子里，在完全了解程序的结构和处理过程的情况下，按照程序内部的逻辑测试程序，检验程序中的每条通路是否都能按预定要求正确工作。

采用白盒测试法设计测试用例的方法有语句覆盖、条件覆盖、判断覆盖、条件组合覆盖等。白盒测试法不仅要完成黑盒测试法的测试内容，还要从系统内部的角度检查数据是如何从输入到达输出的。

3. 灰盒测试法

灰盒测试法是基于程序运行时的外部表现和程序内部逻辑结构来设计用例的，执行程序并采集程序路径执行信息和外部用户接口结果的测试技术。灰盒测试法是介于黑盒测试法与白盒测试法之间的一种系统测试方法，结合了黑盒测试法和白盒测试法的各个要素，考虑了客户端、特定的系统知识和操作环境，并在系统组件的协同性环境中评价应用软件的设计。

9.3.4 系统测试的内容

系统测试的工作就是利用测试工具按照测试方案和流程对电子商务系统进行功能和性能的测试，根据需要设计和维护测试的电子商务系统，对测试方案可能出现的问题进行分析和评价。执行测试用例后，需要跟踪故障，以确保开发的系统适合需求。系统测试的内容通常包括以下 4 个方面。

1. 单元测试

单元测试指的是对组成系统的单元进行测试。单元测试的对象是软件设计的最小单位——模块，其目的是检验软件模块的正确性。

2. 集成测试

集成测试也称为联合测试，是将程序模块采用适当的集成策略组合起来，对系统组成单元间的接口及集成后的功能进行准确性检测的测试工具，其主要目的是检测软件单位之间的接口是否正确。集成测试的对象是已经经过单元测试的模块。

3. 应用测试

应用测试是对已集成的电子商务系统应用程序的功能、性能、可用性、兼容性、安全性等方面进行测试，以验证系统功能应用的合理性和正确性。应用测试的内容包括以下8个方面。

（1）可用性测试

可用性测试是对系统的"可用性"进行评估，通过测试可以获知用户对系统的认可程度，也可以获知一些隐含的用户行为规律。可用性测试通常是对电子商务系统网站上的导航、图形、内容以及系统整体的界面进行测试与检验。

（2）功能测试

功能测试主要是验证系统功能模块的逻辑是否正确，确保系统与用户之间的交互功能可以正确执行，主要包括连接测试、表单测试、数据校验和Cookies测试。

1）链接测试。必须在整个电子商务系统网站的所有页面开发完成之后进行链接测试。通常链接测试包括以下3个方面。

①测试所有链接是否按指示确实连接到了该链接的页面。

②测试所链接的页面是否存在。

③保证没有孤立的页面。

2）表单测试。当用户想要电子商务系统网站提交信息（如用户注册、用户登录、用户信息等）时，就需要使用表单测试。表单测试包括以下3个方面的内容。

①测试提交操作的完整性，以检验提交给服务器的信息的正确性。

②如果使用了默认值，则需要检验默认值的正确性。

③如果表单只能接受指定的某些特定值，则也需要进行测试。

3）数据校验。需要根据业务规则对用户输入的数据进行校验，测试人员需要验证这些校验是否能正常工作。

4）Cookies测试。通常Cookies中保存了用户的注册信息，如果系统使用了Cookies，则测试人员需要对它们进行检测，测试内容通常包括以下4个方面。

①Cookies是否起作用。

②是否按预定的时间进行保存。

③刷新对Cookies有什么影响。

④如果使用Cookies来统计次数，则还需要验证次数累计正确与否。

（3）接口测试

通常，电子商务系统网站可能会与外部服务器进行通信，请求数据、验证数据或提交订单。接口测试主要是检查本地系统是否能够正确地调用外部服务的接口。通常测试从以下两个方面入手。

① 服务器接口测试。首先需要测试的接口是浏览器与服务器的接口，测试人员需提交事务数据，然后查看服务器记录，并验证在浏览器上看到的正好是服务器上发生的。测试人员还需查询数据库，确认事务数据已被正确保存。

② 外部接口测试。部分电子商务系统有外部接口，如实施支付的验证数据。测试时，通过Web接口发送某些事务的数据，对有效的支付信息进行验证，测试人员需要确认软件能够处理外部服务器返回的所有可能的信息。

（4）兼容性测试

兼容性测试主要验证电子商务系统的应用能否在不同的客户端运行正常，主要测试的是各种常用操作系统、浏览器、视频设置和网络速度以及各种设置的组合。

（5）数据库测试

在 Web 应用技术中，数据库作为系统的后台非常重要，数据库为电子商务系统的管理、运行、查询和实现用户对数据存储的请求等提供空间。在电子商务应用系统中，最常用的关系型数据库需要测试数据库查询结果的相关性、查询响应的速度、数据库的完整性以及数据的有效性。

（6）容错测试

容错测试是指以各种方式强制系统测试不同的失败方式，以确保以下 2 方面内容的实现。

① 系统会在预定的时间内修复错误并继续进行处理。

② 系统在处理错误过程中并不会停止系统的整体功能。

（7）性能测试

性能测试指的是通过自动化的测试工具模拟多种正常、峰值以及异常负载条件来对系统的各项性能指标进行测试，通常包括以下 3 个方面的内容。

① 连接速度测试。用户连接到电子商务系统网站的速度如果太慢，会造成访问页面的响应时间太长，用户则可能会因此而不再访问网站。

② 负载测试。负载测试是在某一负载级别下，检测电子商务系统的实际性能，即在某个时刻能允许同时访问系统的用户数量，此时测试人员可以通过相应的软件在一台客户机上模拟多个用户来测试系统的负载。

③ 压力测试。压力测试指的是测试系统的限制和故障恢复能力，也就是测试系统会不会崩溃，在什么情况下系统会崩溃。

（8）安全性测试

安全性测试的目的是检验系统是否能够正确、可靠、安全地执行处理功能。安全性测试需要对电子商务的客户服务器应用程序、数据、服务器、网络、防火墙等进行测试。其内容主要包括以下 3 个方面。

① 检测各个目录的存取是否得到授权。

② 用户登录测试。

③ 日志功能测试，测试服务器的日志能否正常工作，是否可以正确地记录每次登录及用户请求过程。通过日志文件，可以分析系统响应用户请求的情况。

4. 回归测试

回归测试指的是在软件维护阶段，为了检测代码修改而对引入的错误所进行的测试活动。该测试带来的消耗占整个软件生命周期总费用的1/3以上。

9.3.5　系统测试的过程

一个规范化的系统测试过程通常包括以下 4 个基本步骤。

（1）起草系统测试计划

由系统测试的小组成员共同协商，由测试组长按照指定的模板起草系统测试计划。该计划主要包括测试范围、测试方法、测试环境与辅助工具、测试完成准则、人员与任务表，完成后交给项目经理进行审批。

（2）设计系统测试用例

系统测试计划被审批后，系统测试的小组成员依据系统测试计划设计系统测试用例。测试组长邀请开发人员及同行专家，对系统测试用例进行技术评审。

（3）执行系统测试

系统测试的小组成员依据系统测试计划和系统测试用例来执行系统测试，并将测试结果记录在系统测试报告中，用专门的工具来管理测试中所发现的缺陷，并及时通报给开发人员。

（4）缺陷管理与改错

在测试中被发现的所有缺陷会自动生成缺陷管理报告，开发人员应该根据报告及时消除已发现的缺陷，在消除缺陷后马上进行回归测试，确保不会引入新的缺陷。

> **思政栏目**
>
> 电子商务系统的测试过程类似于程序的试运行。及时测试，发现错误越早，修改代价就越小。这如同医生的临床诊治一样，疾病发现得越早，可将疾病扼杀于萌芽之中，治愈的可行性就越大；发现得越晚，治愈的难度就越大，且所需付出的代价也就越大。在日常生活中同样如此，许多事情都要尽早检查，尽早发现问题，尽早进行解决，这样才能得到一个较好的结果。

9.4　系统发布

电子商务系统在完成测试之后，就可以将电子商务系统进行发布，交付给用户进行试运行。电子商务系统的发布包括域名的申请、Web 服务器的选择、网站的发布。

9.4.1　域名的申请

一个电子商务系统的网站要想能够被用户访问，就必须获取一个域名。域名是网站的标志，起到识别的作用，用户可以通过域名在网络上找到想要访问的网站。除了识别功能外，在虚拟环境下，域名还可以起到引导、宣传、代表等作用。域名申请是企业建立网站的第一步，是在 Internet 上开展业务服务的基础，注册域名的步骤如下。

（1）准备域名

域名的命名应当简洁，并且尽量与网站名或者企业名称相符，一般以企业品牌名、企业品牌名拼音或拼音缩写、企业品牌英文名或英文缩写等命名，还要准备多个比较合适的备选域名。

（2）选择域名注册网站

域名的设置需要根据企业的实际情况，确定要申请的是中文域名还是英文域名，是国际域名还是国内域名，并且根据企业的性质和服务内容决定是申请 com 类型还是其他类型的域名。由于 com、cn 等不同域名后缀均属于不同注册管理机构，如果要注册不同后缀的域名则需要从注册管理机构寻找经过其授权的域名注册商，如 com 域名的注册管理机构为 ICANN，cn 域名的注册管理机构为 CNNIC。若域名注册商已经通过 ICANN、CNNIC 双重认证，则无须分别在其他注册管理机构申请域名。

（3）查询域名

在域名注册网站上注册域名之前，我们需要先在网站上查询此域名是否已经被注册。如果想要申请的域名已经被注册，则页面会给出提示并可以查询另一个域名。

（4）正式申请

在确定好想要注册的域名后，就可以按照网站向导来申请正式注册域名了。在填写申请单时，一定要正确填写域名的注册人、注册联系人、管理联系邮箱等详细信息，这些信息都非常重要，将会关系到域名的产权问题及以后的域名过户、转移注册等问题。

（5）申请成功

一旦域名申请成功后，网站将会发一封确认邮件到注册时填写的管理联系邮箱中，接下来就可以开始进入域名解析管理、设置解析记录等操作。

9.4.2 Web 服务器的选择

在注册完电子商务系统网站的域名之后，需要将系统设置放在 Web 服务器上运行发布。目前用于建立 Web 服务器的方式有虚拟服务器、服务器租用、服务器托管和自建服务器等。

1. 虚拟服务器

虚拟服务器也称为虚拟主机，采用了特殊的软、硬件技术将一台完整的服务器主机分成若干台主机，即将真实的硬盘空间分成若干份，并将这些空间租给不同用户使用。每一台被分割的主机都具有独立的域名和 IP 地址，但共享真实主机的 CPU、RAM、操作系统、应用软件等，运行时由用户远程操作属于自己的那一部分空间，而这部分空间对于用户来说就是一台"完整"的服务器，用户只需对自己的信息进行远程维护，而无须对硬件、操作系统和通信线路进行维护。

由于虚拟服务器具有技术投资少、建站速度快、安全可靠、无须配置及投资软件系统、无须拥有技术支持等优势，因此大多数的中、小型企业或初次建立网站的企业会选用此种企业发布信息的方式来减少人力、物力投入及一系列烦琐的工作。

2. 服务器租用

服务器租用是指由服务器租用公司提供服务器等硬件，对基本软件进行安装、配置和维护，并负责服务器上基本服务功能的正常运行。用户采取租用的方式独享服务器的资源，在安装相应的系统软件及应用软件后就可以运行其自行开发的系统。

服务器租用是针对那些对服务器的硬件没有研究，对服务器的选型没有经验的客户。这些客户只需提出最终目的，支付包括服务器购置款和托管费在内的一笔款项，由租用公司为客户进行策划实施，最终服务器的产权由客户拥有。服务器租用方式适合那些资金不足、缺乏技术力量，但又基于实现信息化的中、小企业。通过租用服务器来实现企业的信息化管理是一个不错的选择。

3. 服务器托管

服务器托管是指通过将服务器相关设备托管到具有完善机房设施、高品质网络环境、丰富带宽资源和运营经验并可对用户的网络和设备进行实时监控的网络数据中心内，从而达到提高电子商务系统网站的访问速度，保证系统安全、可靠、稳定、高效运行的目的。

托管的服务器通常可以由客户自己或者其他授权人员进行维护。

服务器托管能够提供高性能的处理能力,并有效降低维护费用和机房设备投入、线路租用等高额费用,同时客户对设备拥有所有权和配置权,并可要求预留足够的扩展空间。通常,服务器托管业务适合大、中型企业及运营网络视频、博客等新兴网络业务的企业。

4. 自建服务器

自建服务器是指企业自己购买主机等相关设备来建设机房、搭建通信线路连接到互联网来运行电子商务系统的方式。由于企业对主机具有完全的控制权,因此给管理带来了诸多的方便。相比其他方式,自建服务器最大问题就是费用较高,且设备对电源、温度、湿度等运营环境要求也很高,而这些是普通办公环境很难满足的,因此企业在选择此种方式时需要慎重考虑。

9.4.3 网站的发布

在确定网站的域名和运行的服务器之后,就可将做好的网站文件系统放置到服务器上运行。如果发布的是没有独立服务器的中、小型网站,则通常会使用如 CuteFTP、FlashFXP、LeapFTP 等工具将网站文件上传到所申请的服务器空间;如果是具有独立服务器的大、中型网站,则可以直接将网站文件复制到服务器上,并使用 IIS、Serv-U、WS-FTP Server 等工具来架设服务器。

9.5 系统切换

当电子商务系统的旧系统是人工系统时,可以直接将新系统投入使用而不需要进行系统切换。如果旧系统是一个现行的电子商务系统,则需要进行系统切换。

系统切换的主要目的是尽可能平稳地逐步完成旧系统到新系统的过渡。通常系统切换主要有以下 3 种方式。

1. 直接切换

此方式是在确定新系统运行正常且稳定后,在指定日期内停止旧系统的运行,启用新系统来取代旧系统。这种方式费用低、方法简单,但风险大。一旦新系统发生严重错误而不能正常运行时,将导致企业的业务工作的混乱甚至停止。因此,在系统切换前必须采取一定的预防性措施,充分做好各种准备,制订严密的切换计划。该切换方式适合于处理过程不复杂的小型、简单的系统切换。

2. 并行切换

此方式是在完成新系统的测试和试运行后,新系统和旧系统同时工作一段时间,在新系统运行正常后,停止旧系统的工作,用新系统完全替代旧系统进行工作。此种切换方式相对直接切换方式来说更为安全,既可以保持企业的业务工作不中断,又可以消除新系统可能带来的不稳定性问题。但因为在切换过程中需要投入两倍的人力、物力,因此相对来说费用高。此种切换方式适合于处理过程复杂、数据重要的系统。

3. 分段切换

此方式是将直接切换方式和并行切换方式相结合,在新系统全面投入正常运行前,分阶段地将新系统的各个子系统逐步替代旧系统的各个功能模块，直到最后完全取代旧系统。此种方式可以保证切换过程的平稳性和安全性，降低切换过程中的风险和费用，但可能会存在新旧系统对应的子系统间对接的不顺畅。此种切换方式适合处理过程复杂、数据重要的大型系统。

在系统的实际切换过程中，以上3种方式经常会配合使用，从而达到最佳切换效果。

本章小结

电子商务系统实施的主要工作是应用系统的开发，系统测试，系统发布和系统切换。

本章首先介绍了电子商务系统开发与集成的各项工作，其次阐述了系统测试的目的、基本原则、常用方法及内容，最后还描述了如何将电子商务系统网站进行发布的详细步骤，以及如何在新、旧系统之间进行切换的常用方法。

思考与练习

一、填空题

1. 系统测试的主要目的是尽可能地找出系统中存在的_____，并将这些可能的_____加以修改。

2. 目前常用的系统测试方法有_____、_____和_____。

3. 目前用于建立 Web 服务器的方式有_____、_____、_____和_____等。

4. 在数据集成过程中，可能会涉及_____、_____和_____等问题。

二、简答题

1. 简述电子商务系统实施阶段的主要工作内容。

2. 电子商务系统集成主要涉及哪几个方面的集成？

3. 简述电子商务系统切换3种方式的优、缺点。

4. 一个规范化的系统测试过程通常包括哪些基本步骤？

5. 简述进行域名申请的步骤。

6. 电子商务系统的应用测试包含哪些方面？

第 10 章 电子商务系统的运行维护

学习目标

- 明确电子商务系统运行维护的作用。
- 熟悉电子商务系统管理的主要内容。
- 熟悉电子商务系统运行维护的分类。
- 掌握电子商务系统评价的内容和常用方法。

知识导入

电子商务系统开发工作完成之后，新系统就要正式投入运行，为企业的电子商务活动提供支持。为了发挥电子商务系统的最大作用并延长系统的使用年限，在系统的运行过程中还需要对系统进行日常的管理与维护，另外需要定期对系统的运行情况进行评价，为系统维护、更新和完善提供依据。

案例导入

URL Minder 是 NetMind 公司免费提供的个人 Web "机器人"。用户登录以后，只要注册想监控的电子邮件或者 URL 地址，当该页面的内容有所变动，登录者就会收到电子邮件的通知。对用户来说，这项服务的价值在于大大减少了用户监控网点变动的工作量。如果没有这项服务，用户就得经常返回那个网点。URL Minder 是在最合适的时候——数据更改或更新时，提示了用户访问特定的网点，这为电子商务系统管理者提供了数据维护方面的便利。

（编者整理，资料来源：https：//www.docin.com/p-2622674086.html）

思考：电子商务系统还可以通过哪些其他的方式给管理者提供数据维护方面的便利呢？

10.1　电子商务系统运行维护的作用

电子商务系统在交付给用户使用后，为了清除系统运行中发生的故障和错误，软、硬件维护人员要对系统进行必要的修改与完善，同时为了使系统适应用户环境的变化，满足新需要，还要对原系统做局部的更新，这些工作就是系统维护。电子商务系统的运行维护过程中，一方面可以监控和管理系统输入与输出的信息流，以保证网上业务处理的顺畅；另一方面，还能确保整个系统内容的完整性和一致性，从而为企业电子商务活动提供良好的服务。具体来说，系统运行维护的作用主要体现在以下 4 个方面。

1. 促使电子商务系统信息的有序化

由于电子商务系统运行过程中，需要发布大量有关企业产品和服务的即时信息，要不断地处理客户的订单信息及反馈意见，同时快速响应用户请求，因此要求各种类型的输入和输出系统的信息流有序化。只有信息的有序化才能保证海量信息得到充分利用。系统信息有序化的最好方式就是进行电子商务系统管理。它可以使企业按照信息管理的科学程序有效地发布、收集、组织、存储和传递信息，保证电子商务系统的正常运行，实现企业电子商务目标。

2. 提高电子商务系统信息的安全性

随着电子商务活动的不断深入，越来越多的企业通过电子商务系统开展在线销售活动，这就需要支持在线支付和在线购物的信息管理，按照交易信息的层次进行信息的加工与存储，并依据交易数据设计的商业机密等级对数据进行加密和解密管理，以及用户管理等。通过对电子商务系统科学有效地进行管理，可以提高网上交易的安全性。

3. 促进企业系统信息内容的多样化

企业在自身系统得到良好管理的前提下，可以投入更多的精力对系统内容进行设计和构建，并更加积极地开展商业运作活动，从更多的途径了解用户、市场以及竞争对手的信息，并从电子商务活动中得到更大的益处，以促进企业的发展。

4. 提高管理人员工作效率

电子商务系统的运行维护减轻了一些非专业的系统管理员在管理以及维护方面的工作量和复杂度，从而提高相关管理人员的管理效率。

10.2　电子商务系统的管理

电子商务系统的运行维护就是对电子商务系统进行全面的管理。对电子商务系统的管理可以从系统运行管理、系统文档管理以及系统安全管理着手。

10.2.1　系统运行管理

当电子商务系统投入正常使用后，其主要工作就是对系统的运行进行管理，即对系统运行进行控制、记录运行状态、进行必要的修改与扩充，使系统真正发挥其功效。电子商务系统运行管理主要包括以下 4 个方面。

1. 维护系统的日常工作

系统维护的日常工作主要包括数据收集工作、数据整理工作、数据录入工作及运行的操作工作、处理结果的整理及分发工作，此外还应当包括系统的管理工作及有关的辅助工作，如硬件维护、机房管理、空调设备管理、用户服务及管理等。

2. 记录系统的运行情况

系统运行情况的记录主要包括及时、准确、完整地记录系统运行过程中数据的情况、处理的效率、意外情况的发生及处理，以便于对电子商务系统功能的评价与改进。

3. 有计划地发布企业级商品的信息

企业级商品信息的发布主要包括及时更换商品品种，去掉过期商品，更新商品的最新价格，有计划地对系统进行必要的改动，如主页变更、软件工具升级等。

4. 定期对系统数据进行备份

对系统运行的数据定期进行备份，可以在系统遭遇病毒或意外情况下，利用数据备份对系统数据进行恢复从而减少损失，以保证系统运转及积累数据的连续性。

10.2.2 系统文档管理

电子商务系统在其生命周期中，从系统分析阶段到系统实施阶段乃至最后系统退出使用的过程中对整个开发过程及各个状态使用文字资料进行描述会生成许多的文档，这些文档称为系统文档。

系统文档是在系统各个阶段不断地依次进行编写、修改、完善与积累而形成的。电子商务系统按开发阶段的不同主要生成了以下不同的文档。

1. 系统规划阶段

在此开发阶段中，技术文档主要为系统总体规划报告，管理文档包括系统需求报告、系统开发计划和系统总体规划评审意见，记录文档包括会议记录及调查记录。

2. 系统分析阶段

在此开发阶段中，技术文档主要为系统分析报告，管理文档包括系统实施计划和系统设计审核报告，记录文档包括会议记录及调查记录。

3. 系统设计阶段

在此开发阶段中，技术文档主要包括系统设计说明书、程序设计说明书、数据设计说明书和系统测试计划，管理文档包括系统实施计划和系统设计审核报告，记录文档包括会议记录及调查记录。

4. 系统实施阶段

在此开发阶段中，技术文档主要包括系统使用说明书、系统测试报告和系统维护手册，管理文档包括系统试运行报告和系统维护计划，记录文档包括会议记录及调查记录。

5. 系统运行维护阶段

在此阶段中，管理文档包括系统试运行报告、系统开发总结报告、系统评价报告和系统维护报告，记录文档包括会议记录、调查记录、系统运行情况记录、系统日常维护记录和系统适应性维护记录。

有效的系统文档管理是有序规范地开发运行电子商务系统的重要工作。因此，必须建立相应的文档管理规章制度，建立文档资料室，由专人进行管理。系统文档管理工作主要包括以下 4 个方面。

①建立文档编写的标准与规范。

②指导操作人员进行文档编写，并进行监督与检验。

③收存编写好的文档并分类妥善保管。

④办理文档的日常借阅及使用工作。

10.2.3　系统安全管理

电子商务系统的安全性至关重要，电子商务系统的安全管理工作主要涉及以下 3 个方面。

1. **实体安全管理**

实体安全主要指的是保护计算机等硬件设备避免遭受自然灾害及其他意外事故的破坏。实体安全可以细分为环境安全、设备安全和媒体安全。

（1）环境安全

环境安全指的是提供对电子商务系统所在环境的安全保护，主要包括受灾防护和区域防护。

①受灾防护：提供受灾报警、受灾保护和受灾恢复等功能，目的是保护电子商务系统免受水、火、有害气体、地震、雷击和静电的危害。对于受灾保护而言，灾难发生前，必须对灾难进行监测并及时报警；灾难发生时，需要对正遭受破坏的电子商务系统采取紧急措施，对现场实施保护；灾难发生后，需要对已经遭受某种程度破坏的电子商务系统进行灾后恢复。

②区域防护：对特定区域提供某种形式的保护和隔离。特定区域通常分为静止区域和活动区域。静止区域保护通常指的是通过电子手段（如红外扫描等）或其他手段对特定区域（如机房等）进行某种形式的保护（如检测和控制等）；活动区域保护则指的是对活动区域（如操作间等）进行某种形式的保护。

（2）设备安全

设备安全主要是指提供对电子商务系统设备的安全保护，主要包括设备的防盗、防毁，防止电磁信息泄漏，防止线路截获，抗电磁干扰及电源保护等。

①设备防盗：对电子商务系统设备提供防盗保护。其安全功能是将一定的防盗手段（如移动报警器、数字探测报警和部件上锁）用于计算机信息系统设备和部件，以提高计算机信息系统设备和部件的安全性。

②设备防毁：对电子商务系统设备提供防毁保护。

③防止电磁信息泄漏：用于防止电子商务系统中电磁信息的泄漏，从而提高系统内敏感信息的安全性，如使用防止电磁信息泄漏的各种涂料、材料和设备等。

④防止线路截获：用于避免对计算机信息系统通信线路的截获和外界对电子商务系统及通信线路的干扰。

⑤抗电磁干扰：用于对电子商务系统的电磁干扰，从而保护系统内部的信息。

⑥电源保护：为电子商务系统设备的可靠运行提供能源保障，如提供不间断电源、纹波控制器、电源管理软件等。

（3）媒体安全

媒体安全是指为存储了电子商务系统数据的媒体提供安全保护。媒体安全主要包括媒体数据的安全删除和媒体的安全销毁，其目的是防止被删除或被销毁的敏感数据被他人恢复。此外，媒体安全还包括媒体本身的防毁，如防霉和防砸等。

2. 运行安全管理

运行安全管理主要是根据系统运行记录，跟踪系统状态的变化，分析系统运行期的安全隐患，旨在发现系统运行期的安全漏洞，改进系统的安全性，主要包括审计跟踪、备份与恢复。

（1）审计跟踪

审计跟踪指的是对电子商务系统进行人工或自动的审计跟踪、保存审计记录和维护详尽的审计日志。其安全功能可归纳为以下 3 个方面。

①记录和跟踪各种系统状态的变化，如提供对系统故意入侵行为的记录和对系统安全功能违反的记录。

②实现对各种安全事故的定位，如监控和捕捉各种安全事件。

③保存、维护和管理审计日志。

（2）备份与恢复

备份与恢复指的是提供对系统设备和系统数据的备份与恢复。对系统数据的备份和恢复可以使用多种介质，如磁介质、纸介质、缩微载体等。其安全功能可归纳为以下 3 个方面。

①提供场点内高速度、大容量、自动的数据存储、备份和恢复。

②提供场点外的数据存储、备份和恢复，如通过专用安全记录存储设施对系统内的主要数据进行备份。

③提供对系统设备的备份。

3. 信息安全管理

信息安全管理主要包括对操作系统和数据库的安全维护、网络的安全维护、计算机病毒防治和访问控制授权的检查。

💡 思政栏目

电子商务系统的管理所涉及的因素非常多，包括负责人的素质（如其专业技术、管理能力及高尚情操等）、管理对象（如系统用户）、合理的开发团队（如团队的经验、知识结构、担任的角色）、计划（如重视程度、不清楚的不要仓促决定、严格执行等）、评审（如可尽早发现错误、要高度重视、认真执行）、记录（如记录与系统相关的重要邮件、会议纪要、缺陷报告等）、沟通（如消除误解、增强团队凝聚力等）。这些因素都需要进行综合考虑，与社会主义核心价值观的"和谐"内涵保持一致。

10.3 电子商务系统运行维护的内容

系统维护的主要目的是保证电子商务系统正常、可靠的运行，保证系统中的各个要素随着环境的变化始终处于正确的工作状态，使系统不断得到改善和提高，以充分发挥系统的作用。电子商务系统运行维护工作的内容繁杂，归纳起来主要包括以下 4 个方面。

1. 应用软件维护

在系统运行后，可能会发现一些在测试过程中没有发现的局部问题，或者是企业的业务流程发生了局部变化，这些都可能引起应用程序的部分修改或调整，此时就需要对系统的应用程序进行维护。

应用软件的维护内容一般包括以下 4 个方面。

（1）纠错性维护

由于在系统测试阶段不可能发现系统中的所有错误，因此在系统投入运行后的实际使用过程中，有可能暴露出系统内隐藏的错误。诊断和修正系统中遗留的错误，就是纠错性维护。纠错性维护是在系统运行中发生异常或故障时进行的，这种错误往往是在遇到了从未用过的输入数据组合或是在与其他部分接口处产生的，因此纠错性维护需要在特定情况下进行。

（2）适应性维护

适应性维护是指由于系统运行环境升级换代导致应用程序需要进行修改的维护。一方面，计算机科学技术迅猛发展，硬件的更新周期越来越短，新的操作系统和原有操作系统的新版本不断推出，外部设备和其他系统部件经常有所增加和修改，这就必然要求应用系统能够适应新的软、硬件环境，以提高系统的性能和运行效率；另一方面，电子商务系统的使用寿命在延长，超过了最初开发这个系统时应用环境的寿命，即应用对象也在不断发生变化，机构的调整、管理机制的改变、数据与信息需求的变更等将导致系统不能适应新的应用环境，因此有必要对系统进行调整，使之适应业务的变化，以满足发展的要求。

（3）完善性维护

完善性维护一般发生在企业提出了新的需求，或者要求现有应用软件增加新功能时，这时需要在原来的基础上，增加一定的代码以满足用户的要求。

（4）预防性维护

预防性维护是指为了提高软件的可维护性、可靠性等，为以后能进一步改进软件打下良好基础而对软件进行的修改工作。

2. 数据维护

数据维护指的是对系统的文件、网页及支持企业与客户之间数据信息往来的文件传输系统和电子邮件系统的维护。

电子商务系统在运行了一段时间后，可能会出现日志文件逐渐增大、系统临时文件增多的现象，同时系统产生的数据也需要进行备份或者还原等，这些都在数据维护管理工作的范畴之内。一般来说，数据维护包括系统文件的组织，系统数据备份，系统数据恢复和系统数据文件处理，对所有网页、链接的更新等。

数据维护工作通常由数据库管理员负责完成，主要可以确保数据库数据的完整性和安全性，并可对发生的事件进行控制。

3. 平台维护

平台维护主要是指对系统运行平台的管理、维护，其主要目的是保障电子商务系统正常、持久、高效地运行。平台维护的对象包括操作系统、数据库、Web Server、Application Server、网络等。平台维护的工作内容主要包括性能调整、安全监控、日志处理等。例如：在性能调整方面可以通过调整服务进程数、结果缓存大小等为不同的商务应用配置合适的系统资源。

4. 硬件维护

硬件维护指的是对主机及外部设备的日常维护和管理，如机器部件的清洗润滑、设备故障的检修、易损部件的更换等，都应由专人负责，定期进行，以保证系统正常有效地运行。硬件维护主要有以下两种类型的维护活动。

①定期的设备保养性维护，维护的主要内容是进行例行的设备检查与保养。

②突发的故障维修，即当设备出现突发性故障时，由专职的维修人员或请厂商来排除故障。

10.4 电子商务系统的评价

电子商务系统在投入运行一段时间之后，可以对系统运行的效果从多个方面进行评价。实施电子商务应用的企业通过系统评价能够找到电子商务系统可能存在的缺陷并加以改进，此外，企业还可以从中积累经验，为企业未来电子商务应用的发展储备力量。

10.4.1 电子商务系统评价的定义

所谓评价，是指根据确定的目标来测定对象系统的属性，并将这些属性变为客观的定量数值或者主观效用的行为。简单来说，评价就是对某个事物进行的考核。

电子商务系统的评价可分为狭义和广义两种。狭义的电子商务系统评价是指在电子商务系统建成并投入运营后进行的一系列全面的、综合的评价；而广义的电子商务系统评价则是指从电子商务系统的开发阶段到系统投入运营的每一个阶段都对其进行全面的、综合的评价。

电子商务系统的生命周期通常分为 5 个阶段：系统规划、系统分析、系统设计、系统实施和系统运行维护。电子商务系统评价在这 5 个阶段有着不同的方式和目的。在系统规划阶段评价的主要目的是确定该项目的范围和是否能为企业带来经济效益的提升，所采用的系统评价方法为指标评估法和成本—效益分析法；在系统分析阶段评价的目的是明确逻辑设计是否达到系统目标的要求，所采用的系统评价方法为逻辑设计标准；在系统设计阶段评价的目的是判断物理设计是否实现了逻辑模块的目标，所采用的系统评价方法为详细设计的分类标准；在系统实施阶段，进行系统评价的目的则是测试所建设的电子商务系统在系统的功能和性能上是否满足其企业的相关要求，而这一阶段所采用的评价方法主要有编程标准和测试标准等；在系统运行维护阶段评价的目的是对系统进行全面综合的评价，主要采用的评价方法为成本—效益分析法。

10.4.2　电子商务系统评价的特点

电子商务系统的评价通常具有以下4个特点。

①电子商务系统一般初期投入较大，而系统发挥作用又需要一定时间，具有明显的滞后效应。因此在评价电子商务系统时要考虑其长远利益。

②电子商务系统既可以产生直接利益，又可以产生间接利益；既可以产生有形利益，又可以产生无形利益。因此在评价电子商务系统时要考虑其管理效益、战略利益等。

③电子商务系统对企业运营的各个环节都有影响，甚至可能对企业的生存发展产生根本性的影响。因此在评价电子商务系统时要综合考虑其对企业各方面的影响。

④电子商务信息的功能主要是面向企业外部。因此在评价电子商务系统时也要从客户和供应商的角度进行。这是电子商务系统与传统信息系统在进行成功评价时的重要差别。

10.4.3　电子商务系统评价的类型

电子商务系统评价按照系统评价的时间和系统所处的阶段可从总体上将广义的电子商务系统评价分为立项评价、中期评价和结项评价3种评价类型。

1. 立项评价

立项评价是指电子商务系统方案在系统开发前的预评价，即系统规划阶段的可行性研究。其评价的目的是确定该项目是否具有开发的必要性，评价的内容是分析开发该系统的条件是否具备，明确该系统目标实现的重要性和可能性。但由于立项评价时所选择的参数大多是不确定的，所以评价的结论具有一定的风险性。

2. 中期评价

中期评价主要分为两种情况：一种是正常的阶段性的评价，即在电子商务系统正常开发的情况下，对电子商务系统的系统分析、系统设计、系统实施的阶段性成果进行评价；另一种是指在项目立项并实施的过程中，由于外界因素出现变化，对该项目产生较大的影响，使企业不得不对该项目进行重新评价以判定是否要继续运行。

3. 结项评价

结项评价是指在系统投入运营后，为了测试电子商务系统是否达到预期的目的和要求而对系统运行的实际效果进行综合评价。结项评价的主要内容包括系统性能评价、系统的经济效益评价以及企业管理效率提高、管理水平改善、管理人员劳动强度减轻等间接效果评价。通过结项评价，用户可以了解系统的质量和效果，检查系统是否达到预期的目标和要求。

10.4.4　电子商务系统评价的内容

对电子商务系统的评价是一个多方面、多种因素的综合过程。目前，电子商务系统评价的内容主要分为技术评价和应用效果评价。也就是说，电子商务系统的应用企业在对电子商务系统进行评价时不仅要对其技术进行评价，还要综合考虑其他方面的因素，特别是该系统的应用效果是否达到预期的要求。

1. 技术评价

所谓技术评价主要是指企业对系统性能的评价，是对电子商务系统最基本的评价。评价的内容包括对系统的硬件和软件的评价，此外还要关注系统的运行与维护情况，其目的是评价系统的实际效能，为系统的进一步改进或更新提供决策依据。技术评价通常包括系统安全性评价和系统可靠性评价。

（1）系统安全性评价

安全性主要包括资产安全性和数据安全性两个因素。考察资产安全性主要是看资产是否有被非法使用的可能性或是否已被非法使用过，并确定其可能发生或已经发生的损失程度；考察数据安全性主要是看数据是否可能发生或已经被非法使用，并确定可能造成的损失程度。

（2）系统可靠性评价

可靠性是指系统在规定的时间内正常运行的概率，即评价系统维持其功能和性能水平的能力。电子商务系统的可靠性可以分为硬件可靠性和软件可靠性。

2. 应用效果评价

应用效果评价主要是指电子商务系统投入运营后，对给企业带来的经济效益及社会效益进行评价。

电子商务系统给企业带来的经济效益不仅包含系统所产生的直接经济效益，还包含系统所带来的间接经济效益。此评价能够反映电子商务系统对企业经济效益的贡献。电子商务系统的经济效益评价主要通过费用效益分析来实现，通常指的是对企业流动资产比率、流动资产周转率、企业营业周期或资金周转时间、存货周转时间、企业资产负债率、销售净利率和资产净利率等方面进行分析。

由于电子商务系统不仅是企业的电子经营平台，还是企业与客户、供应商、合作伙伴交流的窗口及企业文化的体现，因此电子商务系统应用效果的评价还包括反映电子商务系统为企业带来的社会影响的社会效益评价。社会效益评价主要反映的是社会及企业用户使用并接受系统的情况，主要包括系统的注册量、点击率、访问量、客户忠诚度、实际访问量、日均访问客流量、服务质量统计分析、日人均浏览时间等。

10.4.5 电子商务系统评价指标构建的原则

电子商务系统是一个复杂的信息系统，作为一个信息系统，它既有一般系统的共性，又有其特别之处。在对其进行评价时，不但要遵循一般系统的评价原则，还要着重考虑企业电子商务系统的本质特性。要对电子商务系统进行正确的评价，通常需要遵循全面性、科学性、可操作性、指导性和独立性等原则。

1. 全面性原则

电子商务作为一种商业模式，是一个复杂的、各个方面相互联系的整体。电子商务系统是一个完整的人机系统，需要系统各组成部分协调工作才能发挥作用。电子商务系统评价的指标体系应能全面地反映所评价的电子商务系统的综合情况。因此，在选择评价指标时，既要考虑正效益指标，又要考虑负效益指标，只有考虑了这些全方位的指标才能保证评价内容的全面性。

2. 科学性原则

电子商务系统的评价指标体系应能准确、真实、客观地反映电子商务系统的实际运行情况。因此，在构建评价指标体系时应注意结构合理、层次分明、概念清晰，而层次的划分和指标的数量则应根据实际情况而定，并非越多越好。

3. 可操作原则

在设计电子商务系统评价指标时，必须考虑获取数据的难易度。评价指标必须明确，数据资料应尽量容易收集且计算简单，以保证后期对系统中的数据进行处理的可行性。

4. 指导性原则

电子商务系统的评价指标不仅要能科学评价电子商务系统的运行状况，更重要的是要通过评价指出系统的薄弱环节，以达到给电子商务企业发展给予指导的目的。

5. 独立性原则

电子商务系统的评价指标之间应尽可能避免显而易见的包含关系，对那些隐含的相关关系，应采用适当的方法加以消除。

企业的电子商务系统既是企业赖以进行商务运作的系统平台，又是企业的管理系统；既为企业的商务活动服务，又为企业的管理活动服务。因此，在对电子商务系统进行评价时应着重考察其对企业商务活动和管理活动的影响。

10.4.6 电子商务系统评价指标的选择

对电子商务系统进行评价是很复杂的，其评价指标的选择既要准确反映系统运行的实际情况又要具有可操作性。下面是一些常用的评价指标，不同企业可以根据具体情况构建适宜自己的评价指标体系。

1. 电子商务总体环境评价

要评价某企业的电子商务系统，首先应了解其所处的国内外政治、经济环境，有利的环境可以推动电子商务的发展，反之则会阻碍其发展。对电子商务的总体环境评价应考虑以下两方面的因素。

（1）国内外经济环境

经济环境对企业的市场需求具有显著的影响，进而影响企业的价值。可以用全球经济增长率、主要贸易对象国家经济增长率和本国经济增长率指标来衡量。

（2）国家经济监管政策

国家对于经济的监督管理政策直接或间接影响国家资源、市场和价值的导向，从而影响电子商务应用企业的价值。这是一个定性的指标，主要观察政府制定的经济监管政策对电子商务企业发展的有利程度。

2. 电子商务企业内部评价

电子商务企业内部评价要考虑以下两个指标。

（1）财务指标

电子商务企业的财务指标是指电子商务企业的收入模型。财务指标具有一定可比性、可度量性，使行业内部的比较、历史数据的比较成为可能，使信息使用者在判定电子商务系统应用效果时有客观凭据。财务指标通常包括投资收益率、投资回收期、销售收入增长率、电子商务收入所占比重、销售利润率、总资产周转率、毛利率、成本费用利润率、应收账款周转率、应收账款增长率等。财务指标大多以会计数据为基础，这样，会计数据所反映的企业的某些经营活动的变化，如应用电子商务系统等均会带入财务指标中；大多数财务指标都能确切反映企业历史和现在的经营情况。

（2）非财务指标

由于环境的不确定性，使单纯的财务指标评价难以涵盖应用电子商务企业经营的各个方面，而非财务指标恰恰可以弥补财务指标的这些缺陷。非财务指标通常包括 R&D 能力、市场占有率、供应链效率、与合作伙伴协调的能力、员工的培训、员工稳定性、公司价值理念、订单的处理效率等。其中，R&D 能力是衡量一个公司总体技术能力的指标。现代科学技术已经成为利益产生的重要推动力量，电子商务企业必须改进技术能力，从事研究与开发才能在行业竞争中取得有利地位。R&D 能力包括 3 个评价指标：R&D 费用、技术创新、产品创新。市场占有率、供应链效率、与合作伙伴协调的能力都可以反映出企业当前的经营状况以及预示以后的发展能力。

3. 电子商务交易过程评价

电子商务交易过程的评价主要包括以下 4 个方面。

（1）电子支付体系完善程度

电子支付处于整个电子商务复杂价值链的中间环节，和上游、下游进行相关交易与相关合作，电子支付体系对电子商务的发展起到决定性的作用。电子支付体系完善程度可以衡量电子商务企业的资金流效率，电子支付系统的完善程度是衡量一个电子商务系统应用效果的重要方面。电子支付体系完善程度可以以支付系统的安全度、可靠度、便捷度以及成本来衡量。

（2）物流配送能力

物流是电子商务四大关键问题（即信息流、资金流、物流及安全性）之一。在电子商务中，数字化产品的物流可以通过网络完成，但对于有形的产品物流通常不是一个企业可以独立解决的，必须依靠第三方物流企业来实现。物流的配送能力所涉及的指标有安全性、成本、效率以及服务质量。

（3）电子商务风险评估

尽管电子商务的发展前景很好，但是仍然存在着一定的风险性，因此在评价一个电子商务系统的时候还需要对其风险性进行评估。衡量电子商务系统风险维度的指标有信息系统的安全性、法律保障体系的健全程度、社会信用体系的完善程度等。

（4）用户满意度评估

通常，电子商务系统研究者和实践者会将用户满意度作为衡量电子商务系统的评价指标。衡量电子商务系统用户满意度应考虑的指标有产品个性化程度、用户对整个交易过程的满意度、忠诚度及接受度等。

10.4.7　电子商务系统的评价方法

电子商务系统的评价和其他系统的评价一样，是一件非常难以具体化的工作。其评价方法众多，如层次分析法、投入产出法、平衡计分卡、Delphi 法、综合评价法、经济效益评价法等，其中使用较多的是层次分析法、综合评价法、经济效益评价法。下面对这 3 种方法分别进行介绍。

1. 层次分析法

所谓层次分析法，是指将一个复杂的多目标决策问题作为一个系统，将目标分解为多个目标或准则，进而分解为多指标（或准则、约束）的若干层次，通过定性指标模糊量化方法算出层次单排序（权数）和总排序，以作为目标（多指标）、多方案优化决策的系统方法。

评价电子商务系统可以从以下 6 个层次来分析。

（1）功能性

大部分企业评价电子商务系统的主要指标都是系统的功能性。为满足企业用户多样化的需求，电子商务系统的功能必须尽可能齐全。

（2）安全性

安全性跟企业电子商务系统所在的服务器关系更大一点，但系统还需要具备一些基本的防御措施，如代码的严密性，是否采用安全协议传输、交易数据以及安全套接层等。

（3）兼容性

电子商务系统必须考虑到所有潜在用户客户端的配置。一个优秀的电子商务系统与主流浏览器及各种操作系统都应当兼容。

（4）性能

电子商务系统的反应速度必须在用户可接收到的响应时间内。这里的性能主要指数据库的性能、页面代码大小、能否生成静态页、数据库设计是否合理、页面总体积大小等。

（5）可扩展性

由于用户的需求并不是一成不变的，功能的可扩展性是满足用户不同需求的前提。

（6）可用性

电子商务系统的界面必须有逻辑性、可访问性、直观性。系统应该让用户的访问便捷且高效，使每个访问系统的用户都能理解和使用该系统。

2. 综合评价法

运用多个指标对多个参评单位进行评价的方法，称为多变量综合评价法，简称综合评价法。其基本思想是将多个指标转化为一个能够反映综合情况的指标来进行评价。

（1）特点

综合评价法的特点表现为以下 3 点。

①评价过程不是逐个指标按顺序完成的，而是通过一些特殊方法将多个指标的评价同时完成。

②在综合评价过程中，一般要根据指标的重要性进行加权处理。

③评价结果不再是具有具体含义的统计指标，而是以指数或分值表示参评单位综合状况的排序。

（2）要素

构成综合评价的要素主要包括以下 5 点。

①评价者。评价者可以是某个人或某团体。对电子商务系统进行评价的评价者通常是采用电子商务应用的企业。

②被评价对象。被评价对象可以从技术水平、生活质量、小康水平、社会发展、环境质量、竞争能力、综合国力、绩效考评等方面进行选择。在电子商务系统评价中，企业所使用的电子商务系统就是被评价对象。

③评价指标。评价指标体系是从多个视角和层次反映特定评价客体数量规模与数量水平的。企业在进行电子商务系统评价时应根据企业自身的情况选择恰当的评价指标。

④权重系数。相对于某种评价目的来说，评价指标相对重要性是不同的。权重系数确定的合理与否会直接关系到综合评价结果的可信程度。

⑤综合评价模型。所谓多指标综合评价，就是指通过一定的数学模型将多个评价指标值"合成"为一个能够反映最终评价结果的整体综合评价值。

（3）步骤

采用综合评价法对电子商务系统进行评价，通常需要完成以下 5 个步骤。

①确定综合评价指标体系，这是综合评价的基础和依据。

②收集数据，并对不同计量单位的指标数据进行同度量处理。

③确定综合评价指标体系中各指标的权重系数，以保证评价的科学性。

④对经过处理后的指标进行汇总计算，从而得出综合评价指数或综合评价分值。

⑤根据综合评价指数或综合评价分值对参评单位进行排序，并由此得出结论。

3. 经济效益评价法

企业应用电子商务系统的目的是提高经济效益。因此经济效益评价是系统评价的主要内容。系统评价是通过费用与效益的分析实现的。费用是指在系统的整个生命周期中由全部开支构成的成本；效益是指通过系统的运行所带来的费用的减少或收入的增加。

（1）系统投资成本

电子商务是一个非常复杂的社会系统，它的开发、使用、维护和管理过程，需要投入大量的人、财、物资源，需要各种软、硬件支持，这一切就构成了系统的成本。具体包括以下 3 种成本。

①系统开发成本：主要是指软、硬件及开发工具的采购费用，机房工程设施的改造、通信线路的建设等成本开支项目，此外，还有系统调研与分析费用，电子商务应用软件的购置费用和开发设计费用，数据采集费用，开发人员、应用人员的培训费用，系统试运行费用等。

②系统运行成本：主要是指人员的工资费用、通信费用、提供电子支付所需的费用、电费、域名注册费、数据信息的收集和组织管理费用、技术资料费用、固定资产折旧费等。

③系统维护与管理成本：主要是指系统软、硬件的维护成本，出错处理费用，系统改善更新所产生的费用，系统管理费用等。

（2）系统效益

系统效益是指企业在运行电子商务后所产生的增收和节支的总额，主要反映在采购成本降低、库存积压减少、单证处理成本降低、管理费用减少、资金周转加快、占用额减少、销售利润增加等所产生的利益，通过向系统外部提供信息产品或服务所获得的利益，以及系统开展其他经营活动而获得的利益。

本章小结 ▶▶ ▶

    本章重点介绍了电子商务系统在日常运行过程中所需要进行的日常管理和维护。系统维护工作主要分为系统管理、系统维护和系统评价 3 个方面。系统管理是对系统日常运行情况进行记录和控制，保证系统在运行过程中实体和信息的安全性。系统维护是对系统进行完善、修改及更新，以清除系统运行中发生的故障和错误。系统评价是采用某一种方法，使用相应的指标对系统运行的结果进行评价，为将来系统的完善以及决策提供依据。

思考与练习 ▶▶ ▶

一、填空题

1. 电子商务系统的管理可以从_____管理、_____管理以及_____管理着手。

2. 广义的电子商务系统评价分为_____、_____和_____ 3 种评价类型。

3. 电子商务系统运行维护工作的内容繁杂，归纳起来主要包括_____维护、_____维护、_____维护和_____维护。

4. 在系统设计阶段中，技术文档主要包括_____、_____、_____和_____。

5. 在系统规划阶段中，管理文档包括_____、_____和_____。

6. 数据维护工作通常由_____来负责完成，主要可以确保数据库数据的_____和安全性，并可对发生的事物进行并发控制。

二、简答题

1. 电子商务系统的投资成本包括哪些方面？

2. 简述层次分析法的基本原理。

第 11 章　案例——在线购物网站的设计与实现

学习目标

- 熟练掌握电子商务网站的规划与设计。
- 熟悉系统体系结构设计。
- 掌握系统功能模块设计。
- 熟练掌握系统数据库设计。

知识导入

在线购物网站就是提供网络购物的站点，使人们足不出户即可购买到所喜欢的商品。本章以一个在线购物网站的构建过程为例，描述如何将本书所介绍的知识应用于实际项目中，主要包括系统规划、系统分析、系统设计、系统实现和系统测试。

案例导入

当当网是一家综合性网上购物中心，致力于为消费者提供更多选择、更低价格、更为便捷的一站式购物体验，包括服装、鞋包、图书、家居等众多品类，支持全网比价、货到付款、上门退换货。

（编者整理，资料来源：http：//www.wm23.com/wiki/129135.htm）

思考：当当网是著名的电子商务网站之一，它的成功之处是什么？

11.1　电子商务网站开发流程

优秀的电子商务网站的开发需要有一个好的开发流程，通常遵循以下流程：网站规划、网站设计、网站开发、网站发布和网站维护，此流程不是一个简单的单向流动，而是一个循环的过程，如图 11-1 所示。

图 11-1　网站开发流程

11.1.1　网站规划

网站规划也称为网站策划，是指在网站建设前对市场进行分析，确定网站的目的和功能，并根据需要对网站建设中的技术、内容、费用、测试、维护等进行规划。网站规划对网站建设起到计划和指导的作用，对网站的内容和维护起到定位作用。一般而言，网站规划包括以下 4 个方面。

1. 确定网站主题

网站的主题也就是网站的题材和所要表达的中心思想，在我们制作网站之前就要确定好网站的主题。网站的主题可以很大众，也可以抓住某一块小众市场，前提是不能违反互联网的法律法规。网站主题要从自己的产品和自己的兴趣出发，因为后期网站上面的所有的内容都是围绕网站主题来展开的。

2. 需求分析

不同的客户群体对于一个网站可能有不同的需求，这种需要是建设网站的基础。确定网站的需求分析一般以用户体验的角度去看问题，分析潜在的用户目标，了解用户的需求是什么，了解用户想要从网站得到什么信息等。

3. 确定网站的风格

网站的整体风格主要取决于网站标志、色彩、文字是否与网站功能相协调，是否站在用户角度，满足用户需求。其中色彩是建立网站形象的要素之一，掌握色彩搭配原理，在网页设计前对网站的风格进行定位。色彩搭配原理有以下 4 个特征。

（1）色彩的鲜明性

网站的页面色彩鲜艳会更加吸人眼球，相反，如果其采用的颜色较为单一或者色彩比较暗沉，则"吸睛"效果会没那么良好。

（2）色彩的独特性

尽量采用别具一格的色彩，避免千篇一律，让自己的网站形象脱颖而出。

（3）色彩的合适性

网站建设时便要考虑色彩与表达内容相协调，如儿童产品站点的色彩应该斑斓缤纷；女性站点的色彩就可以相对柔和一些。

（4）色彩的联想性

不同色彩也代表着不同氛围效果，要根据不同色彩的表达效果来决定网站的整体基调，如红色通常代表热情奔放、黑色通常代表神秘等。

4．网站技术问题

在制作网页之前还必须考虑网络速度的问题。影响页面显示速度的最主要因素就是图像的大小和数量，要想提升页面显示的速度，最有效的办法就是减少页面中图像的大小和数量。

11.1.2　网站设计

网站设计要能充分吸引访问者的注意力，让访问者产生视觉上的愉悦感。因此，在网页制作的时候就必须将网站的整体设计与网页设计的相关原理紧密结合起来。网站设计是将策划案中的内容、网站的主题模式，以及结合自己的认识通过艺术的手法表现出来；而网页制作通常就是将网页设计师所设计出来的设计稿，按照规范用 HTML 制作成网页格式。

11.1.3　网站开发

网站开发是网页设计的最重要阶段，前期的规划和设计都是为网站开发服务的，需要将收集的资料进行整理后合理地布局，添加需要用到的元素。在网页制作开发阶段常常需要为网页添加交互性，以便更好地吸引用户并为用户提供更好的服务。网站开发是指制作一些专业性强的网站，如动态网页、ASP、PHP、JSP 网页。而且网站开发一般是原创，可以用别人的模板。网站开发字面意思比网站制作有更深层次的进步，它不仅仅是网站美工和内容，也可能涉及域名注册查询、网站功能的开发。对于较大的组织和企业，网站开发团队可以由数百人（Web 开发者）组成。规模较小的企业可能只需要一个网站管理员。

11.1.4　网站发布

网站制作完成后，需要将自己的网站进行发布，但是在发布网站之前必须先进行网站的测试。

①在测试网站时，除了需要对所有影响页面显示的细节元素进行测试外，关键是要检测页面中的链接是否能正常跳转，以及文件的路径是否显示正常。

②网站测试完成后，如果测试都正常了，那么就可以将网页发布到 Internet 上，可以让所有的用户进行浏览。

11.1.5　网站维护

网站维护即更新网站的信息，从用户的角度进一步完善网站信息，这就又跳转到网站开发的第一步：网站规划。

网站维护包括网站策划、网页设计、网站推广、网站评估、网站运营、网站整体优化。网站建设的目的是通过网站达到开展网上营销、实现电子商务的目的。网站建设首先由网络营销顾问提出低成本回报的网络营销策划方案。通过洞悉项目目标客群的网络营销策略，引发、借力企业与网民，以至网民与网民之间的互动，使企业以最小的营销投入，超越竞争对手，获得更高效的市场回报。网站前期策划作为网络营销的起点，规划的严谨性、实用性将直接影响企业网络营销目标的实现。网站建设商以客户需求和网络营销为导向，结合自身的专业策划经验，协助不同类型企业，在满足企业不同阶段的战略目标和战术要求的基础上，为企业制订阶段性的网站规划方案。

11.2 系统规划

系统规划可以从系统开发背景、系统开发意义、市场分析、系统基本模式和可行性分析5个方面进行具体阐述。

11.2.1 系统开发背景

在线购物网站是在电子商务模式不断发展和进步中自然而然生成的一种商务模式。近年来随着科学技术的不断发展和互联网技术的飞速进步，电子商务也逐渐渗透进我们生活中的每个方面。

电子商务这一新的商务模式已得到人们的普遍关注和高度重视。作为电子商务的表现形式，网络购物的热潮随着电子商务的发展而逐渐掀起波澜。随着国内第一笔 Internet 上电子商务订单在 1998 年成功交易，人们越来越熟悉网络购物这种新的购物模式，而且越来越离不开它。互联网作为纽带把买家和卖家、厂商和合作伙伴联系在一起，消除了时间和空间带来的限制，改变了人们对购物的认识及购物习惯与方式。

这种新的购物方式给以往的传统商业模式带来了巨大的挑战和冲击，而且还带来了经济方式的变革，使人们在任何地方动动手指就可以完成购物。越来越多的商家依托互联网建立网上商城，随着时间的推移，网络市场必将成为世界上最大的交易市场。越来越多的商家和企业意识到互联网交易带来的众多好处和优点，建立更多、更先进的购物网站是经济与信息技术发展的必然需求。

11.2.2 系统开发意义

一直以来，大多数的销售活动都是面对面的，如店面销售、博览会和上门推销等。类似的销售活动，都会受到时间、地点、环境等方面因素的影响。同时信息的人工管理，也存在很多的弊端。而在线购物网站可以完全解决这种问题。从产品的问世、销售、客户订单的管理等流程完全可以通过信息管理系统操作，它可以提供给用户安全可靠的信息储存以及方便快捷的信息处理方法。

随着互联网的推广并逐渐被大众所接受，网上购物这种新的购物方式开始盛行。无论年龄、性别、身份、地位，越来越多的人迷上了在线购物。

在线购物打破了传统商务模式的阻碍，无论是对消费者还是对企业而言，都有着非常大的吸引力和影响力。伴随着人们衣食住行各方面品质的提升，以及网络的普及和发展，在线购物俨然已经成为一种不可或缺的消费方式。

11.2.3 市场分析

伴随着电子商务的快速发展，用户网络购物的消费习惯已逐步形成。到 2020 年年底，中国网络购物市场的年销售额达到 10.8 万亿元，在社会总销售额的占比达到 21.9%。2021 年，全国网上零售额达 13.1 万亿元，同比增长 14.1%，增速比上年快 3.2 个百分点。

网络购物用户规模日益增长。数据显示，截至 2020 年 12 月，我国网络购物用户规模达 7.82 亿，较 2020 年 3 月增长 7 215 万，占网民整体的 79.1%。据统计，7.82 亿网络购物用户中，手机网络购物用户规模达到 7.81 亿，较 2020 年 3 月增长 7 309 万，占手机网民的 79.2%。

11.2.4 系统基本模式

1. 系统商务模式

在线购物网站的交易双方可以是商家和顾客，也可以是顾客和顾客，还可以是企业之间。因此，该网站的电子商务模式包括 B2C、C2C 和 B2B 模式。

2. 系统盈利方式

在线购物网站就是提供网络购物的站点，主要是为商家、顾客和企业三方提供交易平台，并为一些品牌提供商提供广告发布平台。因此，该网站的主要盈利方式为收取交易平台费和广告费。

11.2.5 可行性分析

在线购物网站的可行性分析主要包括以下 5 个方面的内容。

1. 技术可行性分析

构建电子商务系统所需要的技术和手段已经比较成熟。首先，从计算机硬件的角度来看，CPU 和硬盘运行的速度以及技术指标已经构成不了任何的问题。此外 Internet 的速度也得到了大幅度的提升，网速和带宽也符合要求，所有这些条件都为电子商务系统的投入和使用奠定了坚实的基础。其次，从软件技术条件来看，在线购物网站以 SSM 开发框架（由 Spring、MyBatis 两个开源框架整合而成，常作为数据源较简单的 Web 项目的框架），与 MySQL 数据库配合，能使本系统流畅运行。开发环境为公认最好用的开发工具之一 Eclipse，且项目无缝兼容 idea，采用 Ubuntu 系统+Apache Tomcat 应用服务器，可以保证系统稳定运行。所以构建该在线购物网站在技术上是完全可行的。

2. 经济可行性分析

生产企业或商家通过在线购物网站进行网上销售活动，可以打破时间、地域的限制，让更多的用户通过该在线购物网站进行网上购物，可以为生产企业和卖家赚取更多的利润。

如果在线购物网站运行比较成熟，那么网站的知名度肯定会比较高，网站的访问量也会比较大，各个生产企业或是商家可在网站上发布相关的产品广告，这样的话在线购物网站就可以获得比较多的利润。

3. 社会环境可行性分析

（1）价格低廉

与传统的商场、超市或是农贸市场的经营模式相比，在线购物网站中所有产品的价格都较为低廉，而且可以大幅度地节省相关的租金，节约部分管理费用和员工工资，减少部分产品的损耗等。

（2）物流运输速度快

用户在拍下相关的商品并提交订单之后，商家就会收到该用户的订单信息，就可以通过物流公司或者快递公司派送相关的货物，而现在物流公司、快递公司以及 EMS 等配送货物的速度也越来越迅速，所以并不会让购买者等待太长的时间。

（3）购买的群体庞大

截至 2021 年 5 月，3 家基础电信企业的固定互联网宽带接入用户总数达 5.05 亿户，比 2020 年末净增 2 161 万户。截至 2021 年 5 月，我国 1 000 M 速率以上的固定互联网宽带接入用户总数已经达到了 1 219 万户，其中全国主导运营企业 FTTH 覆盖家庭的平均比例达 90% 以上，部分省份（如北京、上海、广东、江苏等）已经覆盖接近 100% 的家庭，其中以中青年居多，这类人群比较喜欢在网上进行购物，而且网上购物已经开始从 PC 端不断地往移动端渗透，所以在线购物网站必定会成为非常大的目标市场。

4. 运行可行性分析

在线购物网站是由 SSM 框架搭建形成的，基于 B/S 结构，系统对于运行环境的要求并不太高，而且这种模式已经使用了很久，技术比较成熟且很稳定。系统只需要部署在服务器上，而客户端并不需要进行任何部署，只需要安装较高版本的浏览器即可。所以构建该在线购物网站在运行上是完全可行的。

5. 管理可行性分析

该在线购物网站在后台中提供了所有业务流程的管理工作，如系统用户管理、产品管理、用户订单管理、产品销售统计、产品采购管理、产品库存管理、系统财务管理等，从而实现了产品生产企业和卖家的信息化和数字化管理。所以构建该在线购物网站在管理上是切实可行的。

综上所述，构建这个在线购物网站在技术上、经济上、社会环境上、运行上和管理上都是切实可行的，因此决定设计并实现这个基于 SSM 框架的在线购物网站。

11.3　系统分析

电子商务系统分析通常包括需求分析、业务流程分析、数据分析。

11.3.1　需求分析

需求分析是对系统功能需求、性能需求以及网站安全性需求的分析。

1. 系统功能需求

系统功能需求是根据用户确定的。通常电子商务系统的用户为交易双方及交易合作方，分析在线购物网站的主要功能可以得出其用户有客户、商家、交易合作方。通过分析，本系统针对不同的用户需求，将系统分为两个子系统：一个是前台系统，主要的使用者是消费者；另一个是后台管理系统，面向系统管理者和企业用户。对用户进行调查分析得出系统的功能需求，具体如下。

（1）前台功能分析

在线购物网站的前台系统用于与用户进行互动、数据交换，向客户展现所销售商品。客户可以通过多种方式检索商品，如分类查找、按关键词模糊查询，然后通过把商品加入购物车再结算的形式或者直接下单的形式完成基本的购物流程。前台系统各项功能的详细分析列举如下。

①首页：展示导航栏，商品分类等信息。

②产品页：商品的基本属性信息，商品点阵图形，商品周密完备的介绍，用户对商品的评价等。用户登录之后可以选择立即购买或加入购物车这两种操作，未登录进行操作则会弹出登录框。

③商品分类页：展示本分类下的所有商品，可以按条件排序。

④搜索：根据商品名搜索商品。

⑤购物车：展示订单项的详细信息，可以对订单项里的商品数目进行增加或减少、删除订单项或者结算等。

⑥确认订单：提交订单，产生订单数据。

⑦支付：使用国家允许的第三方支付平台进行付款操作。

⑧我的订单：显示所有订单和订单项，可以根据订单状态单击"付款""确认收货"或"评价"按钮。

⑨评价：提交对商品的评价信息。

⑩登录注册：登录和注册都会相应验证。

（2）后台管理功能分析

后台管理系统是指在线购物网站的管理员对网站的各项事务进行管理、控制的模块。管理员可以使用分页查询、增加、删除和修改等基本手段，对产品、产品分类、订单等进行有效管理。后台管理系统各项功能的详细分析列举如下。

①分类管理：分页查询分类，新增分类，修改分类，删除分类等。

②属性管理：分页查询某一分类产品的属性，可以进行新增、更新属性信息的操作。

③产品管理：分页查询产品，新增产品，修改产品，删除产品等。

④产品图片管理：展示产品点阵图形，上传产品单个或详情点阵图形，删除产品点阵图形。

⑤产品属性值设置：修改产品属性值。

⑥用户管理：分类查询用户，不提供删除，修改由用户在前端进行，增加由注册导致。

⑦订单管理：对用户的所有订单进行分页查询，查看订单项信息（订单详情），对未发货的订单进行发货操作等。

2. 系统性能需求

该在线购物网站与目前流行的一些电子商务购物网站相比，具有该交易平台自身的特点。通过对该网站的建设为企业实现了信息化管理，综合建立商品、商铺、新闻、品牌、工作机会，是一个集 B2B、B2C 和 C2C 的网络综合在线销售系统。网站完成的时候在性能上应该达到以下 6 个方面的要求。

（1）快速实现的能力

由于行业竞争日趋激烈，网站所设计的方案应该具有快速实现的能力，以求缩短发展周期，尽快让网站投入实施运作。同时，针对整个企业未来的发展，要方便已有 IT 资源的重复利用和增量发展。

（2）先进性

网站的设计方案将立足于先进的技术，采用最新软件技术水平，提高整个在线购物网站的可重用性、管理性和安全性。

（3）高度的可靠性

网站需要能够提供每天 24 小时，每周 7 天的不间断运作能力，对于网站响应时间要求不超过 10 秒钟，通过条件进行查询的响应时间低于 5 秒钟，网站处理业务的平均响应时间要求控制在 1～3 秒。在并行操作处理能力上要同时允许 100 台以上客户端同时运行，并确保数据的正确和完备性，保证网站在访问高峰期的时候也能够做到正常工作且快速地响应；否则，将可能给广大用户带来不必要的损失，影响用户的信心和公司的业务量。

（4）高度的可扩展能力

随着业务量的不断扩展或者开展的业务种类的日益增长，网站应该能够有极强的扩展能力，以适应新型业务的发展。因此，在硬件系统性能升级与数量扩充、软件功能扩充及延伸方面应有足够的准备。

（5）易维护需求

结合网站的易维护需求，要求网站的结构应有条理并且清晰实现维护系统要求简便，系统能够提供友好的用户界面，同时满足操作便捷等需求。

（6）可管理需求

按照对网站进行管理的功能需求，要求网站的操作过程应简便，同时也能够合理控制其后期维护的费用支出。

3. 网站安全性需求

互联网是一个高度开放的网络平台，用户在网上进行电子商务交易活动，可能会遭受黑客的攻击、各种病毒的侵入，所以，确保在线交易网站的安全性是相当重要的。

首先，网站采取严格的权限管理机制，确保了系统的安全。在权限管理机制上按现有业务功能进行划分，对不同级别的用户给予不同的操作权限。

从网站安全性需求角度考虑，首要任务是要确保行内网络设备的安全，包括交换机、服务器和防火墙等网络设备的安全。需要配置入侵检测系统或防火墙等软、硬件措施对服务器形成保护，以便确保能有效抵御外界的非法入侵。安全性不单单是一种技术上的问题，还会涉及系统管理、相关的法律法规等。

11.3.2　业务流程分析

在线购物网站的前台操作和后台操作是在各自模块中完成的，相对比较独立，但是后台管理可以控制前台的数据信息，而前台操作也会对后台的数据产生影响，两者的数据是交互的。

从买家角度来操作，进入网站注册或登录，浏览商品以及网站内首页公告，如果满意该商品则加入购物车以及结算，随后填写完整订单，选择在线支付或货到付款，最后只要在家等待物流配送即可。

买家简单理解：客户→注册成会员→选择产品→加入购物车→生成订单→结算支付→等待收货。

从卖家的角度操作，需要维护好网页的展示，确保网页浏览的顺畅性，同时还要管理好用户信息资料，及时更新维护好商品信息资料，确保订单资料的精准管理以及物流配送管理。

后台简单理解：维护网站相关信息资料和订单确认→安排发货→收货确认→完成交易。

在线购物网站的具体业务流程如图 11-2 所示。

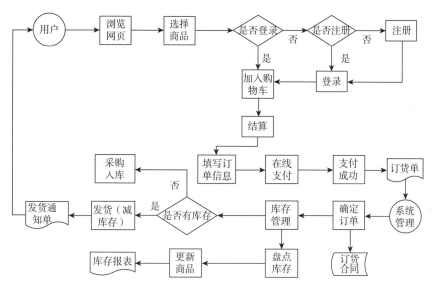

图 11-2　在线购物网站的具体业务流程

11.3.3　数据分析

1. 数据流程图

数据流程图是在业务流程分析的基础上，从科学性、管理体系的合理性、可行性的实际操作角度、信息处理功能和彼此之间的联系，自顶向下、有层次、准确地描述新系统拥有的数据处理、数据输入、数据输出、数据存储和数据来源与去向。

用户登录在线购物网站，选择商品下单且支付成功后，会给网站发送已付款通知单，然后网站把用户支付的相关货款信息传达给网站管理员，经管理员确认后，网站会把订货单发给仓库管理员。仓管管理员接收到订货单后安排发货并把发货通知单反馈给网站，最终由网站发回给用户。在线购物网站顶层数据流程图如图 11-3 所示。

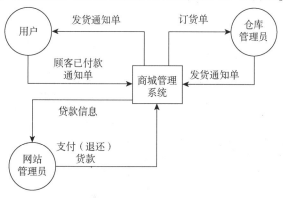

图 11-3　在线购物网站顶层数据流程图

用户下单付款之后，发送已付款通知单给前台，再产生已支付订单信息并传送到后台被管理员确认，期间会生成订单文件，永久保留在网站的数据库之中。后台管理会把发货请求发送给仓库管理员，仓库管理员确认后发送发货通知单给后台管理，最终传达给客户。网站相关数据流动分析清楚，更详细的流动过程在系统底层数据流程图中。

在线购物网站第一层和第二层数据流程图如图11-4、图11-5和图11-6所示。

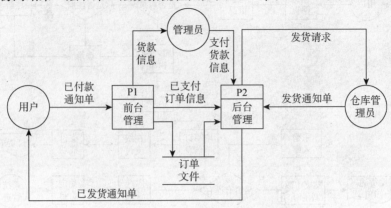

图11-4 在线购物网站第一层数据流程图

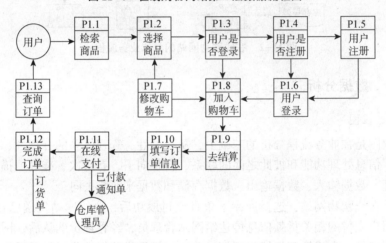

图11-5 在线购物网站第二层数据流程图（1）

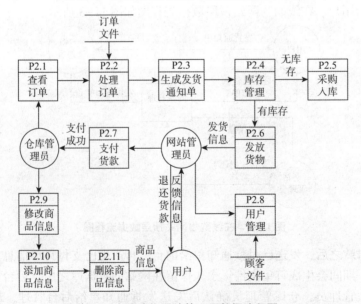

图11-6 在线购物网站第二层数据流程图（2）

2. 数据字典

数据字典用于解释系统最底层数据流程图中较为复杂或不容易被理解的数据处理、数据流、数据存储、数据项以及外部实体，通过对在线购物网站数据流程图中各个元素的分析，确定了对其中以下6个元素进行解释。

（1）数据项

表 11-1 展示的数据项为与用户信息和订单信息相关的基本数据元素。

表 11-1 数据项表

数据项编号	数据项名称	别名	简述	类型及宽度	取值范围
D1-1	用户编号	用户 ID	用户的编号	int(11)	0～11
D1-2	用户名	登录名	用户注册的名称	int(11)	0～11
D1-3	密码	密码	用户注册的密码	varchar(255)	
D2-1	产品编号	产品 ID	产品的编号	int(11)	0～11
D2-2	产品名称	产品名	产品关键词集合	varchar(255)	
D2-3	小标题	小标题	产品常用名	varchar(255)	
D2-4	原始价格	原价	产品标准价格	float	
D2-5	优惠价格	优惠价	产品优惠价格	float	
D2-6	库存	库存	产品在仓库余量	int(11)	0～11
D2-7	分类编号	分类号	产品分类编号	int(11)	0～11
D2-8	产品创建日期	创建日	创建产品的日期	datetime	

（2）数据结构

表 11-2 所示是用户表的数据结构信息，主要包括 3 个基本数据项。表 11-3 展现了订单表的数据结构，主要由 8 个基本数据元素组成。

表 11-2 用户数据结构表

数据结构编号	DS1
数据结构名称	用户表
简述	用户的注册信息
数据结构组成	D1-1+D1-2+D1-3

表 11-3 订单数据结构表

数据结构编号	DS2
数据结构名称	订单表
简述	用户的注册信息
数据结构组成	D2-1～D2-8

（3）数据流

表 11-4 和表 11-5 展示了在线购物网站中比较重要的两个数据流信息，即订货单数据流程和发货单数据流程，表明了订货单和发货单的来源和去向的数据项等信息。

表11-4 订货单数据流表

数据流编号	DF1
数据流名称	订货单
简述	来自客户的订单
数据流来源	网站管理员
数据流去向	仓库管理员
数据流组成	用户信息+订单信息
数据流量	100 份/小时
高峰流量	200 份/小时（晚上 7：00~11：00）

表11-5 发货单数据流表

数据流编号	DF2
数据流名称	发货通知单
简述	来自仓库的发货通知
数据流来源	仓库管理员
数据流去向	网站管理员
数据流组成	用户信息+订单信息
数据流量	100 份/小时
高峰流量	200 份/小时（晚上 7：00~11：00）

（4）处理逻辑

表11-6 和表11-7 分别表示在线购物网站中的两个重要的处理逻辑。表11-6 表示对用户信息的处理过程，表11-7 表示对库存信息的维护处理过程，包含了多个数据流信息。

表11-6 P1 处理逻辑表

处理逻辑编号	P1
处理逻辑名称	检查用户登录信息
简述	根据用户登录情况，决定是否允许购物
输入的数据流	用户信息（可能为空）
处理过程	如果用户信息存在，则允许购物；否则要求登录
输出的数据流	未登录信息，已登录信息
处理频率	10 次/秒

表11-7 P2 处理逻辑表

处理逻辑编号	P2
处理逻辑名称	检查商品库存情况
简述	根据商品编号检查商品余量，决定是否供货
输入的数据流	已确认订单

续表

处理过程	如果库存量大于等于订货量，则供货；否则拒绝供货
输出的数据流	缺货通知单，供货单
处理频率	100 次/小时

（5）数据存储

表 11-8 表示对订单信息进行文件存储，其实就是对订单表这一数据结构的保存。表 11-9 表示对用户表进行数据存储。

表 11-8　F1 数据存储表

数据存储编号	F1
数据存储名称	订单文件
简述	存放用户订单相关信息
数据存储组成	订单信息
关键字	订单
相关联的处理	P2，P3

表 11-9　F2 数据存储表

数据存储编号	F2
数据存储名称	顾客文件
简述	存放顾客信息
数据存储组成	用户信息
关键字	用户
相关联的处理	P4

（6）外部实体

在该在线购物网站中，输入、输出的源头都是用户，因此只有唯一的外部实体，如表 11-10 所示。

表 11-10　外部实体表

外部实体编号	E1
外部实体名称	用户
简述	在本网站的用户
输入的数据流	F2，F3
输出的数据流	F1

11.4　系统设计

电子商务系统设计是对网站运行平台、系统体系结构、系统功能模块和数据库的设计。

11.4.1　网站运行平台设计

网站运行平台主要由网络通信平台，硬件平台和软件平台构成。表 11-11 所示是在线购物网站运行平台的基本配置。

表 11-11　在线购物网站运行平台的基本配置

网络通信平台		主机托管方式
计算机硬件配置	CPU	1.8 GHz 或者以上
	内存	1 G 或者以上
	硬盘占用	初始 1 G 左右（具体视文件总容量的增加而增加）
	显示器	VGA 或者以上（1 024×768 分辨率效果更好）
计算机软件配置	网络操作系统	Windows Server 2019 或者以上
	Web 应用服务器	IIS 7.0 或者以上
	数据库管理系统	MySQL
	开发语言及工具	Java、JSP、Eclipse 4.7

11.4.2　系统体系结构设计

通过对人们进行在线购物相关方面的调查和对现有电商平台的分析，明确网站预期结果。紧接着就对在线购物网站的可行性进行有目的、有步骤的探索，对在线购物网站的开发方案进行挑选取用。在在线购物网站需求分析阶段准确理解用户或其他相关人员对网站的功能、非功能需求，如可靠性等具体需求。

基于 SSM 技术的在线购物网站的工作原理如图 11-7 所示。服务器在主干网上，用户可通过主干网上的 PC 端或者移动应用子网的移动端访问在线购物网站。

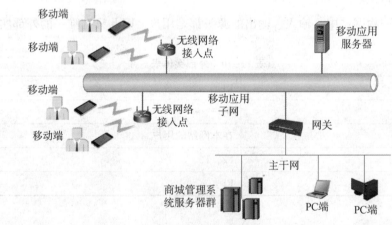

图 11-7　基于 SSM 技术的在线购物网站工作原理

选用开源数据库 MySQL，采用可跨平台的 Java 语言，使用 B/S 结构，为在线购物网站的良好架构打下了足够扎实的技术基础。在线购物网站层次结构如图 11-8 所示，选用 MVC 的架构，使网站具有很好的兼容性，为未来的维护或系统升级做了充分准备。JSP 页面负责系统用户与页面的交互，是系统的表示层。当用户在相关页面操作时，Form 表单或相关链接会将请求传送给 Spring MVC 之中的 Controller 进行相关的处理。Controller 则会调用商城管理系统的 Service 接口，然后进入业务逻辑层。如果 Service 层的实现类被其对应的接口调用，则会调用 DAO 层的 Mapper。DAO 层会对持久化类进行相关操作。持久层主要由 Mybatis 框架持久化类，直接在数据库里面生成数据。

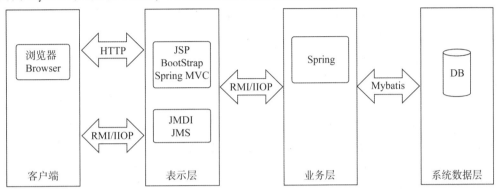

图 11-8　在线购物网站层次结构

11.4.3　系统功能模块设计

在线购物网站是为了满足用户在线购物的需要，根据上一节所介绍的需求分析，可以将在线购物网站分为前台和后台两大功能模块。前台系统是和用户进行交互的，向用户展示商品，销售商品，后台管理系统是和管理员进行交互的，方便网站管理员对商城的信息进行全面、可靠、无差错的管理。在线购物网站的总体功能模块图如图 11-9 所示。

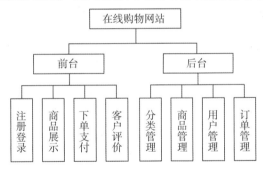

图 11-9　在线购物网站的总体功能模块图

1. 前台模块

前台模块是用户和网站进行一系列交互的操作平台，是向客户展现所销售商品的舞台。通过首页、用户注册和登录、商品展示、下单支付和客户评价 5 个最重要的功能模块向客户提供完善的服务。前台系统的功能模块图如图 11-10 所示。

（1）首页

首页最主要的功能就是向客户展示商品，前台的其他模块均和首页直接相关。在首页可以单击进入某一商品分类，然后进行搜索或按人气、新品、销量、价格等条件进行排序。同样也可以在首页中直接输入关键词对商品进行搜索，然后在搜索结果中单击进入某一款商品的详情。

（2）用户注册和登录模块

没有注册的用户只能以游客的身份浏览网站的部分页面，用户只有注册成为网站会员，并登录成功之后才能进行把商品加入购物车、下单购买商品等操作。会员信息方便网站对各项数据进行统计分析，进行精准营销，对注册用户进行促销打折等。

（3）商品展示模块

首页等地方只展示了商品的粗略信息，单击进入商品详情页面可以展示商品的各方面详情。

（4）下单支付模块

该模块的主要功能是用户日常使用的服务和页面，主要有订单列表、订单详情、在线下单等，还包括为公共业务模块提供的多维度订单数据服务等。用户看中某款产品后直接下单或者在购物车结算都能生产订单，在"我的订单"部分能查看用户名下的所有订单，并进行付款、确认收货、评价等相关操作。

（5）客户评价模块

客户评论是电商网站交互设计中的重要模块之一，用户体验的好坏将直接影响产品的销售数量，乃至整站的访问量。网上购物，我们只能看到一张张商品图片和描述，对于产品的优劣无法准确判断。因此，已购买者的评论对于我们是否购买该商品，有很大的影响。

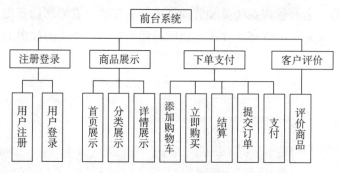

图 11-10　前台系统功能模块图

2. 后台模块

后台管理功能模块是管理员维护整个在线购物网站的管理模块，可以实现分类管理、产品管理、产品图片管理、订单管理、用户管理，能够实现产品的增加、修改、删除、常规查询、分页查询、条件查询、排序等功能的操作。后台系统的功能模块图如图 11-11 所示，所有相关的操作都由网站管理员进行。每个模块实现的功能大抵都是相似的，唯有几个例外。产品图片不可以直接修改，必须删除之后再重新增加；管理员还可以修改产品属性值。由于用户的信息非常重要，后台模块不提供删除修改的功能，而是由用户自己完成，在前台的用户注册功能中可以在线购物，增加新用户的功能。

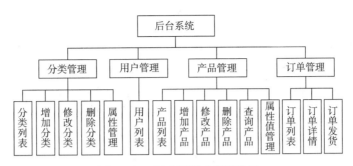

图 11-11　后台系统功能模块图

11.4.4　数据库设计

数据库是在线购物网站中最重要的组成部分之一，该网站所需要的全部数据都来自数据库。当今绝大多数 Web 系统的数据都是存储在关系型数据库当中，针对不同的应用都需要进行专门分析并设计出相应的实体关系模型，进而依照实体关系模型对数据库进行详尽而细致的逻辑分析和物理设计，以求建立良好的数据库存储结构，从而能够在实现数据存储的前提下为以后的功能扩展提供可能性。根据需求分析阶段对用户具体需求进行深入的调查和研究而得到的分析结果，确定数据库中需要存储的数据信息，并为由用户需求评估可能在将来的扩展提供可能性，综合上述所有因素建立数据库存储模型。

1. 数据库概念设计

概念设计包括实体和联系两种类型。通过前面对系统的分析，得到完成在线购物网站功能所需的一系列数据库实体，包括（系统注册）、（商品）分类、（用户对商品的）评价、订单、商品。由此可以得出各个实体-属性图，进一步可得到系统的 E-R 图，如图 11-12 所示。

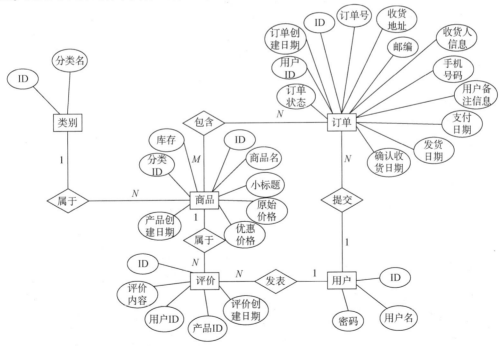

图 11-12　系统 E-R 图

2. 数据表设计

系统 E-R 图为数据库的概念结构，物理结构需要用数据表来体现。数据表中包含字段名称、代码、数据类型、是否允许为空以及是否为主键这些信息，更为具体地体现系统中的数据信息。数据表的设计是数据库设计的核心内容。这里使用 MySQL 数据库，根据上一节对系统分析得出的概念模型来设计表格，表示为数据库中的一个表。本系统主要包括记录商品、用户、订单信息的多个表格，而这也是考虑到一个完整网站中都是由许许多多的数据库表组成的，如果要全部列出，则很难实现，所以选择几个最重要的库表来对本系统的数据库表设计进行初步了解，如下选取 9 张数据库表进行介绍。

（1）用户表（User）

用户表存储用户注册的基本信息，包括用户编号、用户名、密码等详细信息。当用户登录平台时，程序会根据该表中有没有含有用户名以及用户名和密码是否匹配去判断它的登录状态。用户表的详细设计如表 11-12 所示。

表 11-12　用户表

字段	中文描述	数据类型（宽度）	空否	备注
id	用户编号	int(11)	N	主键
name	用户名	varchar(255)	Y	
password	密码	varchar(255)	Y	

（2）分类表（Category）

分类表用来储存分类的名称和编号，包括分类编号、分类名等详细信息。分类表的详细设计如表 11-13 所示。

表 11-13　分类表

字段	中文描述	数据类型（宽度）	空否	备注
id	分类编号	int(11)	N	主键
name	分类名	varchar(255)	Y	

（3）属性表（Property）

属性表用来存放某个分类的产品拥有的属性信息，包括属性编号、分类编号、属性名等详细信息。属性表的详细设计如表 11-14 所示。

表 11-14　属性表

字段	中文描述	数据类型（宽度）	空否	备注
id	属性编号	int(11)	N	主键
cid	分类编号	int(11)	Y	外键
name	属性名	varchar(255)	Y	

（4）产品表（Product）

产品表用来存放一款产品的各项信息，包括产品编号、产品名称、小标题、原始价格、促销价格、销量、库存等详细信息。产品表的详细设计如表 11-15 所示。

表 11-15　产品表

字段	中文描述	数据类型（宽度）	空否	备注
id	产品编号	int(11)	N	主键
name	产品名称	varchar(255)	Y	
subTitle	小标题	varchar(255)	Y	
originalPrice	原始价格	float	Y	
promotePrice	促销价格	float	Y	
stock	库存	int(11)	Y	
cid	分类编号	int(11)	Y	外键
createDate	产品创建日期	datetime	Y	

（5）属性值表（Property Value）

属性值表用来置放某一款独立产品的属性相对应的属性值，包括属性值编号、产品编号、属性编号、属性值等详细信息。属性值表的详细设计如表 11-16 所示。

表 11-16　属性值表

字段	中文描述	数据类型（宽度）	空否	备注
id	属性值编号	int(11)	N	主键
pid	产品编号	int(11)	Y	外键
ptid	属性编号	int(11)	Y	外键
value	属性值	varchar(255)	Y	

（6）产品图片表（Product Image）

产品图片表用来存放产品图片的信息，包括产品图片编号、产品编号、图片类型等详细信息。产品图片表的详细设计如表 11-17 所示。

表 11-17　产品图片表

字段	中文描述	数据类型（宽度）	空否	备注
id	产品图片编号	int(11)	N	主键
pid	产品编号	int(11)	Y	外键
type	图片类型	varchar(255)	Y	

（7）评价表（Review）

评价表存放的是商城用户在购买到商品之后，对商品进行评价的信息，包括产品编号、评价内容、用户编号、产品编号、评价创建日期等详细信息。评价表的详细设计如表 11-18 所示。

表 11-18　评价表

字段	中文描述	数据类型（宽度）	空否	备注
id	产品编号	int(11)	N	主键
content	评价内容	varchar(4 000)	Y	

字段	中文描述	数据类型（宽度）	空否	备注
uid	用户编号	int(11)	Y	外键
pid	产品编号	int(11)	Y	外键
createDate	评价创建日期	datetime	Y	

（8）订单表（Order）

订单表存放的是商城的注册用户在系统中下单后填写或产生的订单信息，包括订单编号、订单号、收货地址、邮编、收货人信息、手机号码、用户备注信息、订单创建日期、支付日期、发货日期、确认收货日期、用户编号、订单状态等详细信息。订单表的详细设计如表 11-19 所示。

表 11-19 订单表

字段	中文描述	数据类型（宽度）	空否	备注
id	订单编号	int(11)	N	主键
orderCode	订单号	varchar(255)	Y	
address	收货地址	varchar(255)	Y	
post	邮编	varchar(255)	Y	
receiver	收货人信息	varchar(255)	Y	
mobile	手机号码	varchar(255)	Y	
userMessage	用户备注信息	varchar(255)	Y	
createDate	订单创建日期	datetime	Y	
payDate	支付日期	datetime	Y	
deliveryDate	发货日期	datetime	Y	
confirmDate	确认收货日期	datetime	Y	
uid	用户编号	int(11)	Y	外键
status	订单状态	varchar(255)	Y	

（9）订单项表（Orderitem）

订单项表存放的是订单的每一项信息，包括订单项编号、产品编号、订单编号、用户编号、购买数量等详细信息。订单项表的详细设计如表 11-20 所示。

表 11-20 订单项表

字段	中文描述	数据类型（宽度）	空否	备注
id	订单项编号	int(11)	N	主键
pid	产品编号	int(11)	Y	外键
oid	订单编号	int(11)	Y	外键
uid	用户编号	int(11)	Y	外键
number	购买数量	int(11)	Y	

11.5 系统实现

系统实现的九大功能模块具体如下。

11.5.1 系统首页

在线购物网站首页是用户打开系统之后首先看到的内容，是一个系统的门面。成功的首页设计通常能够在用户浏览网站的同时令人心情舒畅，有吸引用户的点，使用户产生兴趣想要对网站的其他内容进行深入了解。本网站在保证信息充足、功能强大之外还会让人有赏心悦目的感觉，实用性和客观性兼备，让消费者有购买的欲望。本网站首页的运行效果如图 11-13 所示。

打开购物网站首页，中间左侧是网站出售商品的分类列表，详细地展示了 10 多种商品分类；中间右侧轮播的大图足以对用户造成视觉冲击，是最好的流量入口；头部是搜索框，可以按商品名对商品进行模糊搜索；顶部则是一些快捷按钮，如"我的订单""免费注册""请登录"等；底部则按分类展示了一些商品，最底部还有一些网站相关的信息，由于篇幅限制，截图不完整。

图 11-13 在线购物网站首页

11.5.2 用户注册与登录模块

所有网民都可以使用浏览器访问本在线购物网站的前台页面，未登录用户只有浏览部分页面的权限。对于用户注册页面的设置，其功能主要是为了实现新用户的注册。如果用户能够根据提示填入正确的信息并且注册成功，系统就会自动把该用户的信息存储到数据库内；反之将弹出错误提示的对话框，辅助用户对信息进行修正。该功能并没有设立专门的页面，而是采用了弹出窗口，用户在在线购物网站的首页上，只要单击左上角的"免费注册"按钮就会跳转到注册页面，如图 11-14 所示。

图 11-14 用户注册界面

　　用户登录页面的设置，其功能主要是提供一个已注册用户进入本网站的途径，也就是接收窗口，通过该页面来判断用户的账号和密码是否匹配，并维护该用户在本网站中的一些详细信息等。用户登录界面如图 11-15 所示，用户填入登录账号和登录密码后，单击"登录"按钮即可实现登录。

图 11-15 用户登录界面

11.5.3 商品展示模块

商品展示模块是重要的前台模块，主要是供用户搜索和浏览商品，这个模块设计的好坏关系着用户的体验，所以我们往往需要站在用户的角度上，分析用户的上网习惯和偏好以及对不同的目标客户设计独具特色的界面风格和布局，此外搜索的功能也要精细和迅速。这个功能和首页的搜索类似，可以依据多种条件，如新品、人气，对商品进行排序。商品展示界面如图 11-16 所示。

图 11-16　商品展示界面

11.5.4 下单支付模块

用户只有在登录后才可单击"立即购买"或者"加入购物车"按钮；如果未登录，那么单击"立即购买"按钮之前会弹出模拟登录窗口，这是一个网页弹窗，但是其本质和登录模块相同。单击"立即购买"按钮马上就会自动跳转到填写订单信息的页面，加入购物车后则可和其他商品一起在购物车中统一下单。填写订单信息后单击"提交订单"按钮，就会自动跳转到支付页面，也可以在"我的订单"中选择单击"在线支付"按钮。

因为购买和支付涉及的界面比较多，所以这里只展示两个界面：一个是商品详情界面如图 11-17 所示；另一个是在商品详情页上直接单击"立即购买"按钮，或者在购物车之中单击"结算"按钮后会跳转到的订单信息填写界面，如图 11-18 所示。

图 11-17　商品详情界面

图 11-18　订单信息填写界面

11.5.5 用户评价模块

用户在完成购买某种商品之后，该用户可以对其所购买的商品进行相关评论。在这个用户评价模块中，同时可以看到别的用户所发表的评论，用户在输入对该商品的评论内容之后，单击"发表评论"按钮即可完成对该商品的评论操作。只有购买了商品之后的用户才可以进行相关的评论，该评论的内容会自动地显示到系统前台的相关页面之中。用户评价模块的操作界面如图 11-19 所示。

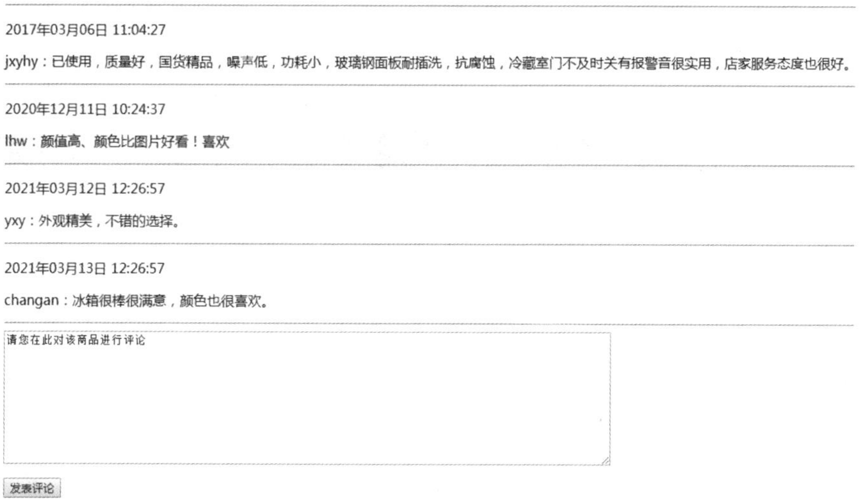

图 11-19 用户评价界面

11.5.6 分类管理模块

网站管理员登录之后单击"分类管理"按钮就可以进入本模块。该模块是对商品进行分类，便于大家根据分类检索商品。良好的分类设计会极大改善用户的购物体验。分类管理模块的操作界面如图 11-20 所示，其中属性管理是一个比较复杂的模块，属性是对应分类的，每个分类都有一些属性。

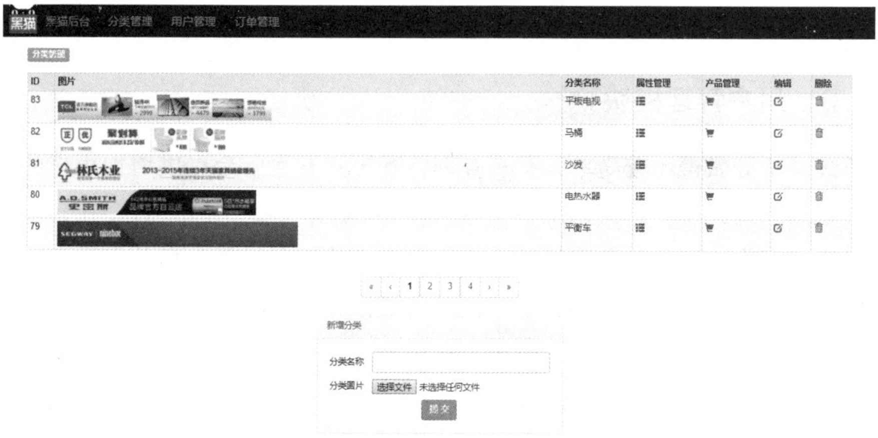

图 11-20 分类管理界面

11.5.7 商品管理模块

商品管理模块是商品管理员对商品进行新增，上、下架，修改商品信息和库存信息等操作的后台模块。管理员可以借此模块执行添加、修改以及删除商品信息的操作，根据库存数量决定商品是否上、下架等，保证前台展示给消费者的商品是准确无误的。同时，管理员可以根据厂家货品的供应情况及时调整商品数目和信息以适应变化，防止商品销售过程中可能出现的缺货、断货情况，也能够及时对没有库存的商品进行下架、删除操作。例如，当管理员单击"删除"按钮时，会一并删除商品描述、图片以及销量等一切信息。商品管理模块的操作界面如图 11-21 所示。

图 11-21　商品管理界面

11.5.8 用户管理模块

用户管理这部分做得比较简单，只有查询，系统并不为后台提供增加用户的功能。用户数量不能被人为地减少，作为系统最核心的业务信息之一，不应该有存在允许删除用户这种非常危险的操作。用户信息不能被除用户本人之外的人修改，相关权限不对管理员进行开放，只允许用户自己修改。用户管理模块的操作界面如图 11-22 所示，其是用户管理的前端界面，仅提供分页查询功能，仅显示两条测试数据。

黑猫
黑猫后台
分类管理
用户管理
订单管理
用户数据
ID
用户名称
2
111111
1
测试用户1
1

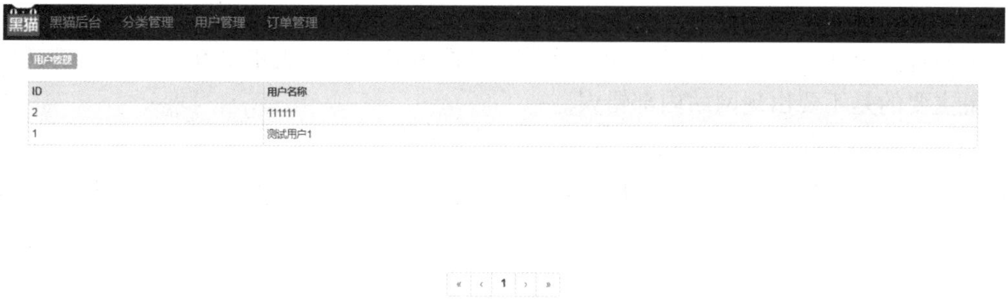

图 11-22　用户管理界面

11.5.9　订单管理模块

订单是指用户结算后生成的一个记录交易信息的单子，内容有交易时间、交易金额、商品信息、物流方式以及配送信息等，方便管理员根据订单统计数据信息。订单列表中要显示状态、金额、商品数量、买家名称、创建时间、支付时间、发货时间、确认收货时间和操作等信息。订单管理模块的操作界面如图 11-23 所示。

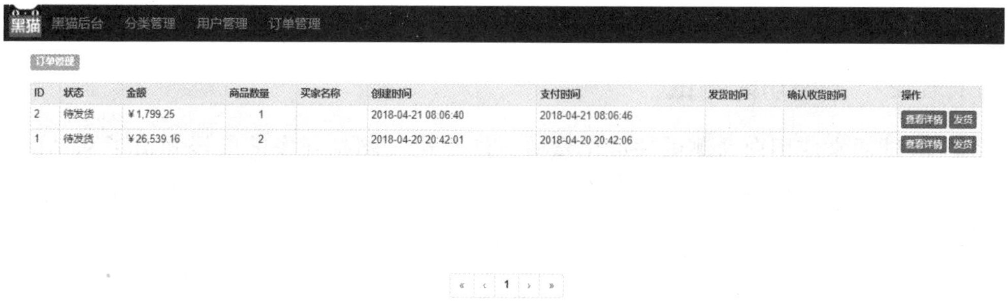

黑猫
黑猫后台
分类管理
用户管理
订单管理
订单数据
ID
状态
金额
商品数量
买家名称
创建时间
支付时间
发货时间
确认收货时间
操作
2
待发货
¥1,799.25
1
2018-04-21 08:06:40
2018-04-21 08:06:46
查看详情
发货
1
待发货
¥26,539.16
2
2018-04-20 20:42:01
2018-04-20 20:42:06
查看详情
发货
1

图 11-23　订单管理界面

11.6　系统测试

为了保证系统软件的质量和软件产品的可靠性，通常要对软件进行测试。这是因为在实际开发中，往往因环境因素或人为因素给程序编码带来了不确定性，这些错误和缺陷如果遗留在代码中被交付给用户使用，会对软件和用户带来很大的困扰和恶劣的后果。作为系统设计与实现的最后一个阶段，系统测试显然是实现一个在线购物网站所不可或缺的。我们不能保证软件程序编写的天衣无缝，但是要尽力去避免错误和消除已产生的错误，从而降低程序中的错误个数。我们应该尽早对软件进行测试，避免错误的扩散而给调试带来不可预估的难度。在测试阶段可以确认系统的功能和性能是否可以满足用户的需求，若通过测试，则可以进入后期的审核阶段，否则仍需对系统文件进行调整和修改直到通过测试为止。

11.6.1　系统测试目标

系统测试是电子商务系统开发的关键步骤之一，以寻找系统错误为目的。本网站的测试主要从以下 6 个方面入手。

（1）用户界面是否合理

网站打开界面应美观，而且容易上手，可操作性强，促进人机交互，给人以舒适的感觉，最主要的是不要出现网站内部错误。

（2）每个模块能否正常运行

当网站开发完成之后，对网站内每个模块进行试运行，检查是不是出现某模块运行不正常的问题，确保每个模块正常运行。

（3）模块之间能否正常衔接

在开发模块的时候，每个人有不同的工作，在衔接上可能出现有差异的结果。所以在测试过程中特别要注意每个模块之间是否正确衔接。

（4）链接后整体系统是否有漏洞

在链接完以后需要进行测试，在我们的开发环境下进行运行达到预期的效果，检测网站是否有代码漏洞。

（5）数据库信息路径是否正确

检查网站的数据库路径和名称是否是常规的路径和名称。

（6）数据库能否备份

检查系统的数据库备份功能，看能否备份数据库。

11.6.2 系统功能测试

系统测试通常使用白盒测试法或黑盒测试法，由于网站开发前已经知道了网站的基本功能，因此可以采用黑盒测试法检验系统各功能是否能正常使用。本小节以用户管理、商品管理、订单管理为例，说明系统功能测试的过程。

1. 用户管理功能测试

用户管理功能模块主要实现 3 个主要功能，分别是会员用户登录、新用户注册以及用户对注册基本信息的修改，目的是验证模块是否满足所要求的功能。用户管理功能测试用例如表 11-21 所示。

表 11-21 用户管理功能测试用例

功能描述	会员用户登录、新用户注册以及用户对注册基本信息的修改	
用例目的	验证其模块的功能	
前提条件	以游客与会员用户身份登录	
输入/动作	期望的输出/响应	实际情况
游客在会员用户登录界面，输入用户名和密码，单击"登录"按钮	提示成功添加	符合预计结果
在新用户注册界面，输入用户信息，完成后单击"注册"按钮	提示恭喜注册成功	符合预计结果
在用户对注册基本信息界面，对用户的基本信息进行修改，完成之后单击"保存"按钮	提示保存完成	符合预计结果

2. 商品管理功能测试

商品管理功能模块主要实现4个子功能，分别是新增商品、商品查询以及已发布商品信息的修改与删除，目的是验证该模块是否满足所要求的功能。商品管理功能测试用例如表11-22所示。

表11-22 商品管理功能测试用例

功能描述	新增商品、商品查询以及已发布商品信息的修改与删除	
用例目的	验证其模块的功能	
前提条件	以管理人员身份登录	
输入/动作	期望的输出/响应	实际情况
在新增商品界面，输入商品信息，完成之后单击"新增"按钮	提示新增完成	符合预计结果
在商品查询界面，输入"长虹"关键字，单击"查询"按钮	显示与长虹有关的商品信息	符合预计结果
在商品信息修改界面，选择某商品进行信息编辑，完成之后单击"保存"按钮	提示完成保存	符合预计结果
在商品管理界面，单击"删除"按钮	提示删除成功	符合预计结果

3. 订单管理功能模块测试

订单管理功能模块主要实现4个子功能，分别是查看订单、查看订单明细、取消订单、发货处理。订单管理功能测试用例如表11-23所示。

表11-23 订单管理功能测试用例

功能描述	查看订单、查看订单明细、取消订单、发货处理	
用例目的	验证其模块的功能	
前提条件	以管理人员身份登录	
输入/动作	期望的输出/响应	实际情况
管理员在订单信息列表界面，选择某订单信息进行查看	显示某订单详细信息	符合预计结果
管理员在订单信息列表界面，选择某订单信息进行取消操作	提示取消成功	符合预计结果
管理员在订单信息列表界面，选择某订单信息进行发货处理操作	提示发货成功	符合预计结果

11.6.3 系统性能测试

系统性能测试是通过自动化的测试工具模拟多种正常、峰值以及异常负载条件来对系统的各项性能指标进行测试。负载测试和压力测试都属于性能测试，两者可以结合进行。通过负载测试，确定在各种工作负载下系统的性能，目标是测试当负载逐渐增加时，系统各项性能指标的变化情况。压力测试是通过确定一个系统的瓶颈或者不能接受的性能点，来获得系统能提供的最大服务级别的测试。本系统采用 Load Runner 性能工具对该系统进行性能测试，主要测试响应性能、压力性能等，验证系统性能是否达到预期的目标。系统性能测试用例如表 11-24 所示。

表 11-24　系统性能测试用例

性能描述	保障系统产品高速、稳定运行	
用例目的	验证系统速度、压力等是否满足要求	
前提条件	采用 LoadRunner 性能工具	
输入/动作	期望的输出/响应	实际情况
100 人在注册界面同时注册信息	成功注册用时<4 秒	添加用了 3.6 秒
100 人在同时浏览商品信息	用时<1 秒	浏览用了 0.5 秒
100 人在订单管理界面同时发货	成功发货用时<3 秒	发货用了 2 秒

本 章 小 结 ▸▸▸ ▸

　　本章首先介绍了在线购物网站开发流程，主要包括网站规划、网站设计、网站开发、网站发布和网站维护 5 个方面；其次，从系统开发背景、系统开发意义、市场分析、系统基本模式和可行性分析 5 个方面介绍了系统规划；再次，详细介绍了系统分析，主要是从需求分析、业务流程分析和数据分析 3 个方面进行了较为详细的阐述；同时，从网站运行平台设计、系统体系结构设计、系统功能模块设计和数据库设计 4 个方面进行了详细的系统设计；然后介绍了实现系统的 9 个功能模块；最后，从系统测试目标、系统功能测试和系统性能测试 3 个方面介绍了系统测试过程。

思 考 与 练 习 ▸▸▸ ▸

一、填空题

1. 为了保证系统软件的质量和软件产品的可靠性，通常要对软件进行_____。

2. 在制作网站的过程中，通常遵循以下流程：_____、_____、_____、_____和_____。

3. _____也称为网站策划，是指在网站建设前对市场进行分析，确定网站的目的和功能，并根据需要对网站建设中的技术、内容、费用、测试、维护等做出规划。

4. 网站的整体风格主要取决于_____、_____、_____是否与网站功能相协调，是否站在用户角度，满足用户需求。

5. 网站维护包括_____、_____、_____、_____、_____、_____。网站建设的目的是通过网站达到开展网上营销，实现电子商务的目的。

二、简答题

1. 简述网站开发流程。

2. 一般而言，网站规划包括几个步骤？

3. 什么称为网站设计？

4. 简述网站开发的过程。

5. 简述网站发布的过程。

6. 网站维护包括哪些方面？

附录　电子商务系统规划报告

1. 概述

1.1　编写目的

编写目的说明编写这份规划报告的目的，并指出预期的读者。

1.2　背景

背景阐述企业的基本情况，包括性质，实施电子商务的范围和规模，计划项目的提出者、开发者、项目用期，外部环境和其他。

1.3　术语和缩写

术语和缩写列出本文档中出现的专门术语的定义和缩写词的原词组。

1.4　参考资料

参考资料包括计划任务、合同、上级批文等，属于本项目已经发表的文件，本文档中已有的资料、文件的编号以及要用到的标准。

2. 规划制订的前提

2.1　企业需求

2.1.1　企业核心业务描述

2.1.2　企业现行组织结构

2.1.3　企业目前主要合作伙伴

2.1.4　企业核心业务活动分析

2.1.5　企业现行商务活动中存在的问题

2.2　企业电子商务需求

2.2.1　电子商务对企业商务活动的影响

2.2.2　未来企业的业务增值点和业务延伸趋势

2.2.3　企业实施电子商务存在的困难

2.3　策略和原则

2.3.1　企业实施电子商务的基本策略

2.3.2　规划和设计的原则

规划和设计的原则即实施商务流程再造的原则，包括技术原则、实施原则和投资原则。

2.4　条件、假定和限制

此项包括经费来源和限制，法律和政策限制，技术条件限制，可利用的信息和资源，进行方案比较的时间和系统投入使用的最晚时间。

2.5　评价尺度

3. 商务模型建议

3.1 商务模型分析和建议

3.2 商务模型

3.2.1 应用表达层描述

此项包括未来客户服务和表达层技术标准。

3.2.2 商务逻辑层描述

此项包括未来商务环境下的企业核心，核心商务逻辑描述和应用平台逻辑描述。

3.2.3 数据规则

3.2.4 基础设施环境界定

基础设施环境界定包括未来电子商务系统环境、外部信息系统接口和内部系统整合。

4. 目标系统总体结构

4.1 系统体系结构

4.2 客户

4.3 商务表达

4.4 应用平台

4.1.1 商务服务平台

4.1.2 商务支持平台

4.1.3 基础支持平台

4.5 基础设施环境

4.5.1 与外部实体的联系

4.5.2 运行环境

运行环境包括外部网络和内部网络。

4.5.3 支付方案

支付方案包括支付手段、支付流程和支付网关结构方案。

4.5.4 认证方案

认证方案包括认证内容、认证过程和认证证书。

4.6 安全保障

4.6.1 安全环境

安全环境包括内部网络安全环境和外部安全环境。

4.6.2 安全体系

安全体系包括计算机系统安全、网络系统安全和应用安全措施。

4.6.3 安全策略

4.6.4 交易安全

4.7 系统管理

4.7.1 网络管理

4.7.2 服务器管理

4.7.3 授权与审计

4.8 系统性能优化及评估

4.8.1 系统可取性

系统可取性包括数据及设备备份和灾难恢复。

4.8.2 系统可用性

4.8.3 性能优化方案

性能优化方案包括系统负荷均衡、并发事件控制和高性能软件。

5. 系统集成方案

5.1 系统平台选择

5.1.1 平台结构

5.1.2 软件及中间件

软件及中间件包括应用服务器、数据库系统、中间件产品和应用开发工具。

5.1.3 硬件

硬件包括主机、网络设备和其他外围设备。

5.2 系统集成方案

5.2.1 设备集成方案

5.2.2 应用集成方案

6. 系统实施

6.1 系统实施的主要任务

6.2 系统实施进度

6.3 系统实施过程分阶段目标

6.4 系统实施人员组织

7. 投资与效益分析

7.1 支出

7.1.1 基本建设投资

基本建设投资包括房屋和设施，数据通信设备，环境保护设备，安全与保密设备，操作系统和应用软件，数据库管理软件。

7.1.2 其他一次性费用

其他一次性费用包括研究费用，数据资源规划与数据库、数据仓库设计费用，应用软件开发及转换费用，技术管理费用，培训费、差旅费，安装、调试、测试费用。

7.1.3 经常性支出

经常性支出包括设备的租金和维护，软件的租金和维护，数据通信费用，人员工资，房屋、空间的使用开支，公用设施，保密安全和其他。

7.2 效益

7.2.1 一次性收益

7.2.2 长期收益

7.3 系统收益分析

7.3.1 收益投资比

7.3.2 收益回收期

7.4 敏感性分析

敏感性分析包括一些关键性因素，如系统生命周期，系统工作量负荷（负荷量、类型、不同类型间的搭配），处理进度要求，设备和软件配置的变化，对开支和收益影响最灵敏的范围的估计。

8. 其他说明

8.1 法律方面的问题

8.2 使用方面的问题

8.3 其他

9. 结论

参 考 文 献

[1] 黄奇，袁勤俭，邵波. 电子商务的发展历程及其现状 [J]. 情报杂志，2000 (6)：31-34.

[2] 彭铁光. 电子商务行业竞争力演变历程及发展策略——以 2001-2014 年度数据为样本 [J]. 商业经济研究，2016 (12)：58-60.

[3] 吴子珺. 电子商务系统分析与设计 [M]. 北京：机械工业出版社，2015.

[4] 徐天宇. 电子商务信息系统分析与设计 [M]. 北京：高等教育出版社，2008.

[5] 宋远方，蒲春梅. 电子商务 [M]. 北京：电子工业出版社，2009.

[6] 李敏. 管理信息系统 [M]. 2 版. 北京：人民邮电出版社，2017.

[7] 史益芳，王志平. 管理信息系统 [M]. 北京：人民邮电出版社，2013.

[8] 范并思，许鑫. 管理信息系统 [M]. 2 版. 上海：华东师范大学出版社，2017.

[9] 陈晴光. 电子商务信息服务模式研究：基于临港制造业需求 [M]. 杭州：浙江大学出版社，2018.

[10] 孙静，芦亚柯. 电子商务技术基础 [M]. 北京：北京理工大学出版社，2017.

[11] 罗佩华，魏彦珩. 电子商务法律法规 [M]. 3 版. 北京：清华大学出版社，2019.

[12] 刘新睿，郑重. 电子商务　法网辉映《中华人民共和国电子商务法》落地实施 [J]. 商业文化，2019 (3)：29-36.